中小企业风险导向审计案例和分析

刘平治　编委会主任

王惠平　主　　编

何永梅　屠　颖　副　主　编

中国财政经济出版社

图书在版编目（CIP）数据

中小企业风险导向审计案例和分析 / 王惠平主编. —北京：中国财政经济出版社，2015.6

ISBN 978 - 7 - 5095 - 6228 - 4

Ⅰ.①中…　Ⅱ.①王…　Ⅲ.①中小企业 - 审计 - 案例　Ⅳ.①F239.6

中国版本图书馆 CIP 数据核字（2015）第 102176 号

责任编辑：吕小军　　　　责任校对：李　丽

封面设计：思梵星尚

中国财政经济出版社出版

URL：http：//www.cfeph.cn

E - mail：cfeph @ cfeph.cn

社址：北京市海淀区阜成路甲 28 号　邮政编码：100142

发行处电话：88190406　财经书店电话：64033436

北京财经印刷厂印刷　各地新华书店经销

787 × 1092 毫米　16 开　20.5 印张　251 000 字

2015 年 5 月第 1 版　2015 年 5 月北京第 1 次印刷

印数：1—2 060　定价：48.00 元

ISBN 978 - 7 - 5095 - 6228 - 4/F · 5014

（图书出现印装问题，本社负责调换）

本社质量投诉电话：010 - 88190744

《中小企业风险导向审计案例和分析》

前　言

《中华人民共和国注册会计师法》规定，审计业务是注册会计师的一项法定业务。在实践中，审计业务对维护社会经济秩序，促进各行业的健康发展，乃至对国家的经济发展和稳定也起着举足轻重的作用。

为了顺应审计准则国际趋同的需要，更全面地树立现代风险导向审计理念，我国于2012年1月1日起施行注册会计师行业新审计准则。新审计准则中的风险导向审计是对传统审计的更新，它将审计学、系统理论、战略管理理论结合起来，更加重视企业面临的风险，它要求注册会计师对被审计单位进行风险职业判断，评价被审计单位的内部控制，将检查风险降至可接受水平的基础上提高审计质量。

然而被审计单位所处的行业千差万别、管理水平参差不齐，尤其是小型会计师事务所的审计对象绝大多数是中小企业，被审计单位的经营管理水平、内部控制现状以及财务会计的核算基础和核算状况比较薄弱，如果完全将新准则下的风险评估程序生搬硬套，不仅会导致审计成本的增加，也不能有效地提高审计质量。

为此，编写此书，由多位具有丰富审计实践经验的资深注册会计师总结中小企业风险导向审计的有效做法，探索如何在新审计准则的大框架下为各中小企业审计量体裁衣、将新审计准则执行得更接地气，以供从业人员互相学习借鉴、提高审计质量；同时为小型会计师事务所的注册会计师后续教育提供参考教材，加强实务操作培训。希望广大从业人员反馈宝贵的意见和建议。

本书由刘平治担任编委会主任，王惠平担任主编，何永梅、屠颖担任副主编。各案例编写人员及分工如下：

中兴财光华会计师事务所（特殊普通合伙）海南分所屠颖编写房地产行业审计案例；立信会计师事务所（特殊普通合伙）海南分所谭道义编写农业企业审计案例；海南海信会计师事务所习贵富编写制造业审计案例；海南群安会计师事务所王群编写高新技术企业专项审计案例；海南诚诺会计师事务所南海编写制药业审计案例；海南鸿源会计师事务所黄泽斌编写服务业审计案例；大华会计师事务所（特殊普通合伙）海南分所李恒芳编写软件企业审计案例、苑希峰编写特种养殖企业审计案例；中审亚太会计师事务所（特殊普通合伙）海南分所卢剑编写 IT 企业审计案例；海南省注册会计师协会冯红娟、蔡亲飞、王雪晶也参与了案例编写及组织后勤等工作。对以上同志的辛勤努力及付出的心血表示衷心的谢意。

限于编者水平，难免存在一些肤浅或不成熟的观点，敬请读者见谅和指正，以便修正、完善、丰富和发展中小企业风险导向审计的实务操作体系，使其在未来的审计工作过程中发挥更好的作用。

编者

2015 年 6 月

目　录

1 前海置业有限公司审计案例

中兴财光华会计师事务所（特殊普通合伙）海南分所　屠颖

【摘要】 中小企业审计业务的难点，是如何依据中国注册会计师执业准则基本精神，执行切实有效的风险评估程序，并依据风险评估结果确定重点审计领域，指引实质性审计程序的选择与运用。中小企业、部分非上市公司的特点为资产规模较小或业务内容板块清晰且相对简单，部分中小企业治理结构不健全、内部控制制度不完整，或虽制定相关制度但制度没有得到有效执行。这些特点造成对交易事项本质的理解不够透彻，对交易事项的会计处理随意性较大，偏离企业会计准则的要求，因此审计风险多为高风险。

本案以一个中等规模房地产企业为例，从房地产开发企业会计核算的两个难点入手：

一是房地产企业开发成本的确认及收入成本的配比。大多数房地产企业开发成本的结转随意性较大。企业为达到融资或表现业绩的目的，任意调整不同会计期间的收入与成本。项目建设后期只有收入，没有成本（或只有很少的成本）与之匹配的现象司空见惯。

二是产品预售环节。该环节突出了行业会计核算特点，即当开发的房地产达到政府有关部门的预售要求，取得预售证后可以收取预收款项时，应当按税收法规的规定预缴营业税、与营业税相对应的城建税、教育费附加；预缴土地增值税；预缴企业所得税。实务操作中企业一般先行收取少部分订金（或诚意金）取得预售证后收取预收款项。会计核算中以往来款项体现的诚意金与具有纳税义务的预收款之间如何界定，企业往往通过滞后确认预收款项而推迟履行纳税义务，这些成为困扰注册会计师的主要问题。

本案例力求在以下三个方面对执业人员有所启示：

(1) 对风险导向审计方法的理解与运用，即如何评估审计风险进而对企业整体财务报表层面是否不存在重大错报、漏报作出恰当的分析与判断。

(2) 加强对审计程序的理解，即明确执行的审计程序所要达到的审计目标。

(3) 把握审计证据的充分性与适当性，即当遇到重大疑难问题时，获取怎样的审计证据才能充分有效地对审计意见形成有力支撑。

一、名词释义

（一）房地产

房地产是指土地、建筑物及附着在土地、建筑物上不可分离的部分及其附带的各种权益。

房地产由于其自身的特点即位置的固定性和不可移动性，在经济学上又被称为不动产。可以有三种存在形态，即土地、建筑物、房地合一。在房地产拍卖中，其拍卖标的也可以有三种存在形态，即土地（或土地使用权）、建筑物和房地合一状态下的物质实体及其权益。

（二）房地产开发企业

房地产开发企业是指依法设立、具有企业法人资格的经济实体。

房地产开发企业应当按规定申请核定企业房地产开发资质等级。未取得房地产开发资质等级证书（以下简称资质证书）的企业，不得从事房地产开发经营业务。

（三）“国五条”

“国五条”是指在2013年国务院常务会议确定的五项加强房地产市场调控的政策措施。国务院常务会议出台五项调控政策措施，要求各直辖市、计划单列市和除拉萨外的省会城市按照保持房价基本稳定的原则，制定并公布年度新建商品住房价格控制目标，建立健全稳定房价工作的考核问责制度。严格执行商品住房限购措施，已实施限购措施的直辖市、计划单列市和省会城市要在限购区域、限购住房类型、购房资格审查等方面，按统一要求完善限购措施。

自2009年12月开始楼市调控以来，国家政策经历了五次升级，分别是2010年1月的“国十一条”、2010年4月的“国十条”、2010年9月的“9·29新政”、2011年1月的“新国八条”，2013年2月20日出台的“国五条”是第五次调控升级。

二、房地产行业的特征

（一）行业基本特征

1. 环境特征

房地产的行业环境整体呈现出高动态性，即受国家宏观政策影响大；高复杂性，从行业价值链角度分析，房地产企业在价值链中扮演的是“整合资源者”的角色，房地产项目管理的本身也体现出工序繁杂，交叉面广的基本特征；高周期性，对于某一地域而言，当供给大于需求时，市场往往需要一段比较漫长的时间进行消化，因此房地产的发展体现出周期性和波动性的特征，周期性明显。

2. 产品特征

房地产产品与其他制造业的产品相比而言，具有地域性、耐用性、高价值性等特点，更显著的区别在于房地产产品还具有投资性、滞后性的特点。

3. 经营特征

首先，房地产开发企业项目开发具有多种形式；其次，房地产开发企业的成本核算与一般工商企业不同；再次，房地产开发企业的收入确认难以把握；最后，房地产企业营业税的缴纳与一般工商企业也不同。

（二）行业在国民经济发展中的地位

房地产业是基础建设行业，它属于固定资产投资领域，受到国家宏观经济政策的影响极大。因此，就像国民经济一样，房地产业的发展也存在着较强的周期性，房地产在国民经济中占据先导性的地位。

（三）项目所在地行业发展趋势

项目所在地H省统计局公布了《H省2013年经济运行情况及2014年展望》，分析称2013年H省经济运行总体平稳，呈现稳中有进、稳中向好态势，其中房地产业贡献较大。

分析结果称，由于优越的生态环境和气候条件，该地区房地产市场保持比较好的销售势头。全年房屋销售面积1 191.23万平方米，增长27.8%；房地产业实现增加值288.54亿元，增长19.2%，对服务业增长贡献率为26.7%。全年城镇保障性住房新开工4.74万套，竣工5.32万套。2014年全省经济总体仍能保持平缓增长态势。但是基数较大，将给2015年带来较大的增长压力。因此，房地产市场要得到大幅增长十分困难。不过，H省的生态优势将会得到越来越多国人的认可，近期各地出现了比较严重的雾霾天气，更凸显了H省环境资源的宝贵。随着健康意识的觉醒，会有越来越多的人来H省买房居住，所以，H省房地产市场尽管存在销售量压力，房价不会出现大幅下跌态势。

（四）最近三年国家颁布相关政令及对全行业的影响

近几年，政府对房地产行业加强了监管力度。重申坚持执行以限购、限贷为核心的调控政策，坚决打击投资投机性购房，要求各地公布年度房价控制目标。如国务院办公厅发布的《关于继续做好房地产市场调控工作的通知》，明确了“提高房价上涨过快城市第二套住房贷款的首付款比例和贷款利率”和“对执行限购政策措施不力的地方政府进行约谈和问责”等，提出更严格、更细致的楼市调控措施。

（五）行业会计核算的难点

房地产行业的特点决定了其会计核算的难点：

1. 无法统一界定销售收入的确认时间

房地产企业会计核算的关键是收入的确认和计量。房地产开发商品通常是采用预售方式和分期付款方式进行销售。采用预售形式时，大致需要经过以下环节：签订预售合同及收取部分预售房款、签订正式销售合同、工程竣工验收合格并交付买方验收、收取剩余房款、办理产权过户等。房地产开发企业一般采用预收款的方式收取售房款。

相关准则规定，当房屋竣工验收并与房屋购买者办妥了相关手续后，即应当将预收款项确认为销售收入。

2. 成本和收入难以配比

配比原则是指以实现的收入与所发生的费用的直接联系为基础，将所有与收入产生有关的成本在同一会计期间转为费用。

房地产开发企业的生产周期较长，开发项目从获得土地并开发完成到确认收入需要数年时间，必然使得企业投入产出比例呈阶段性不合理。在项目建设期内大量投入资金，并发生大量费用计入当期；由于项目尚未完工，即使开发产品已预售完毕，其预售款项也无法确认为收入，结果是为配比原则的应用造成了困难。我国房地产开发企业一般都会同时开发多个楼盘，每个楼盘的开工时间不同，并且时间较长，这样就会有多期楼盘存在于一个会计期间的情况出现。当期完工结转的楼盘成本，应该按照配比原则记入账面。但是房地产企业通常会根据自身的需要任意地分配当期完工楼盘应当承担的成本，以此来调节当期的利润。

（六）行业审计方法的特点

（1）执行检查程序的力度要求高。该行业规划性强、投资额大、生产周期长、前期开发业务复杂。通过实施风险评估程序：首先，研究企业的项目开发模式、产品销售模式，以确保审计资源的优化配置（例如：是企业独立开发还是合作开发，商品房销售是自营销售还是发包给专业团队营销，其重点审计领域与审计资源的分布有所不同）；其次，研究整个开发经营过程中的相关法律文件显得尤为重要，目的是确定企业开发行为的合法性。

（2）通过实施函证程序，获取充分的审计证据，以确保相关金融资产的真实、完整及资产的安全。

（3）要求对开发项目进行详细的实地勘查，需要从业人员具有专业技能。

（4）对预收账款、开发成本、销售收入等项目应当设计以细节测试为主的实质性程序。以确定销售收入确认依据的充分性，收入成本的配比符合相关企业会计准则的要求。

三、重要法律、法规依据

1. 主要会计准则的运用

《企业会计准则第 1 号——存货》；

《企业会计准则第 14 号——收入》。

2. 主要的审计准则运用

《中国注册会计审计准则第 1211 号——通过了解被审计单位及其环境识别并评估重大错报风险》；

《中国注册会计审计准则第 1231 号——针对评估的重大错报风险实施的审计程序》；

《中国注册会计审计准则第 1301 号——审计证据》。

3. 行业新法规

2013 年针对房地产行业，有关部门出台了诸多政策，“国五条”、房产税扩围、农地入市、楼市整顿等等。2014 年 2 月 20 日，国务院常务会议又出台楼市调控“新国五条”。

4.《国家税务总局关于印发〈房地产开发经营业务企业所得税处理办法〉的通知》（国税发［2009］31 号）

以下为部分摘要：

“第五条　开发产品销售收入的范围为销售开发产品过程中取得的全部价款，包括现金、现金等价物及其他经济利益。企业代有关部门、单位和企业收取的各种基金、费用和附加等，凡纳入开发产品价内或由企业开具发票的，应按规定全部确认为销售收入；未纳入开发产品价内并由企业之外的其他收取部门、单位开具发票的，可作为代收代缴款项进行管理。

第六条　企业通过正式签订《房地产销售合同》或《房地产预售合同》所取得的收入，应确认为销售收入的实现，具体按以下规定确认：

（一）采取一次性全额收款方式销售开发产品的，应于实际收讫价款或取得索取价款凭据（权利）之日，确认收入的实现。

（二）采取分期收款方式销售开发产品的，应按销售合同或协议约定的价款和付款日确认收入的实现。付款方提前付款的，在实际付款日确认收入的实现。

（三）采取银行按揭方式销售开发产品的，应按销售合同或协议约定的价款确定收入额，其首付款应于实际收到日确认收入的实现，余款在银行按揭贷款办理转账之日确认收入的实现。

（四）采取委托方式销售开发产品的，应按以下原则确认收入的实现：

1. 采取支付手续费方式委托销售开发产品的，应按销售合同或协议中约定的价款于收到受托方已销开发产品清单之日确认收入的实现。

2. 采取视同买断方式委托销售开发产品的，属于企业与购买方签订销售合同或协议，或企业、受托方、购买方三方共同签订销售合同或协议的，如果销售合同或协议中约定的价格高于买断价格，则应按销售合同或协议中约定的价格计算的价款于收到受托方已销开发产品清单之日确认收入的实现；如果属于前两种情况中销售合同或协议中约定的价格低于买断价格，以及属于受托方与购买方签订销售合同或协议的，则应按买断价格计算的价款于收到受托方已销开发产品清单之日确认收入的实现。

3. 采取基价（保底价）并实行超基价双方分成方式委托销售开发产品的，属于由企业与购买方签订销售合同或协议，或企业、受托方、购买方三方共同签订销售合同或协议的，如果销售合同或协议中约定的价格高于基价，则应按销售合同或协议中约定的价格计算的价款于收到受托方已销开发产品清单之日确认收入的实现，企业按规定支付受托方的分成额，不得直接从销售收入中减除；如果销售合同或协议约定的价格低于基价的，则应按基价计算的价款于收到受托方已销开发产品清单之日确认收入的实现。属于由受托方与购买方直接签订销售合同的，则应按基价加上按规定取得的分成额于收到受托方已销开发产品清单之日确认收入的实现。

4. 采取包销方式委托销售开发产品的，包销期内可根据包销合同的有关约定，参照上述1至3项规定确认收入的实现；包销期满后尚未出售的开发产品，企业应根据包销合同或协议约定的价款和付款方式确认收入的实现。

第二十九条 企业开发、建造的开发产品应按制造成本法进行计量与核算。其中，应计入开发产品成本中的费用属于直接成本和能够分清成本对象的间接成本，直接计入成本对象，共同成本和不能分清负担对象的间接成本，应按受益的原则和配比的原则分配至各成本对象，具体分配方法可按以下规定选择其一：

（一）占地面积法。指按已动工开发成本对象占地面积占开发用地总面积的比例进行分配。

1. 一次性开发的，按某一成本对象占地面积占全部成本对象占地总面积的比例进行分配。

2. 分期开发的，首先按本期全部成本对象占地面积占开发用地总面积的比例进行分配，然后再按某一成本对象占地面积占期内全部成本对象占地总面积的比例进行分配。

期内全部成本对象应负担的占地面积为期内开发用地占地面积减除应由各期成本对象共同负担的占地面积。

（二）建筑面积法。指按已动工开发成本对象建筑面积占开发用地总建筑面积的比例进行分配。

1. 一次性开发的，按某一成本对象建筑面积占全部成本对象建筑面积的比例进行分配。

2. 分期开发的，首先按期内成本对象建筑面积占开发用地计划建筑面积的比例进行分配，然后再按某一成本对象建筑面积占期内成本对象总建筑面积的比例进行分配。

（三）直接成本法。指按期内某一成本对象的直接开发成本占期内全部成本对象直接开发成本的比例进行分配。

（四）预算造价法。指按期内某一成本对象预算造价占期内全部成本对象预算造价的比例进行分配。”

四、执行的风险评估程序

基于中小企业会计核算的特点，以及和注册会计师审计的成本效益原则，中小企业审计中实施的风险评估程序，不可能亦没有必要照搬对上市公司或国有大中型企业审计中执行的复杂的风险评估程序。本案例将在风险导向审计的理念下，就如何对中小企业实施风险评估程序方面做一些初步的探讨与尝试。

前海置业有限公司2013年度年报审计计划

（该项目为首次接受委托，初步业务活动表可参考本书《小企业审计初步业务活动》审计案例）

（一）公司基本情况

前海置业有限公司（以下简称“前海公司”或“被审计单位”）系由海明、林艺共同出资成立的有限责任公司，于1998年8月16日在H省QH市工商行政管理局登记注册，并取得《企业法人营业执照》，现注册号为460200000077637。

公司注册资本：人民币8 100万元（大写：捌仟壹佰万元整），其中：海明出资6 400万元，占注册资本的80%，林艺出资1 700万元，占注册资本的20%；

法定代表人：林艺；

企业类型：有限责任公司；

公司住所：QH市河西区滨河路17号。

经营范围：房地产开发、经营与销售、高尔夫球项目投资与经营；商务中心、健身房、网球场、游泳馆等（凡需行政许可的项目凭许可证经营）。

（二）审计工作范围（见表1）

表1　　审计工作范围

审计范围	具体内容
适用的财务报告准则或制度	财政部2006年颁布的《企业会计准则》及其应用指南及企业会计准则解释1—5号

续表

审计范围	具体内容
适用的审计准则	中国注册会计师执业准则（2010）
与财务报告相关的行业特别规定	“国五条”、相关税收法规
需审计的组成部分的数量及所在地点（公司组织结构及投资框架图见附件[略]）	该集团公司下设EH公司、QH子公司和D子公司、D园林景观有限公司。其中QH子公司开发A家园和B广场项目除D园林景观有限公司外均已纳入审计范围，D园林景观有限公司考虑利用其他注册会计师的审计结果
需要阅读的含有已审计财务报表的文件中的其他信息	无
制定审计计划时需考虑的其他事项	纳入审计范围的子公司均需单独出具报告
审计报告的用途	提交有关部门、提交金融机构贷款（注：2012年度审计报告只提交有关部门，未提交金融机构）

（三）项目组人员安排（见表2）

表2　　审计项目人员安排及工时预算与控制表

按级别	适用	姓名	预算工时（人）	小时费用	主要职责
合伙人	√	陈岳山	4	略	总体把握
项目经理A	√	李华	120		负责A组——总部编制合并报表，撰写总部审计报告
项目经理B	√	王东明	120		负责B组——子公司撰写子公司审计报告
高级审计员	√	郝思亮	88		略
审计助理	√	周萍	88		略
项目质量控制复核人员	√	钟宏伟	16		重点复核
合计			1 208		

（四）审计业务的时间安排（见表3）

表3

执行审计阶段	时间安排
计划审计工作阶段	2014年2月20日—2014年2月22日
审计实施阶段	2014年2月23日—2014年3月5日
审计完成阶段（B类）	2014年3月6日—2014年3月10日

（五）了解被审计单位及其环境

1. 行业状况、法律环境和监管环境及其他外部因素

（如前所述，略）

2. 被审计单位的经营状况

（1）基本情况。在上述外部环境下，该房地产企业受到较大的影响，房屋销售价格有所下降，成交量萎缩幅度较大，销售规模减少，资金回笼不足，面临后续资金紧张，甚至濒临资金链断裂的危险。

该公司下设三个项目公司：EH公司、QH子公司和D子公司。其中QH子公司开发A广场和B家园项目。

另外公司还有两块土地，已经支付大部分款项，尚未成立项目公司进行实质性建设，有关部门已警示企业尽快投入建设，如一年内不能投入建设将按国家有关规定收回土地。

（2）公司2013年生产经营情况。鉴于行业形势和市场等原因，前海公司开发的EH酒店（产权式）只销售了几间房，且出现一些退房，因此公司可能自主经营酒店，不再销售；投资的子公司中QH项目销售情况尚好，A家园住宅楼项目2011年开始销售，2013年销售已近尾声；B广场项目中独栋、连排别墅已完工，但只销售了少量套房；B家园5栋公寓项目工程过半，有两栋已接近封顶，取得了预售许可证开

始预售，正在等待后续资金支持。在前海集团有限公司和子公司报表中的存货、往来款占合并报表中较大的比例，影响重大。

QH 投资公司楼盘销售较好，是前海集团有限公司及子公司现金流的主要提供者。

（3）被审计单位的筹资活动。公司 2014 年度计划中工作重点：一是狠抓营销环节，拓展销售渠道，加快资金回笼速度；二是全力争取金融机构的支持，以保证在建项目顺利完工。

（4）子公司增减变化和经营情况。前海集团有限公司 2013 年子公司数量没有变化，没有出售、投资设立或收购新的子公司。其他子公司均经其他会计师事务所审计，并出具了 2013 年度审计报告。

3. 被审计单位的性质

主要从下列方面了解被审计单位的性质：（1）所有权结构；（2）治理结构；（3）组织结构；（4）经营活动。

4. 被审计单位主要会计政策（与本案例相关的会计政策）

（1）发出存货的计价方法：

①发出原材料采用月末一次加权平均法，发出库存商品采用先进先出法。

②项目开发时，开发用土地成本按开发产品占地面积计算分摊计入项目的开发成本。

③发出开发产品按建筑面积平均法核算。

④意图出售而暂时出租的开发产品和周转房按公司同类固定资产的预计使用年限分期平均摊销。

（2）配套设施成本的分配。如果公共配套设施早于开发项目完工的，在公共配套设施完工决算后，按不同开发项目的建筑面积分配计入开发成本；如果公共配套设施晚于开发项目完工的，则先由开发产品预提公共配套设施费，待公共配套设施完工决算后再按实际发生数与预提数之间的差额调整开发项目成本。

（3）房地产销售收入。在开发产品已经完工并验收合格，签订了销售合同并履行了合同规定的义务，同时满足开发产品所有权上的主要风险和报酬转移给买方，公司不再保留通常与所有权相联系的继续管理权和对已售出的开发产品实施有效控制，收入的金额能够可靠地计量，相关的经济利益很可能流入，相关的已发生或将发生的成本能够可靠地计量时，确认销售收入的实现。

5. 企业财务状况总体评价（见表4—表8）

表4　　　　未审资产负债表——横向趋势分析

单位名称：前海置业有限公司　　　截止日：2013—12—31

项　目	期初审定数	期末未审数	金额（+、-）	%（+、-）	备注
流动资产：					
货币资金	11 052 285.82	13 713 629.56	2 661 343.74	24.08	审计重点
交易性金融资产					
应收票据					
应收账款	1 119 753.51	2 556 985.85	1 437 232.34	128.35	
预付款项	92 492 394.54	7 921 939.19	-84 570 455.36	-91.44	审计重点
应收利息					
应收股利					
其他应收款	158 141 459.32	264 032 580.27	105 891 120.94	66.96	审计重点
存货	184 385 737.06	273 263 885.62	8 878 148.56	48.20	审计重点
一年内到期的非流动资产					
其他流动资产					
流动资产合计	447 191 630.26	561 489 020.49	114 297 390.23	25.56	
非流动资产：					
可供出售金融资产					
持有至到期投资					
长期应收款					
长期股权投资	232 067 305.35	252 630 000.00	20 562 694.65	8.86	审计重点

续表

项　目	期初审定数	期末未审数	金额（+、-）	%（+、-）	备注
投资性房地产	40 515 622.20		-40 515 622.20	-100.00	审计重点
固定资产	62 401 371.69	61 424 009.56	-977 362.13	-1.57	
在建工程	558 701.24		-558 701.24	-100.00	
工程物资					
固定资产清理					
生产性生物资产					
油气资产					
无形资产	681 350.01	576 000.07	-105 349.94	-15.46	
开发支出					
商誉					
长期待摊费用	16 582 271.51	16 528 537.14	-53 734.37	-0.32	
递延所得税资产	5 987 236.43		-5 987 236.43	-100.00	
其他非流动资产					
非流动资产合计	358 793 858.43	331 158 546.77	(27 635 311.66)	-7.70	
资产总计	805 985 488.69	892 647 567.26	86 662 078.57	10.75	

表5　　　　未审资产负债表（续）——横向趋势分析

单位名称：前海置业有限公司　　　截止日：2013—12—31

项　目	期初审定数	期末未审数	金额（+、-）	%（+、-）	备注
流动负债：					
短期借款	18 000 000.00	18 000 000.00		0.00	
交易性金融负债					
应付票据					
应付账款	3 748 199.70	8 506 066.15	4 757 866.45	126.94	审计重点
预收款项	633 862.30	734 717.01	100 854.71	15.91	
应付职工薪酬	234 749.39	588 966.54	354 217.16	150.89	
应交税费	7 328 623.49	13 943.31	-7 314 680.18	-99.81	审计重点
应付利息					
应付股利					
其他应付款	428 974 606.03	486 750 445.44	57 775 839.42	13.47	审计重点

续表

项　　目	期初审定数	期末未审数	金额（+、-）	%（+、-）	备　注
一年内到期的非流动负债					
其他流动负债	188 742.02	131 973.46	-56 768.55	-30.08	
流动负债合计	459 108 782.91	514 726 111.92	55 617 329.01	12.11	
非流动负债：					
长期借款	169 200 000.00	223 200 000.00	54 000 000.00	31.91	审计重点
应付债券					
长期应付款					
专项应付款					
预计负债					
递延所得税负债					
其他非流动负债					
非流动负债合计	169 200 000.00	223 200 000.00	54 000 000.00	31.91	
负债合计	628 308 782.91	737 926 111.92	109 617 329.01	17.45	
股东权益：					
股本	81 000 000.00	81 000 000.00		0.00	
资本公积	35 836 760.70	7 036 752.11	-28 800 008.60	-80.36	审计重点
减：库存股					
盈余公积					
未分配利润	60 839 945.08	66 684 703.24	5 844 758.16	9.61	
外币报表折算差额					
归属于母公司股东权益合计	177 676 705.78	154 721 455.34	-22 955 250.43	-12.92	
少数股东权益					
股东权益合计	177 676 705.78	154 721 455.34	-22 955 250.43	-12.92	
负债和股东权益总计	805 985 488.69	892 647 567.26	86 662 078.57	10.75	

表 6　　未审资产负债表——纵向趋势分析

单位名称：前海置业有限公司　　截止日：2013—12—31

项　目	期初审定数		期末未审数		% +、-	备　注
	金额	%	金额	%		
流动资产：						
货币资金	11 052 285.82	1.37	13 713 629.56	1.54	0.17	审计重点
交易性金融资产		0.00		0.00	0.00	
应收票据		0.00		0.00	0.00	
应收账款	1 119 753.51	0.14	2 556 985.85	0.29	0.15	
预付款项	92 492 394.54	11.48	7 921 939.19	0.89	-10.59	
应收利息		0.00		0.00	0.00	
应收股利		0.00		0.00	0.00	
其他应收款	158 141 459.32	19.62	264 032 580.27	29.58	9.96	审计重点
存货	184 385 737.06	22.88	273 263 885.62	30.61	7.74	审计重点
一年内到期的非流动资产		0.00		0.00	0.00	
其他流动资产		0.00		0.00	0.00	
流动资产合计	447 191 630.26	55.48	561 489 020.49	62.90	7.42	
非流动资产：						
可供出售金融资产		0.00		0.00	0.00	
持有至到期投资		0.00		0.00	0.00	
长期应收款		0.00		0.00	0.00	
长期股权投资	232 067 305.35	28.79	252 630 000.00	28.30	-0.49	审计重点
投资性房地产	40 515 622.20	5.03		0.00	-5.03	审计重点
固定资产	62 401 371.69	7.74	61 424 009.56	6.88	-0.86	
在建工程	558 701.24	0.07		0.00	-0.07	
工程物资		0.00		0.00	0.00	
固定资产清理		0.00		0.00	0.00	
生产性生物资产		0.00		0.00	0.00	
油气资产		0.00		0.00	0.00	
无形资产	681 350.01	0.08	576 000.07	0.06	-0.02	
开发支出		0.00		0.00	0.00	
商誉		0.00		0.00	0.00	
长期待摊费用	16 582 271.51	2.06	16 528 537.14	1.85	-0.21	
递延所得税资产	5 987 236.43	0.74		0.00	-0.74	
其他非流动资产		0.00		0.00	0.00	
非流动资产合计	358 793 858.43	44.52	331 158 546.77	37.10	-7.42	
资产总计	805 985 488.69	100.00	892 647 567.26	100.00	0.00	

表 7　　　　未审资产负债表——纵向趋势分析

单位名称：前海置业有限公司　　　截止日：2013—12—31

项　目	期初审定数		期末未审数		% +、-	备　注
	金额	%	金额	%		
流动负债：						
短期借款	18 000 000.00	2.23	18 000 000.00	2.02	-0.22	
交易性金融负债		0.00		0.00	0.00	
应付票据		0.00		0.00	0.00	
应付账款	3 748 199.70	0.47	8 506 066.15	0.95	0.49	
预收款项	633 862.30	0.08	734 717.01	0.08	0.00	审计重点
应付职工薪酬	234 749.39	0.03	588 966.54	0.07	0.04	
应交税费	7 328 623.49	0.91	13 943.31	0.00	-0.91	
应付利息		0.00		0.00	0.00	
应付股利		0.00		0.00	0.00	
其他应付款	428 974 606.03	53.22	486 750 445.44	54.53	1.31	审计重点
一年内到期的非流动负债		0.00		0.00	0.00	
其他流动负债	188 742.02	0.02	131 973.46	0.01	-0.01	
流动负债合计	459 108 782.91	56.96	514 726 111.92	57.66	0.70	
非流动负债：						
长期借款	169 200 000.00	20.99	223 200 000.00	25.00	4.01	审计重点
应付债券		0.00		0.00	0.00	
长期应付款		0.00		0.00	0.00	
专项应付款		0.00		0.00	0.00	
预计负债		0.00		0.00	0.00	
递延所得税负债		0.00		0.00	0.00	
其他非流动负债		0.00		0.00	0.00	
非流动负债合计	169 200 000.00	20.99	223 200 000.00	25.00	4.01	
负债合计	628 308 782.91	77.96	737 926 111.92	82.67	4.71	
股东权益：						
股本	81 000 000.00	10.05	81 000 000.00	9.07	-0.98	
资本公积	35 836 760.70	4.45	7 036 752.11	0.79	-3.66	审计重点
减：库存股		0.00		0.00	0.00	
盈余公积		0.00		0.00	0.00	
未分配利润	60 839 945.08	7.55	66 684 703.24	7.47	-0.08	
外币报表折算差额		0.00		0.00	0.00	
归属于母公司股东权益合计	177 676 705.78	22.04	154 721 455.34	17.33	-4.71	
少数股东权益		0.00		0.00	0.00	
股东权益合计		22.04	154 721 455.34	17.33	-4.71	
负债和股东权益总计	805 985 488.69	100.00	892 647 567.26	100.00	0.00	

表 8　　未审利润表——横向趋势分析

单位名称：前海置业有限公司　　会计期间：2013 年度

项　目	期初审定数	期末未定数	金额(+、-)	%(+、-)	备　注
一、营业收入	12 181 788.59	7 776 426.76	-4 405 361.83	-36.16	审计重点
减：营业成本	2 924 353.45	561 840.35	-2 362 513.10	-80.79	审计重点
营业税金及附加	664 589.66	410 778.34	-253 811.31	-38.19	审计重点
销售费用	16 598 140.53	12 318 506.57	-4 279 633.97	-25.78	
管理费用	19 525 876.17	18 087 505.77	-1 438 370.40	-7.37	
财务费用	1 439 842.31	1 718 010.57	278 168.26	19.32	
资产减值损失	-12 793 673.27		12 793 673.27	-100.00	
加：公允价值变动收益（损失以“-”号填列）					
投资收益（损失以“-”号填列）	58 457 305.35	13 185 000.00	-45 272 305.35	-77.45	审计重点
其中：对联营企业和合营企业的投资收益	-4 542 694.65		4 542 694.65	-100.00	
二、营业利润（损失以“-”号填列）	42 279 965.10	-12 135 214.83	-54 415 179.92	-128.70	
加：营业外收入	6 356.70	17 610.49	11 253.79	177.04	
减：营业外支出	155 253.35	1 619 940.87	1 464 687.52	943.42	
其中：非流动资产处置损失					
三、利润总额（损失以“-”号填列）	42 131 068.45	-13 737 545.21	-55 868 613.66	-132.61	
减：所得税费用	12 033 353.20	2 035 580.76	-9 997 772.44	-83.08	审计重点
减：以前年度损益调整		5 509 049.04	5 509 049.04		
四、净利润（损失以“-”号填列）	30 097 715.25	-21 282 175.01	-51 379 890.26	-170.71	
归属于母公司所有者的净利润					
少数股东损益					
五、净利润					

通过对企业财务报表分析，企业战线较长，存货积压量较大；销售不畅，营运资金周转紧张；尚未进入实质性开发的土地有可能被政府收回；资金筹集压力大。综合确定有可能存在重大错报风险的报表项目如表9所示。

表9　可能存在重大错报风险的报表项目

序号	重大账户余额和交易	备注
1	预付账款	
2	存货（特别关注“开发成本”）	
3	其他应收款	
4	投资性房地产	
5	长期股权投资	
6	应交税费	
7	其他应付款	
8	长期借款	
9	资本公积	
10	营业收入	
11	营业成本	
12	营业税金及附加	
13	投资收益	
14	所得税费用	

（六）了解被审计单位内部控制

1. 企业的内部控制制度的建立情况

被审计单位制定了部分内部管理制度，但不成体系（具体见表10）。

表 10　　企业内部控制制度建立情况

主要内部控制制度	制度设计的合理性	是否在执行
1. 财务管理制度	比较完整	是
2. 人力资源管理制度	简单	是
3. 工程项目管理制度	简单	是
4. 施工现场安全管理制度	严格	是
……		

制度建立评价：不健全。

2. 企业内部控制制度的执行情况

通过与被审计单位有关人员沟通，查阅企业相关管理制度，并进行了穿行测试。我们认为：被审计单位内部控制制度不健全，只有简单的管理制度，重要环节制度缺失（如项目规划、预算管理、筹资融资、合同管理等）。在现有的管理制度中，执行不到位的情况较多（见表 11）。因此，拟不实施内部控制测试程序，直接实施实质性程序。

表 11　　企业内部控制制度执行情况

主要内部控制制度	是否在执行	执行效果如何
1. 财务管理制度	是	尚可
2. 人力资源管理制度	是	差
3. 工程项目管理制度	是	一般
4. 施工现场安全管理制度	是	较好
……		

总体评价：较差。

（七）确定重要性水平（见表12）

表12 确定的重要性水平 单位：万元

确定的重要性水平	本年金额	上年金额（参考）
确定基准：（如：税前利润总额或总资产等）	89 265	80 599
财务报表层次的重要性水平（PM = 0.5% ×基准）	466	403
认定层次的重要性水平（TE =50% ×PM）	233	202
审计差异归集界限（SAD =3% ×PM）	7	6

项目负责人确定其重要性水平的理由为：依据被审计单位的生产、经营特点，采用总资产法综合考虑公司的审计风险，公司报表层面总体重要性水平可初步评估为200万元。

实际操作对审计中已发现的金额在6万元以上需要调整的会计事项，在征得被审计单位同意的前提下，尽量对其调整，以确保已发现的未予调整不符事项及推断错报总和不能超过200万元。

（八）风险评估结果

通过对企业内部控制的了解、评价及对财务报表的分析，最终确定下列重点审计领域：

1. 风险评估结果汇总（见表13）

表13 风险评估结果汇总表

识别的重大错报风险	财务报表层次或认定层次	是否属于特别风险（是/否）	是否属于仅通过实质性程序无法应对的重大错报风险（是/否）	受影响的账户余额认定	受影响的披露的认定
货币资金	认定层次	否	否	存在、完整性、截止	存在、完整性、截止
预付账款	认定层次	否	否	存在、完整性	存在、完整性

续表

识别的重大错报风险	财务报表层次或认定层次	是否属于特别风险（是/否）	是否属于仅通过实质性程序无法应对的重大错报风险（是/否）	受影响的账户余额认定	受影响的披露的认定
存货（特别关注“开发成本”）	认定层次	否	否	存在、权利和义务、完整性、计价	存在、权利和义务、完整性、计价
其他应收款	认定层次	否	否	存在	存在
投资性房地产	认定层次	否	否	存在、计价	存在、计价
长期股权投资	认定层次	否	否	存在、权利和义务、计价	存在、权利和义务、计价
应交税费	认定层次	否	否	发生、完整性、截止	发生、完整性、分类及可理解性和计价
其他应付款	认定层次	否	否	完整性、存在	完整性、存在
长期借款	认定层次	否	否	完整性、存在、权利与义务	完整性、存在、权利与义务
资本公积	认定层次	否	否	完整性、存在、权利与义务	完整性、存在、权利与义务
营业收入	认定层次	是	否	存在、完整性、权利和义务、计价和分摊	发生、完整性、分类及可理解性、准确性和计价
营业成本	认定层次	是	否	发生、完整性、截止	发生、完整性、分类及可理解性和计价
营业税金及附加	认定层次	是	否	发生、完整性、截止	发生、完整性、分类及可理解性和计价
投资收益	认定层次	否	否	发生、完整性、截止	发生、完整性、分类及可理解性和计价
所得税费用	认定层次	是	否	发生、完整性、截止	发生、完整性、分类及可理解性和计价
是否存在舞弊行为	报表层次	是	是	—	披露

2. 审计风险的总体评估

通过上述对被审计单位及其环境的了解与对被审计单位基本财务状况的分析，被审计单位处于资金紧张的困难关口，结合审计目的，应当重点关注企业是否存在以筹资为目的对财务报表进行粉饰的情形，审计风险评估为“较高”风险。

（九）拟实施的进一步审计程序

1. 控制测试

根据对企业内部控制制度的了解与评价结果，拟不实施控制测试。

2. 拟实施的实质性程序

（1）对重点审计领域，以细节测试为主；对其他报表项目可采用分析程序结合细节测试的方法。

（2）非重点审计项目拟实施的重要审计程序：检查、函证、现场勘查、盘点、重新计算等。

（十）其他应当考虑的事项

（1）关注期初余额；

（2）与前任注册会计师沟通，审阅上年度审计报告。

五、注册会计师对报表项目实施的审计程序

项目负责人根据风险评估结果确定的重点审计领域，要求各审计小组关注与本组审计内容相关的重点交易事项，注册会计师根据指令对被审计单位报表实施了下列审计程序：

第一，对非重点项目，按照审计准则的要求，实施了相关审计程序，未发现重大错报漏报。

第二，对重点审计项目实施了一般常规审计程序以外的重要审计程序。

（1）货币资金。对所有的银行存款、贷款账户执行了函证程序，并按审计准则的要求，控制函证实施的全过程；抽查了70%以上的大额交易；实施了截止测试程序；关注被审计单位及相关人员是否存在舞弊行为，未发现异常。

（2）预付账款。企业的预付款项主要为预付工程款、土地出让金、购置的工程设备款。注册会计师实施的重要审计程序有：查阅项目投资计划、工程进度计划、结合存货盘点程序重点关注了被审计单位的施工进度情况。

由于未对企业的内部控制进行测试，在该项目审计过程中，注册会计师关注了预付工程款的流程，并重点检查了有第三方佐证的文件（如工程是否有工程监理的签署意见），未发现重大异常。

（3）其他应收款。其他应收款主要为企业集团内部及其他单位的往来款。有个别外部单位往来未签订借款协议，个别借款协议内容条款不严谨。已提请企业补签、修订相关法律文书。

（4）存货。审计人员于会计期末对被审计单位的存货中的开发产品实施了全面检查。主要为现场勘查、拍照取证；检查测算成本结转是否恰当。发现企业成本核算存在重大缺陷（具体事项描述及分析、审计过程及报表调整见第六、七、八项）。

（5）长期股权投资。获取了参股公司经审计的财务报表，未发现重大错报。

对子公司全部实施了现场审计。

（6）应交税费。被审计单位报告年度应交税费项目变化较大。注册会计师实施了详细审计程序：检查税收缴款书；对企业税费应交金额进行重新计算；并运用分析程序测试应交税金的整体合理性；结合预收账款、营业收入项目确定应交税金在报表中披露是否恰当。

（7）其他应付款。被审计单位其他应付款因占报表比重较大而被列为重点审计项目。审计中注册会计师发现其他应付账款其他项下列示金额比较大，主要有两项：一是预提工程款1.2亿元；二是本报告年度增加了7 300万元预收的购房诚意金。对此，注册会计师实施了更为详细的审计程序（具体事项描述及分析、审计过程及报表调整见第六、七、八项）。

（8）资本公积。追加了详细审计程序，对资本公积进行了逐笔核对，检查了所有相关文件，未发现错报。

（9）营业收入与营业成本。通过执行风险评估程序，了解到其会计核算方面对费用控制得比较严格，但营业收入与营业成本的核算并没有遵照企业制定的会计政策，存在收入确认与成本的结转随意性较大的问题。注册会计师发现收入成本核算及配比与企业会计准则的要求差距较大，因此追加实施了更为详细的检查、计算、分析程序，查阅预算文件等程序。并对核算中背离会计准则的部分进行了调整（具体事项描述及分析、审计过程及报表调整见第六、七、八项）。

六、对企业存在重大错报交易事项的描述

注册会计师在实施了风险评估程序后，按照审计准则对年度财务报表审计的要求，实施了进一步审计程序。根据风险评估结果确定的重点审计领域，采取相应的应对措施，配置了经验丰富的专业人员，实施了以细节测试为主的审计程序。通过审计工作，排除了注册会计师的大部分疑虑。但被审计单位2013年度财务报表列示的下列交易事项引起注册会计师特别关注。

（1）预提费用期初贷方余额为1.26亿元（全部为2012年发生

额），报告年度借、贷方均没有发生额。注册会计师就该项交易的内容向企业财务负责人进行询问。企业财务负责人介绍了项目的进展情况，基本与注册会计师在风险评估环节了解到的信息相吻合。关于预提费用挂账1.26亿元，是因为工程已经完工，尚有1.26亿元工程款未支付，未入开发成本。根据收入成本配比原则应当分配计入各期开发成本。

（2）销售利润率3年变动比较大。2011年公司主营业务收入61 050万元，结转主营业务成本40 875万元，当年实现净利润（归属于母公司所有者的净利润）约11 900万元；2012年度主营业务收入41 345.37万元，结转主营业务成本33 578.20万元，其中预提工程成本12 600万元，当年利润表显示亏损789.23万元；2013年度主营业务收入为18 056.29万元，结转主营业务成本5 230.03万元，当年实现利润10 156.46万元。

注册会计师测算了企业3年的毛利率，如表14所示。

表14　　合并报表3年收入成本表　　单位：万元

项目＼年度	2011年度	2012年度	2013年度	备注
营业收入	61 050.72	41 345.37	18 056.29	
营业成本	40 875.24	33 578.20	5 230.03	
毛利率（%）	33.05	18.89	71.03	

注册会计师对此提出疑问，公司财务负责人说明了情况：公司子公司QH投资公司A项目于2011年开始销售，2013年继续销售剩余产品，截至2013年12月31日，A项目尚未清盘。

注册会计师询问企业确认收入及成本结转的依据时，财务负责人回答，销售收入确认依据为客户签订了购房合同、公司交房，标志系公司为业主办妥收房手续。由于企业成本管理及核算制度不健全，成本结转是以预估成本为主。

（3）企业其他应付款其他项下列示贷方余额 7 300 万元，均发生在本年度。注册会计师提请被审计单位作出解释，企业财务负责人解释，是收取的业主买房定金或诚意金。

七、注册会计师实施的实质性程序

基于上述，注册会计师执行进一步审计程序。

注册会计师对其子公司 QH 投资公司 A 项目的销售收款循环中主营业务收入、成本的发生认定、计价认定、截止认定进行了较为详细的细节测试。执行了以下审计程序：

1. 获取主营业务收入明细表

（1）复核加计正确（检查其分类是否正确），并与总账数和明细账合计数核对是否相符。

（2）将本期的主营业务收入与上期的主营业务收入进行比较，分析产品销售的结构和价格变动是否异常，并分析异常变动的原因；计算本期重要产品的毛利率，与上期比较，注意收入与成本是否配比，检查是否异常，各期之间是否存在重大波动，查明原因。

（3）查明主营业务收入的确认原则、方法，注意是否符合企业会计准则规定的收入实现条件，前后期一致；特别关注周期性、偶然性的收入是否符合既定的收入确认原则和方法。

（4）获取产品价格目录，检查售价是否符合定价政策，并注意销售给关联方或关系密切的重要客户的产品价格是否合理，有无低价或高价结算以转移收入和利润的现象；获取了被审计单位的全部商品房销售合同清单和销售台账，并随机抽查部分销售合同（抽查比例为40%），检查合同内容，检查情况已记录于工作底稿，选取具有代表性的销售合同作为审计证据留存于工作底稿。

（5）抽取50张商品房销售发票，检查开票、记账、面积、单价、总金额等是否与销售合同、记账凭证等一致。

2. 获取主营业务成本明细表

（1）获取主营业务成本明细表，复核加计正确，并与总账数和明细账合计数核对是否相符；

（2）比较当年度及以前年度不同品种产品的主营业务成本和毛利率，并查明异常情况的原因；

（3）比较当前年度及以前年度主要产品的单位产成品成本，并查明异常情况的原因；

（4）检查主营业务成本的内容和计算方法是否符合会计准则规定，前后期是否一致；

（5）抽查5月、8月、12月主营业务成本明细清单及成本结转凭证，比较计入主营业务成本的品种、规格、数量和主营业务收入的口径是否一致，是否符合配比原则；

（6）针对主营业务成本中重大调整事项——预提开发成本，检查相关原始凭证，评价真实性和合理性，检查其会计处理是否正确；

（7）追加检查了企业A项目的预算资料；

（8）执行了期初余额审计程序。

注册会计师对QH投资开发公司2013年度其他应付款——其他项下列示的期初余额7 300万元，实施了延伸至上年度交易事项审计，并实施了下列审计程序：

（1）提请企业提供收取定金的业主明细清单；

（2）检查所有与之相关的房屋买卖合同；

（3）核对审查开票、记账、金额等是否与记账凭证一致。

八、注册会计师的专业判断、实施的追加程序及报表调整建议

项目组召开了沟通会，讨论上述存在重大风险的交易事项应当如何处理，并达成了一致意见。

（一）关于预提开发成本

房地产企业成本确认应遵循配比原则。在房地产开发中，一个项目的开发建设通常需要较长时间，往往会出现住宅已经建成而配套工程尚未投入使用，或者住宅已经销售而道路、绿化尚未完工的情况。这种商品房与配套设施建设的时间差，使得那些已经具备使用条件、并已出售的商品房应负担的配套设施建设费用无法按照配套设施的实际成本来计算。为了及时结转已出售商品房的开发成本，以便与销售收入相配比，可以采取预提方式，将未完工的配套设施的预计建设费用计入已销售商品房的开发成本。其计算方法一般应当以未完工配套设施预算为基数，计算出已出售商品房应负担的数额，作为预提费用计入已出售商品房开发成本。待开发项目全部竣工决算时，再调整预提配套设施费用。

根据房地产企业会计核算的特点，以被审计单位提供的预算资料为比较基础，对企业 A 项目的未完工配套设施预算进行复核。如果差别不大，则不对预算数据进行调整。经检查被审计单位的规划、概算、施工图预算等文件，对概、预算进行过调整的范围小且金额不大。企业开发、建造的开发产品应按制造成本法进行计量与核算。其中，应计入开发产品成本中的费用属于直接成本和能够分清成本对象的间接成本，直接计入成本对象，共同成本和不能分清负担对象的间接成本，应按受益的原则和配比的原则分配至各成本对象。可以采用预算造价

法，即按期内某一成本对象预算造价占期内全部成本对象预算造价的比例进行分配。据此对企业预提的配套设施费用进行追溯调整（所得税调整略）。

（1）调增2011年度销售成本5 600万元，调增2011年应付工程款5 600万元；

（2）调减2012年度销售成本3 300万元，调减2012年预提费用12 600万元，调增2012年应付工程款3 300万元；

（3）调增2013年度的销售成本3 700万元，调增2013年应付工程款3 700万元。

报表调整建议：

调整2011年财务报表：

借：未分配利润　　56 000 000

　　贷：应付账款　　56 000 000

调整2012年财务报表：

借：预提费用　　126 000 000

　　贷：应付账款　　126 000 000

借：未分配利润——期初　　56 000 000

　　　　　　　——本年　　33 000 000

　　贷：应付账款　　89 000 000

调整2013年财务报表：

借：未分配利润——期初　　89 000 000

　　　　　　　——本年　　37 000 000

　　贷：应付账款　　126 000 000

（二）关于3年销售毛利率的大幅变动

被审计单位3年毛利率变动幅度非常大，从抽查到的与成本结转有关的凭证判断，企业成本结转没有充分依据，随意性很大。注册会计师依据项目预算中的单方造价，结合每年度销售商品房的数量，对3年的销售收入进行了追溯调整（调整分录略）。

（三）关于其他应付款

注册会计师根据项目实际情况，发现企业子公司QH公司的B项目中已在预售的两栋，多为60—80平方米的小户型，每平方米均价约为7 800元起。该部分其他应付款单笔金额在5万—70万元之间，分布状态呈明显两头大、中间小。

注册会计师分析了与之相关的商品房销售合同，并依据会计准则与相关税收法规，判断其应当为企业预售B项目的预收房款。决定提请企业将其全部调整计入当年预收账款（或不做重分类调整）共计7 300万元，计提营业税、城建税及教育费附加；计提土地增值税；计提企业所得税，计入应交税金，并做递延所得税处理。

借：递延所得税资产

　　贷：应交税金——应交营业税

　　　　　　　　——应交城市建设维护税及教育费附加

　　　　　　　　——应交土地增值税

　　　　　　　　——应交企业所得税

待确认收入时按确认的比例分摊计入营业税金及附加和所得税费用。

注册会计师将上述对财务报表的调整意见与企业管理层进行了充分沟通，企业采纳了注册会计师的调整意见。

（四）注册会计师的审计说明

（1）通过实施风险评估结果和内控了解企业销售收款循环特别是

成本与收入的配比存在重大错报风险。

（2）在对销售收入审计过程中我们实施了详细的实质性程序，包括抽查相关合同、凭证，重新测算关键数据等。

企业成本核算存在较大随意性，以估计成本结转计入，造成收入成本不配比。对成本审计我们除实施常规审计程序外，还追加了查阅预算资料，以确定成本调整的依据。

（3）对所有项目均到现场进行了实地勘查，以确定工程进度与被审计单位有关人员描述一致，与会计核算环节相衔接。

（4）对发现的重大不符事项提出了调整建议（详见调整分录汇总表），企业采纳了我们的调整建议。

审计结论：经审计调整后，主营业务收入、成本可以确认（其他应付款项目审计说明略）。

在审计完成阶段，质量控制部提出两项复核意见：

第一，追加商品房销售收入确认的审计证据。以抽查到的合同为基础，提请企业提供与合同相对应的交房手续。以进一步确认销售收入的真实性。

第二，提请企业下一会计年度根据注册会计师的调整建议，调整会计报表期初数，并在报表附注中披露调整说明。

现场项目经理与质量控制部达成一致意见后，在审计说明中增加上述两项。

九、总结分析案例提示

1. 如何评估被审计单位的重大风险点？

在实施审计工作时如何把握重大风险点？一是要了解被审计单位的情况，包括外部的环境、内部需求，做到知己知彼；二是需要平时专业知识与经验积累，做到了解被审计单位的行业动态。本案例中，国家出台的一系列政策、新法规，对企业后续经营的影响重大，造成企业销售业绩萎缩并呈下降趋势。房地产开发企业的特点，就是周期长，资金大，一旦资金回笼没有达到企业的预期，就有可能出现资金链断裂的危险。被审计单位正是这种情况，又面临银行收紧银根、发放贷款政策更加严格的困境，因此企业需要一个能表现良好业绩的财务报表。2012 年房地产行业形势每况愈下，被审计单位在编制 2012 年度财务报表时，已经为 2013 年争取融资做了铺垫。注册会计师捕捉到了企业的意图，决定将审计工作向前延伸，作出了正确的应对。

2. 针对被审计单位具体问题，应当实施的审计程序

本案例中，风险评估结果确定了 13 个与报表项目认定层次相关的认定为重大风险点，并关注整体层面是否存在舞弊行为。在实施审计工作后，注册会计师的大部分疑虑得以排除，最后将审计资源集中在销售收入、销售成本与其他应付款上。注册会计师追加了抽查凭证的数量，以确保审计证据的充分性。

3. 怎样获取最具说服力的审计证据？

对于企业预提的配套工程款，注册会计师采用预算造价法，即按期内某一成本对象预算造价占期内全部成本对象预算造价的比例进行分配，把握比较恰当。被审计单位亦接受注册会计师的调整建议。

关于房地产开发企业确认销售收入的审计证据，如只以合同、发票等审计证据为依据，审计证据可靠性略显单薄，房地产开发企业除应当具备合同、发票，还应当检查企业是否交房（即办妥交房手续、交钥匙），方能作为确认收入的主要依据，以认定商品房所有权上的风险报酬已转移。交房手续的文件上要素比较齐全，涉及维修基金、相关税费的缴纳，煤气、水电、有线电视的开通手续等，相对销售合同来说被篡改及假造的空间比较小，也能够证明该资产上的风险报酬已

经转移。因此注册会计师追加检查企业交房清单，获取了部分与合同相对应的交房手续文件，补充工作底稿。

其他应付款的调整。企业既想通过夸大业绩，取得金融机构的支持，又想减少当期缴纳税款的现金流出，因此对应当确认为预收款隐藏在其他应收款——其他项下的部分，注册会计师与被审计单位高管人员进行了沟通，并研究了税收法规的规定，因法律上对“诚意金”的规定并不明确，建议企业全额调整计入预收账款，亦可不做会计上的重分类调整，但企业的纳税义务已经产生，应当计缴相关税金。对此企业没有提出异议。

4. 如何撰写审计说明？

审计说明是对报表项目审计工作的小结，在此基础上得出审计结论。审计说明应当简洁明了，重点突出。首先，应当说明是否实施了风险评估程序，风险评估结果与该项目的某项认定的因果关系；其次，指出被审计单位在该项目的某项认定上存在背离既定标准的情形，说明注册会计师实施了哪些与风险评估结果相适应的重要的实质性程序，获取了哪些审计证据；再次，详细说明注册会计师对企业会计报表调整事项，列示调整分录；最后，给出明确的审计结论。

2 国华种业公司审计案例

立信会计师事务所（特殊普通合伙）海南分所　谭道义

【摘要】 本案例简要介绍了水稻种子业的概况和相关法规及会计核算特点。案例描述了被审计单位国华种业有限公司（以下简称“国华种业公司”）的审计过程，特别是详细描述了风险评估过程，识别出报表层面和认定层面重大错报风险并针对这些风险提出应对措施，设计并执行审计程序、获取审计证据，确认财务报表不存在由于舞弊或错误导致的重大错报。本案例提供了一个启发注册会计师如何针对农业企业（水稻种子业）实施财务报表审计的素材。

一、农业及水稻种子业概况

（一）名词释义

1. 种子、制种、种业

种子是指农作物和林木的种植材料或者繁殖材料，包括籽粒、果实和根、茎、苗、芽、叶等。

制种指种子的生产，农作物品种的研发。品种的选育（研发）、繁殖（种子生产）、推广（销售和技术服务）为“育、繁、推”。

粮食作物种子、经济作物种子等种子的研发、生产、加工、销售及售后服务等为种子行业或种业。

2. 杂交水稻

杂交水稻是指两个在遗传上有一定差异，同时优良性状又能互补的水稻品种进行杂交而生产出的具有杂种优势的水稻品种。

3. 三系法杂交水稻

所谓三系指：（1）雄性不育系。雌蕊发育正常，而雄蕊的发育退化或败育，不能自花授粉结实。（2）保持系。雌雄蕊发育正常，将其花粉授予雄性不育系的雌蕊，不仅可结成对种子，而且播种后仍可获得雄性不育植株。（3）恢复系。其花粉授予不育系的雌蕊，所产生的种子播种后，长成的植株又恢复了可育性。

三系法杂交水稻是指不育系、保持系和恢复系三系配套育种，不育系为生产大量杂交种子提供了可能性，借助保持系来繁育不育系，用恢复系给不育系授粉来生产雄性恢复是指有优势的杂交稻。

4. 委托制种

委托制种是指委托他人代制种子。委托农民或者乡村集体经济组织制种的，委托方提供种子生产许可证；委托其他经济组织制种的，由委托或受托方办理种子生产许可证。委托制种主要有组织农户集中生产模式和租地雇工集中生产模式。

5. 亲本种子

亲本是杂交亲本的简称。一般指参与杂交过程中的雌雄性个体。遗传学和育种工作上常用符号 P 表示。参与杂交的雄性个体叫父本，用♂表示；参与杂交的雌性个体叫母本，用♀表示。

（二）农业及水稻种子业简况

种子行业在国际上呈现巨头逐渐控制国际市场的高度集中的发展态势。我国种子行业目前处于分散、小规模、集中度较低的状态，处在工业化生产的发展初期阶段。我们是农业和人口大国，种子行业特别是水稻种子行业具有较大的发展空间和潜力。

2011 年 4 月，国务院发布了《关于推进现代化农作物种业发展的意见》，指出未来国家种业发展的重点任务为：建立商业化育种体系、推动种子企业兼并重组、加强种子生产基地建设、严格品种审定和保护、强化种业基础性公益性研究、加强种业人才培养。预计未来国家将采取加大对企业育种投入、创新成果评定和转化机制、鼓励科技资源向企业流动、实施种子企业税收优惠政策等政策措施。

我国是农业大国，常年用种量达 1 250 万吨，行业需求空间巨大。我国种子市场规模已达 650 亿元，与美国等农业现代化程度高的国家相比，未来我国种子市场规模仍有很大的提升空间。

我国种子行业整体呈现“企业多、分布散、集中度低”的竞争格局。据农业部统计，目前我国种子企业共 6 200 家左右，但规模普遍较小，注册资本在 1 亿元以上的仅 59 家，有效经营区域为全国的育、繁、加、销一体化的大型种子企业仅有 90 多家。我国前 50 强种子企业国内市场占有率仅 30% 左右。国内主要种子企业为神农大丰、荃银高科、敦煌种业、登海种业、隆平高科、丰乐种业、万向德农、皖垦种业等，2013 年度分别实现收入 4.51 亿元、4.7 亿元、18.75 亿元、15.05 亿元、18.85 亿元、16.94 亿元、3.85 亿元和 4.11 亿元。美国仅有 1 100 多家种子企业，但其中美国孟山都和杜邦—先锋两大种业巨头国际市场占有率高达近 40%。

随着 2000 年我国《种子法》的颁布实施，我国种子市场放开，经营主体呈多元化竞争格局，市场竞争日益激烈，2012 年我国种子行业前 10 强的国内市场份额只占 10%，在全球只占 0.8%。目前国内以杂交种子为主营产品的种子上市企业主要有敦煌种业、登海种业、万向德农、隆平高科、丰乐种业、神农大丰和荃银高科等。2013 年，上述 7 家上市公司种子业务收入超过 70 亿元，其中杂交玉米和杂交水稻的收入占比达 90% 以上。

种子行业上游主要为种子品种的知识产权或经营权，一般为自主研发和购买等方式取得。育种科研的市场化程度和实力的提高，将促进种子行业的发展。种子行业的下游是种植业。

水稻种植业基本不受经济周期的影响，种植业具有区域性，受气候和自然条件的影响大，南方适宜种植水稻，种植业具有季节性。水稻育种业亦没有明显的周期性，但具有季节性。上半年 3—5 月为水稻种子的销售旺季。

种子行业属于技术密集型行业，主要体现在育种和制种方面。目前除杂交水稻外其他农作物种子的育种、制种高端技术基本被外国公司所掌控，但我国拥有杂交水稻育种技术的优势，处于领先位置。未来杂交水稻技术将在形态改良、杂种优势水平及借助分子技术等方面发展，创造高产优质杂交水稻。

（三）水稻种子业重要法律法规

种子行业归属农业部和县级以上地方政府的农业主管部门管理。农业部及各级地方农业主管部门主管农作物种子工作，农业部种植业管理司种子管理处或省、市、县种子（总）站为种子管理机构。中国种子协会是行业自律组织。

国家历来高度重视“三农”问题，始终把农业放在发展国民经济的首要位置。强调要加快建立以企业为主体的市场化育种新机制，优化种子企业布局，实施种子工程等。

种子作为基础性农业生产资料，其质量的优劣直接决定了粮食的产量和质量。国家相继颁布实施了一系列法律、法规规范种子行业发展，形成了包括新品种保护、品种审定、种质资源保护、种子生产经营许可等完善的法律、法规监管体系。主要法律、法规有：《植物新品种保护条例》（1997 年 10 月）、《种子法》（2000 年 12 月）、《主要农作物品种审定办法》（2013 年 12 月）、《农作物种子生产经营许可管理办法》（2011 年 2 月）、《农作物种质资源管理办法》（2003 年 10 月）。

国家技术监督局等颁布了一系列的种子行业标准，主要有国家技术监督局《农作物种子检验规程》（总则、扦样、精度分析、发芽实验、真实性和品种纯度鉴定、水分测定、其他项目检验）、《主要农作物种子包装》；国家技术监督检验检疫总局、国家标准化管理委员会《粮食作物种子》（第 1 部分：禾谷类）、《农作物种子储藏》、《水稻种子产地检疫规程》。

国家出台上述法律、法规和扶持政策为我国种业发展提供了良好的外部环境，有助于提高企业自主创新能力和合法规范经营的环境，构建商业化育种体系，加快推进现代化种业发展和提高我国农作物良种的推广使用。

（四）种子企业的经营模式

水稻种业企业主要采取向农科院、所购买或自行研发原种，委托农户或其他经济组织或租地雇工制种，向经销商（户）销售或直接销售的经营模式。委托制种分组织农户集中生产模式和租地雇工集中生产模式。

组织农户集中生产模式：制种单位凭借当地资源优势组织当地农户进行生产，由其负责农户生产管理并集中收购种子的模式。

租地雇工集中生产模式：制种单位向村集体经济组织或者村民委员会或者农户租赁土地，并由其雇佣农户进行生产的模式。

（五）农业行业会计核算基本方法及税收优惠政策

1. 农业行业会计核算基本方法

财政部2006年颁布《企业会计准则第5号——生物资产》及其应用指南，对生物资产的核算作出了规范。生物资产是指有生命的动物和植物，分为消耗性生物资产、生产性生物资产和公益性生物资产。

种植业生物资产是指种植业活动所涉及的有生命的植物，是将收获为农产品或为出售而持有的种植业生物资产。种植业生物资产属于“消耗性生物资产”。种植业消耗性生物资产是农业企业将种植业生物资产转化为农产品或其他生物资产的生物转化管理。种植业生物资产有当年生、二年生和多年生的特点。水稻种业属于一年生的消耗性生物资产。

一年生一年收获的生物资产按其生长期内的生产费用计算成本，采用品种法归集各类成本费用为其总成本。成本核算至入库或可供出售的农作物为止。

一级科目可设置“农业生产成本”，下面按品种规格设置二级科目。如：“农业生产成本——XX型种子”。成本项目设置：

（1）直接材料：实际消耗的资产或外购的原种、肥料、地膜、农药，发生时直接计入生产成本。

（2）直接人工：直接从事生产人员的工资、工资性津贴、奖金、福利等，包括机械作业人员的人工费用，发生时直接计入生产成本。

（3）机械作业费：生产过程中进行耕、耙、播种、中耕、除草、喷药等机械作业所发生的费用，如燃油、修理用零配件、农机具折旧、农机具修理费等。能区分品种的直接计入该品种生产成本，不能区分的按一定方法（如种植面积等）分配计入各品种的生产成本。

（4）其他直接费用指除直接材料、直接人工和机械作业费外的其他直接费用，如灌溉费、抽水费、运输费等，发生时直接计入生产成本。

（5）制造费用：应摊销、分配计入各品种的间接费用，如管理人员工资福利、晒场警卫人员工资、烘干等费用。

2. 关于农业企业主要税收优惠政策

（1）增值税。根据我国《增值税暂行条例》第十五条、《增值税暂行条例实施细则》第三十五条、《财政部、国家税务总局关于农业生产资料征免增值税政策的通知》（财税［2001］113号）、《国家税务总局关于制种行业增值税有关问题的公告》（国税公告2010年第17号）规定，企业销售自产农产品，享受免征增值税优惠政策。

（2）企业所得税。根据我国《企业所得税法》第二十七条及《企业所得税法实施条例》第八十六条、《国家税务总局关于实施农林牧副渔业项目企业所得税优惠问题的公告》（国税公告2011年第48号）的规定，企业从事农、林、牧、副、渔项目的所得，可以免征企业所得税。

二、审计情况

国华种业公司系由张三、张二等共同投资设立的有限责任公司，于2011年1月1日经工商行政管理局核准注册，领取了注册号为450000000000000的企业法人营业执照。营业住所：广西贵港市；法定代表人：张三；注册资本：人民币500万元；经营范围：水稻种子生产，农作物种子销售，农作物新品种选育。

陈氏会计师事务所为该公司的常年审计师，已担任3年审计。主任会计师陈先生拟继续承接该公司2013年度财务报告的审计业务，拟委派王注册会计师担任项目负责人，陈会计师、张会计师、刘会计师为审计员。

（一）初步业务活动

主任会计师陈先生和注册会计师王先生于2014年1月20日到国华种业公司与其财务总监赵先生就审计相关事项做了交流。财务总监介绍了公司的基本情况及审计目的，回答了主任会计师陈先生和注册会计师王先生提出的相关问题，认可其会计责任，就约定事项与事务所达成一致意见，同时提供2013年度会计报表，主要财务指标如表1所示。

表1　　2013年国华种业公司财务会计报表主要财务指标　　单位：元

项目	年末数	年初数
资产总计	10 159 005.91	10 993 247.33
负债合计	4 827 571.79	5 815 908.01
所有者权益合计	5 331 434.12	5 177 339.32
营业收入	6 648 087.96	6 179 946.55
净利润	154 094.80	160 311.73

2014年1月21日，注册会计师王先生根据了解和收集的相关信息资料，了解到国华种业公司基本情况：

（1）国华种业公司是陈氏会计师事务所的常年审计服务客户，已提供3年的审计服务，均出具标准无保留意见的审计报告，项目分管合伙人及项目负责人等主要项目组成员未发生变化。

（2）国华种业公司2013年度在股东及出资、经营管理、组织结构及管理团队等方面未发生重大变化。法定代表人为张三，注册资本500万元人民币，主营杂交水稻种子的选育、推广、销售。国华种业公司无分支机构及子公司。

（3）本次审计目的为年度财务报告审计，审计范围为国华种业公司本部：国华种业公司编制的2013年12月31日的资产负债表、2013年度的利润表、股东权益变动表和现金流量表以及财务报表附注。初步安排2014年1月21日进点，2014年1月31日出具审计报告，拟收费2万元。

（4）水稻种子业，国际上逐步形成寡头垄断经营市场格局，国内亦有集中趋势，少数大型上市类的种子公司和外资巨头占主导，竞争亦激烈。我国为农业生产消费大国，种子是影响农业产量、农民收入、人民吃饭的重大基础性、战略型产业，属于技术密集型行业，目前处于成熟初期。国家对种子行业实施许可生产经营管理制度，对种子企业国家出台多项扶持政策和各项优惠政策，2000年开始出台了《种子法》及其相关法律、法规。国华种业公司为农业种子类生产经营的小规模企业，经营环境没有重大变化。

（5）初步了解拟参与项目工作的审计人员与国华种业公司及其关键管理人之间不存在任何影响其独立性的因素。项目组成员对公司的业务、经营、财务较熟悉，具有胜任能力。

（6）国华种业公司执行《企业会计准则》（2006），为增值税一般纳税人，享受农业减免税优惠政策。《财政部、国家税务总局关于若干农业生产资料征免增值税政策的通知》（财税［2001］113号）规定，免征种子、种苗、化肥及农药等产品的增值税；依据我国《企业所得税法》第二十七条和《企业所得税法实施条例》第八十六条的规定，免征企业所得税。国华种业公司已取得税务机关的备案通知书。

（7）对国华种业公司的会计报表实施了比较分析（AG）。

通过上述程序，陈所长及王会计师认为审计前提条件存在且双方就审计业务约定条款达成一致意见，同意继续接受委托（见表2）。

王会计师编制了初步业务活动底稿（A），同日主任会计师陈先生复核并审批同意承接国华种业公司2013年度财务报告的审计业务，授权注册会计师王先生与其签订业务约定书（AE，略）。

表2　　　　　　　　　　　　　业务保持评价表

所属会计师事务所	陈氏会计师事务所								
被审计单位	国华种业有限公司			审核员	王××	日期	2014.01.20	索引号	AB
审查项目	初步业务活动	会计期间	2013.12.31	复核员	陈××	日期	2014.01.21	页次	

一、被审计单位基本情况

1. 法定名称：国华种业有限公司

地址：广西贵港市A区B街道001号

电话：0775－3456789　　传真：　0775－3456789　　电子信箱：ABC@163.com

网址：http：//www.ABC.com.cn/

联系人：赵××

2. 主要业务

公司所属行业为农业类，细分行业为水稻育种，主营业务为优质杂交水稻种子的选育、推广、销售。

经营范围：水稻种子生产，农作物种子销售，农作物新品种选育（凡需行政许可的项目凭许可证经营）。

公司2013年度经营管理及组织机构未发生重大变化

3. 所有制性质（国有/外商投资/民营/其他）：民营有限责任公司

4. 所有权结构、股东名称、注册资本、实收资本、公司成立日期

国华公司系由张三、张二、张一共同出资人民币500万元于2011年1月1日在广西贵港市成立的有限责任公司。股东自然人张三先生出资300万元，占注册资本的60%，为公司的实际控制人，最近3年无变化。

关联方名称	关联关系	企业类型	注册地	业务性质	注册资本	持股比例（%）	表决权比例（%）	本企业最终控制方
张三	控股股东				300.00	60.00	60.00	张三
张一	股东				150.00	30.00	30.00	
张二	股东				50.00	10.00	10.00	
合计					500.00	100.00	100.00	

续表

5. 管理层人员构成情况	
姓　名	职　位
张三	董事长兼总经理
张一	董事兼副总经理
赵 × ×	董事兼财务总监
张二	监事

6. 子公司、合营企业、联营企业、分公司的基本情况

无

7. 所处行业是否属于高风险行业、发展趋势和竞争情况

公司所处行业为农业种植业中的制种行业，属于高风险行业。

中国种业自2000年《种子法》开始向市场化转变，处于工业化生产成长初期，实行许可生产经营政策。民资及外资进入种子行业，质量大幅提高，市场竞争日趋激烈。目前，国内种子企业6200家，规模普遍较小，大型种子企业90家，注册资本1亿元以上的59家，国内上市公司有敦煌种业等7家，2013年业务收入超过70亿元。中国是一个发展中的农业生产消费大国，种子行业是国家基础性战略产业，一直给予各种扶持优惠政策，鼓励企业大力开展生产经营活动。杂交水稻种子市场，有着广阔的发展空间

8. 主管税务机关

广西贵港市国家税务局、广西贵港市地方税务局

9. 前任注册会计师（机构、经办人、联系方式），变更会计师事务所的原因，以及最近3年变更会计师事务所的频率。

本所连续审计，项目负责人及分管合伙人等主要项目成员未变化

10. 以前年度的财务报表是否由注册会计师出具非标准审计报告？如是，说明导致出具非标准审计报告的原因。

以前年度出具的是标准无保留意见的审计报告

二、审计业务基本情况

审计报告用途	□通用目的：√ □特殊目的：
已审计财务报表的使用者	股东
提交审计报告的时间	2014年1月31日

续表

三、评价被审计单位的诚信	
被审计单位的诚信	记录内容
控股股东张三先生系国内著名的水稻专家。公司主要致力于水稻种子的研究开发推广，业务单一；公司及管理层认同执行统一的企业会计准则及相应的内控控制制度，以达到完善和提高管理水平。理解会计师事务所的工作，并积极配合，收费按规定标准执行，不存在欠费问题。公司注重员工的培训、经营中的技术指导、售后的服务和监督，执行国家及地方相关的价格、质量等管理政策	
评价结论：未发现公司及其关联管理人员存在不诚信的迹象	

四、确定审计的前提条件	
管理层在编制财务报表时采用的财务报告编制基础是否是可接受的	记录内容
公司执行《企业会计准则》及其应用指南，编制财务报告的目的是向股东报告财务经营状况	接受
就管理层认可并理解其责任与管理层达成一致意见	记录内容
管理层的责任包括： 1. 按照适用的财务报告编制基础编制财务报表，并使其实现公允反映； 2. 设计、执行和维护必要的内部控制，以使财务报表不存在由于舞弊或错误导致的重大错报； 3. 向注册会计师提供必要的工作条件，包括允许注册会计师接触与编制财务报表相关的所有信息（如记录、文件和其他事项），向注册会计师提供审计所需的其他信息，允许注册会计师在获取审计证据时不受限制地接触其认为必要的内部人员和其他相关人员	认同
五、评价独立性	
评价项目	是/否
经济利益	
考虑是否存在以下因素：	
1. 会计师事务所、审计项目组成员或其主要近亲属在审计客户中拥有直接经济利益或重大间接经济利益*；	否
2. 审计项目组成员的其他近亲属在审计客户中拥有直接经济利益或重大间接经济利益；	否
3. 会计师事务所、审计项目组成员或其主要近亲属在对某一审计客户拥有控制性权益且审计客户对其重要的实体中拥有直接经济利益或重大间接经济利益*；	否

续表

4. 审计项目组成员通过会计师事务所的退休金计划，在审计客户中拥有直接经济利益或重大间接经济利益；	否
5. 执行审计业务的项目合伙人以外的其他合伙人或其主要近亲属在审计客户中拥有直接经济利益或重大间接经济利益*；	否
6. 为审计客户提供非审计服务的其他合伙人、管理人员或其主要近亲属在审计客户中拥有直接经济利益或重大间接经济利益*；	否
7. 会计师事务所、审计项目组成员或其主要近亲属在某一实体拥有经济利益，并且审计客户也在该实体拥有重大经济利益，并且审计客户能够对该实体施加重大影响；	否
8. 会计师事务所、审计项目组成员或其主要近亲属在某一实体拥有经济利益，并且知悉审计客户的董事、高级管理人员或具有控制权的所有者也在该实体拥有经济利益；	否
9. 会计师事务所、审计项目组成员或其主要近亲属作为受托管理人在审计客户中拥有直接经济利益或重大间接经济利益；	否
10. 会计师事务所、合伙人或其主要近亲属、员工或其主要近亲属，从审计客户通过继承、馈赠或因合并而获得直接经济利益或重大间接经济利益。	否
贷款和担保	
考虑是否存在以下因素：	
1. 会计师事务所、审计项目组成员或其主要近亲属从不属于银行或类似金融机构的审计客户处取得贷款，或由审计客户提供贷款担保*；	否
2. 会计师事务所、审计项目组成员或其主要近亲属向审计客户提供贷款或为其提供担保*。	否
商业关系	
考虑是否存在以下因素：	
1. 会计师事务所、审计项目组成员或其主要近亲属在与客户或其控股股东、董事、高级管理人员共同开办的企业中拥有经济利益；	否
2. 按照协议，将会计师事务所的产品或服务与客户的产品或服务结合在一起，并以双方名义捆绑销售；	否

续表

3. 按照协议，会计师事务所销售或推广客户的产品或服务，或者客户销售或推广会计师事务所的产品或服务；	否
4. 会计师事务所、审计项目组成员或其主要近亲属从审计客户处购买商品或服务，交易性质特殊或金额较大。	否
家庭和私人关系	
考虑是否存在以下因素：	
1. 审计项目组成员与审计客户的董事、高级管理人员，或所处职位能够对客户会计记录或被审计财务报表的编制施加重大影响的员工（以下简称特定员工）存在家庭和私人关系；	否
2. 审计项目组成员的主要近亲属是审计客户的董事、高级管理人员或特定员工，或者在业务期间或财务报表涵盖的期间曾担任上述职务；	否
3. 审计项目组成员与审计客户的员工存在密切关系，并且该员工是审计客户的董事、高级管理人员或特定员工；	否
4. 会计师事务所中审计项目组以外的合伙人或员工，与审计客户的董事、高级管理人员或特定员工之间存在家庭或私人关系。	否
与审计客户发生雇佣关系	
考虑是否存在以下因素：	
1. 审计客户的董事、高级管理人员或特定员工，曾经是审计项目组的成员或会计师事务所的合伙人；	否
2. 审计项目组前任成员或会计师事务所前任合伙人加入审计客户，担任董事、高级管理人员或特定员工；	否
3. 会计师事务所前任合伙人加入某一实体，而该实体随后成为会计师事务所的审计客户；	否
4. 审计项目组某一成员参与审计业务，已经知道自己在未来某一时间将要或有可能加入审计客户。	否
临时借出员工或审计项目组成员曾担任审计客户员工	
考虑是否存在以下因素：	
1. 会计师事务所向审计客户借出员工提供禁止提供的非鉴证服务，或承担审计客户的管理层职责；	否

续表

2. 在被审计财务报表涵盖的期间，审计项目组成员曾担任审计客户的董事、高级管理人员或特定员工＊；	否
3. 会计师事务所的合伙人或员工兼任审计客户的董事、高级管理人员或公司秘书＊。	否
为审计客户提供非鉴证服务	
考虑是否存在以下因素：	
1. 会计师事务所承担审计客户的管理层职责＊；	否
2. 会计师事务所向审计客户提供编制会计记录或财务报表等服务；	否
3. 向审计客户提供评估服务。	否
4. 会计师事务所向审计客户提供某些税务服务；	否
5. 会计师事务所向审计客户提供内部审计服务，并在执行财务报表审计时利用内部审计的工作；	否
6. 会计师事务所提供信息技术系统服务；	否
7. 会计师事务所向审计客户提供诉讼支持服务；	否
8. 会计师事务所向审计客户提供法律服务；	否
9. 会计师事务所为审计客户提供人员招聘服务；	否
10. 会计师事务所提供财务服务。	否
审计收费	
考虑是否存在以下因素：	
1. 会计师事务所从审计客户收取的全部费用占其收费总额的比重很大，对该客户存在依赖；	否
2. 审计客户长期未支付应付的审计费用，相当部分的审计费用在出具下一年度审计报告前仍未支付；	否
3. 会计师事务所在提供审计服务时，以直接或间接形式取得或有收费＊。	否
诉讼或诉讼威胁	
考虑是否存在以下因素：	
●会计师事务所或审计项目组成员与审计客户发生诉讼或很可能发生诉讼。	否
如果对上述问题回答“是”，说明采取了防范措施。拟采取的防范措施为：	
评价结论：事务所及项目组成员不存在损害其独立性的事项。	
六、评价专业胜任能力、时间和资源	

考虑因素		是/否/不适用	详细情况
专业胜任能力			

续表

1. 项目组关键人员是否熟悉客户所处行业及主要业务，是否能够获取对客户及其环境的整体了解？	是	
2. 项目组关键人员是否充分了解适用于客户所处行业的会计处理？是否了解相关监管要求？如否，是否具备有效获取相关知识和技能的能力？	是	
3. 执行业务是否需要特定专业知识？如是，是否能够获取这些知识或利用专家的工作，说明途径。	是	
4. 如果需要项目质量控制复核，是否具备符合标准和资格要求的项目质量控制复核人员？	否	
时间和资源		
1. 根据会计师事务所目前的人力资源情况，是否拥有足够的具有必要素质和专业胜任能力的人员组成项目组？	是	
2. 客户期望的提交报告的时间为何？是否能够在客户期望的期限内完成业务？	是	
评价结论：胜任		

七、总体评价

对该项业务的总体评价：

基于我们目前对客户的了解，该客户的风险水平为：

□高风险　□中等风险　☑ 低风险

八、审计收费可回收性评价

1. 预计审计收费：22 800 元，按当地注册会计师收费管理办法执行，不含差旅费

2. 成本能否收回：可以

九、结论

项目负责人：	合伙人：
基于上述方面，我们接受此项业务。	基于上述方面，我们接受此项业务。
签名：王 × ×	签名：陈 × ×
日期：2014. 1. 20	日期：2014. 1. 21

最终结论：承接

（二）实施的风险评估程序及风险评估结果

主任会计师陈先生和注册会计师王先生于 2014 年 1 月 21 日带领其

他审计人员进点工作。项目组在王先生的组织下根据公司提供的资料、与公司人员访谈信息、网上搜索相关信息、查阅以前年度审计底稿等方式，了解到：

1. 行业状况、法律与监管环境以及其他外部因素

（1）行业状况。国华种业公司的主要经营活动是杂交水稻种子的繁育、生产、销售，主要产品是杂交水稻种子；属于农业行业，细分行业为种子行业中的水稻种子。

国华种业公司为实际控制人控制的种子企业之一，实际控制人控制的种子企业拥有国际领先的制种技术。

在杂交水稻种子领域，公司市场销售量排名前五。公司属于区域性企业，市场份额较低。国华种业公司实际控制人控制种子企业主要竞争对手为上市种子企业，如隆平高科、丰乐种业、大北农、神农大丰等。公司竞争对手主要为上述企业在本地投资的分、子公司。

国华种业公司育种制种的主要工艺流程为：①育种（自研、购买、委育）取得品种经营权；②繁种（自繁、委繁）；③委繁（制定方案、确定布局、签订合同、繁育、种子收购入库、检验加工包装、成品入库）。

国华种业公司拥有威优 608 等 5 个品种使用权、7 个繁育基地、1 个技术服务中心。种子行业情况详见本案例前述相关内容。

经了解行业情况及国家政策在 2013 年没有大的变化。

（2）法律环境及监管。国华种业公司属于民营小型企业，与实际控制人控制的企业执行统一的会计制度，即从成立之日——2011 年 1 月 1 日起执行《企业会计准则》（2006）。

国华种业公司系主要农作物常规种子选育、生产、加工和销售的企业和农业部颁发《农作物种子经营许可证》的繁育推一体化种子企业，未来发展将受益于上述产业扶持政策和受行业操作规程制约。

（3）其他外部因素。国家现行货币政策、关税和贸易限制、汇率政策等对国华种业公司经营活动不会产生不利影响，此外在财政政策、税务方面将会取得较多优惠政策。宏观经济的景气度影响甚小。国华种业公司资金主要来自股东及实际控制人的投入，资金不会受到利率的变动影响。

2. 国华种业公司的性质

（1）所有权结构。国华种业公司为自然人出资的境内有限责任公司，其股权结构如表3所示。

表3　　国华种业公司股权结构

所有者	出资额（万元）	持股比例（%）	表决权比例（%）	股东之间的关系
张三	300.00	60	60	控股股东
张一	150.00	30	30	张三弟
张二	50.00	10	10	张三弟
合计	500.00	100	100	

（2）治理结构及组织结构。国华种业公司的最高权力机构为股东会，董事会为常设决策和管理机构，监事是本公司的监督机构，确保决策权、执行权和监督权的行使。股东会由全体股东组成，董事由张三、张一、财务总监赵先生组成，张三为董事长兼总经理，张二担任监事。

国华种业公司设有行政部（行政、人力、法律）、生产技术部（育制种技术、检验检测、新品种试验、种质资源研究）、市场营销部（基地、农户、仓储、运输）、财务部、审计部等机构。

（3）经营活动。国华种业公司从事杂交水稻等农作物种子的选育、生产和销售，在广西、湖南等省、区建有7个制种基地。

国华种业公司收入的主要来源系杂交水稻种子的销售，其主要为委托制种单位生产的产品。委托制种产品主要是买断拥有独家经销权的品种。具体为三系法杂交水稻种子。

生产计划→生产管理方案→基地布局→签订合同→制种→种子收购入库→质量检测→精选加工→包装→成本入库。

组织农户集中生产模式，即制种单位或农户在公司拥有的农作物种子生产许可证下在农户承包经营农田上实施种子生产，农户生产出的种子需全部交给公司，归公司所有，公司支付相应的生产费用。作业流程如下：

制定计划签订合同→收发亲本种子→生产管理控制→组织交种→结算种子款。

国华种业公司与制种单位签订《种子生产合同》，合同明确制种品种、交种数量、交种单价、交种时间、质量保障等条款。制种单位与各农户签订制种协议，明确各农户制种面积、制种时间等。公司向制种单位发送亲本种子，制种单位再向各农户发放。制种单位组织和管理农户进行田间生产制种。制种过程中，生产情况将接受公司生产技术区域负责人的质量监督及技术管理。制种季节结束后，公司、制种单位及农户对种子品种、数量、质量进行共同确认后登记交种卡并订挂于收购包装袋上，待各区域种子运至公司仓库时，由仓库开具入库单，并交予制种单位。公司种子收购结束后，公司根据种子生产合同和入库单将种子收购款交付制种单位。制种单位再与农户结算种子款。

国华种业公司主要的销售市场是农户及种子经销商，客户分散，主要采取县乡两级经销商销售模式，即向县（乡镇）级经销商销售或县级经销商向乡镇经销商销售，各级经销商向农户销售。

国华种业公司对经销商的资产状况、付款能力、信用记录及其他条件进行分析和评价，并录入管理档案，实行动态管理。依据经销商当地市场影响力、渠道控制力、信誉度、资产状况、发展潜力以及对公司战略文化认同度等指标选择经销商。

每年销售季度前，由市场营销部制定预收款政策及赊销政策，交董事会审核批准，批准后抄送财务部。

国华种业公司对市场营销部门实行目标管理责任制，每年末跟市场营销部签订下年度目标管理责任书。在签订的目标管理责任书中，将销售收款率作为一个重要的指标考核。

国华种业公司客户主要系农户，客户相对集中。2013 年前 5 名客户分别为 A、B、C、D、E，占收入比重为 43.49%，分别占收入比重为 19.79%、6.41%、6.05%、6.62% 和 4.62%。

国华种业公司主要采用委繁育种方式，集中度高，前 5 名供应商 F、G、H、I、J 占全部采购的 74.07%，分别为 20.51%、18.87%、13.12%、12.28% 和 9.29%。

（4）投资活动。国华种业公司 2013 年度无重大投资。

（5）筹资活动。国华种业公司除股东投入及正常结算资金外，无其他筹资活动。

3. 公司对会计政策的选择和运用

公司执行《企业会计准则（2006 年）》及其指南、解释、公告，主要会计政策如下：

（1）以持续经营为基础，根据实际发生的交易和事项，按照《企业会计准则——基本准则》和其他各项会计准则的规定进行确认和计量，在此基础上编制财务报表。会计年度为公历 1 月 1 日至 12 月 31 日止。以人民币为记账本位币。

（2）应收款项坏账准备的确认标准和计提方法如表 4 所示。

表 4　　采用账龄分析法计提坏账准备的计提比例

账龄	应收账款计提比例（%）	其他应收款计提比例（%）
1 年以内	2	2
1—2 年	5	5
2—3 年	10	10
3—5 年	30	30
5 年以上	100	100

对有客观证据表明可能发生了减值的应收款项，将其从账龄组合中分离出来，单独进行减值测试，确认减值损失。

（3）存货计价方法。入库存货按照成本进行初始计量；发出存货采用月末一次加权平均法确定其成本；低值易耗品、包装物采用一次摊销法于领用时摊销。

（4）生产成本的核算方法。生产成本由收购制种单位或农户交付的种子、制造费用（包装费、低值易耗品、装卸及运费等）构成。生产成本采用品种法进行核算。其中，按与受托制种单位签订的《生产合同》约定的结算价格及方式计算的结算金额计入相应产品的生产成本，制造费用按各产品领用原种金额的比例进行分配。

（5）固定资产的折旧方法。固定资产折旧采用年限平均法分类计提，根据固定资产类别、预计使用寿命和预计净残值率确定折旧率，各类固定资产具体折旧率如表 5 所示。

表 5　　固定资产折旧率

类别	折旧年限（年）	残值率（%）	年折旧率（%）
房屋建筑物	20	4	4.80
机器设备	8	4	12.00
运输设备	8	4	12.00
电子设备	5	4	19.20
其他	5	4	19.20

（6）无形资产摊销方法。使用寿命有限的无形资产，自取得当月起，在预计使用寿命期限内，采用直线法分期摊销；使用寿命不确定的无形资产不摊销。

（7）资产减值准备的计提方法。

①存货跌价准备：资产负债表日，存货按照成本与可变现净值孰低计量，对成本高于其可变现净值的存货，按其差额计提存货跌价准备。存货跌价准备按照单个存货项目计提。已计提存货跌价准备的存货价值以后又得以恢复的，在原已计提存货跌价准备金额内予以转回，转回的金额计入当期损益。

②固定资产减值准备：资产负债表日，固定资产按照账面价值与可收回金额孰低计量，对可收回金额低于其账面价值的差额，计提固定资产减值准备。固定资产减值准备按单个项目计提。固定资产减值损失一经确认，以后会计期间不得转回。

③无形资产减值准备：资产负债表日，无形资产按照账面价值与可收回金额孰低计量，按可收回金额低于其账面价值的差额，计提无形资产减值准备。无形资产减值准备按单个项目计提。无形资产减值损失一经确认，以后会计期间不得转回。

（8）收入确认原则。销售商品确认收入的总体原则：

①企业已将商品所有权上的主要风险和报酬转移给购货方；

②企业既没有保留通常与所有权相联系的继续管理权，也没有对已售出的商品实施有效控制；

③收入的金额能够可靠地计量；

④相关的经济利益很可能流入企业；

⑤相关的已发生或将发生的成本能够可靠地计量。

销售收入具体确认方法：

①预收及赊销方式：按双方签订《销售合同》的约定收取客户预

付货款，公司市场营销部接到客户提货申请后开具销售发货单，货物已交客户自提并取得客户签字确认的销售发货单或货物已交物流公司承运并取得其货运单时确认销售收入。

②现销方式：按双方签订《销售合同》的约定收取客户货款并开具《收据》，客户已提货并签字确认《种子销售卡》时确认销售收入。

4. 公司的内部控制

制定了《公司章程》、《股东大会议事规则》、《董事会议事规则》、《监事会议事规则》，建立了《总经理工作细则》等制度，设立了比较完善的治理控制框架，并制定了各层级间的控制程序，为规范公司治理、提高决策水平、保护股东权益提供了制度保障。

公司按照《公司法》对财务会计的要求以及《会计法》、《企业会计准则》等法律法规的规定建立了规范、完整、适合公司经营特点的会计制度和财务管理制度以及相关的操作规程，其中包括：会计人员岗位责任制度、账务处理程序制度、稽核制度、原始记录管理制度、质量验收制度、资金管理、财产管理制度和财务收支审批制度等各项管理制度。

公司通过制订《财务预算管理办法》，对公司内部各部门的各种财务及非财务资源进行分配、考核、控制，经批准后的预算作为公司进行财务控制和绩效考核的标准与依据。

公司制定了《对外担保管理制度》，对公司对外担保的条件、对被担保人的调查、担保的批准、担保合同的审查和订立、担保风险管理、责任人责任等均作出了规定。

公司建立了《内部审计制度》，制度规定了公司内部审计机构和内部审计人员的职责与权限、内部审计对象和权限、内部审计工作的内容及工作程序等规范，以促使各职能部门和各分公司加强内部管理，遵守国家财经法纪和公司内部有关规章制度，改善经营管理，提高经济效益。

公司在人力资源管理方面，对招聘、试用转正、人事任免、离职及辞职、事假、病假、休假、薪资与福利等方面制定了明确的人力资源管理规章制度，并就公共关系、奖惩条例做了详尽的规定。

主要信息系统采用用友 T6 系统，包括总账模块、固定资产模块、销售模块、存货核算模块、报表模块等。

项目负责人王先生组织项目组成员对国华种业公司及其环境、内部控制进行了解和分析：国华种业公司所属的种子行业属于技术密集型行业，处于成长初期，竞争比较激烈，政府扶持力度大，具有较大的发展空间。国华种业公司拥有一项水稻种子品种权，培育了 7 个基地，年销售收入近 700 万元，有比较完善的公司治理机制，组织机构健全，建立了相应的内部控制制度，关键控制点得到执行。于 2014 年 1 月 21 日编制完成了国华种业公司及其环境工作底稿（BA，见表 6）。

表 6　　了解被审计单位及其环境（不包括内部控制）调查表

所属会计师事务所：陈氏会计师事务所

被审计单位：国华种业有限公司	审核员：王 × ×	日期：2014.01.21	索引号：	BA－1
会计期间：2013.12.31	复核员：陈 × ×	日期：2014.01.21	页次：	

一、行业状况、法律环境与监管环境以及其他外部因素

了解的项目	了解的内容和评估的风险	索引号或信息来源
（一）行业状况		
1. 被审计单位的主要产品及所处行业	公司主要产品为水稻种子，属于种业类的农业行业	网络
2. 行业的总体发展趋势（如起步、快速增长、成熟、停滞、萎缩）。如果行业发展处于停滞及萎缩阶段，应说明对被审计单位的影响	成熟的初级阶段	网络

续表

3. 相对于行业的发展趋势，被审计单位的发展趋势如何（如快于行业发展、与行业同步、慢于行业发展）？如果被审计单位的发展速度低于行业平均水平，说明对其的影响	与行业同步	网络
4. 行业的竞争情况。被审计单位在行业中所处的地位以及在行业中有无竞争优势	竞争激烈，公司属于小型的种子行业	网络
5. 行业是否受经济周期的影响？影响程度如何？如果行业受经济周期的影响程度较大，应说明对被审计单位的影响	不受	网络
6. 行业生产经营和销售是否受季节影响？如果受季节影响，每年的销售旺季和淡季是什么时间？对业务影响程度如何？是否会导致重大风险？	受季节影响大，旺季在3—5月	网络
7. 行业是否受特定生产技术的影响？如是，应具体说明对被审计单位的影响	受杂交水稻技术影响大	网络
8. 行业是否对能源有较高的依赖程度？如是，能源消耗在成本中占比重是多少？能源价格变化对被审计单位成本的影响如何？	否	网络
9. 行业是否有特定的关键指标？如有，被审计单位的关键指标是否与行业的平均水平存在显著差异？	主要指标为每亩单产量，与同行持平	网络
（二）法律环境及监管环境		
1. 总体了解适用于被审计单位及其所处行业或领域的法律、法规框架。在获得总体了解时，应特别关注对被审计单位经营活动产生重大影响的法律、法规及监管环境，如行业监管、产品责任、环境保护、安全生产、人力资源等	国家对种子的管理法规包括种子法及新品种保护、品种审定、种质资源保护、种子生产经营许可等法规	网络
2. 现行的货币政策、财政政策、关税和贸易限制及税务法规对被审计单位经营活动、投资活动及筹资活动是否产生重大影响？	否	网络
3. 被审计单位所涉及的主要税种有哪些？税率如何？	增值税（13%）、企业所得税（25%）	以前年度审计报告
4. 被审计单位是否享受税收优惠政策？如是，说明具体的税收优惠政策，并考虑相关的风险	免税：增值税、企业所得税	以前年度审计报告

续表

5. 税务部门、行业主管部门等有关部门本期内是否对被审计单位进行检查？如是，说明检查结果，并考虑相关的风险	无	网络
（三）其他外部因素		
1. 宏观经济景气度对被审计单位所处行业及其经营活动产生的重大影响	否	网络
2. 当前的利率水平对被审计单位的经营活动、投资活动及筹资活动产生的重大影响	否	网络
3. 当期的通货膨胀水平对被审计单位的销售和采购价格产生的影响	否	网络
4. 汇率波动对被审计单位生产经营的影响	否	网络

二、被审计单位的性质

（一）所有权结构

1. 被审计单位的所有权性质为<u>民营的有限责任公司</u>

2. 被审计单位的资本结构

投资者名称	经济性质	注册地	出资额	出资比例（%）	在被审计单位的持股比例或享有的表决权比例（%）
张三			300.00	60.00	60.00
张一			150.00	30.00	30.00
张二			50.00	10.00	10.00
合计			500.00	100.00	100.00

3. 被审计单位的子公司情况：无

4. 被审计单位的合营或联营企业：无

5. 被审计单位关联方关系及其交易：无

（二）治理结构及组织结构

了解的项目	了解的内容和评估的风险	索引号或信息来源
1. 被审计单位的治理结构情况		

续表

（1）股东会、董事会（执行董事）的构成情况	国华公司的最高权力机构为股东会，董事会为常设决策和管理机构，监事是本公司的监督机构，确保决策权、执行权和监督权的行使。股东会由全体股东组成，董事由张三、张一、财务总监赵先生组成，张三为董事长兼总经理，张二担任监事	章程/管理制度
（2）股东会、董事会运作情况	本年度按规定召开股东会1次，董事会2次	工商登记信息
（3）业主对被审计单位经营活动的参与程度	控股股东为董事长及总经理，参与经营管理	章程/管理制度
2. 组织结构与业务的匹配程度	匹配	管理制度

（三）经营活动

了解的项目	了解的内容和评估的风险	索引号或信息来源
1. 被审计单位生产/销售的产品或提供的服务	杂交水稻种子的研发、生产、销售	询问/财务信息
2. 与生产/销售产品或提供服务相关的信息，如主要客户、合同条款、定价政策、付款条件、利润率和质量保证等	公司主要采取县乡两级经销商销售模式。公司主要采用委托繁育种方式	询问/财务信息
3. 业务开展情况，如业务分部的设立情况、产品和服务的交付情况等	否	询问/财务信息
4. 联盟、合营与外包情况	制种环节采用委托制种模式	询问/财务信息
5. 从事电子商务的情况，如是否通过互联网从事营销活动	否	
6. 业务的地域分布情况	广西、湖南、湖北、安徽等地	询问/财务信息

续表

7. 主要客户及对关键客户的依赖程度	终端客户分散，经销商相对集中，2013年前5名客户分别为A、B、C、D、E，占收入比重为43.49%，分别占收入比重为19.79%、6.41%、6.05%、6.62%、4.62%	询问/财务信息
8. 重要供应商及对关键供应商的依赖程度	集中度高，前5供应商名F、G、H、I、J占全部采购的74.07%，分别为20.51%、18.87%、13.12%、12.28%、9.29%	询问/财务信息
9. 雇员数量、薪酬水平	18人，人均年收入8万元	询问/财务信息
10. 劳动力供应、劳动法规对被审计单位的影响	影响不大	询问
11. 被审计单位为雇员缴纳社会保险的情况	缴纳	询问
12. 被审计单位重大的研究开发活动及其影响	主要为购买	询问
13. 人员与生产、销售、研发工作的匹配程度	主要提供技术指导、支持等	询问

（四）投资活动

了解的项目	了解的内容和评估的风险	索引号或信息来源
1. 被审计单位的投资活动，如证券投资、债权投资、股权投资、其他投资及投资的处置情况	无	询问/财务信息
2. 对主要子公司、联营公司和合营公司的影响及合并情况	无	询问/财务信息
3. 被审计单位重大的资本性开支及计划情况	无	询问/财务信息
4. 被审计单位未纳入合并财务报表范围的投资	无	询问/财务信息

（五）筹资活动

续表

了解的项目	了解的内容和评估的风险	索引号或信息来源
1. 被审计单位的筹资活动，如银行借款、关联方借款、经营租赁、融资租赁和票据贴现等	无	询问/财务信息
2. 筹资活动导致的抵押、质押等担保情况	无	询问/财务信息
3. 被审计单位筹资合同中的限制性条款及其影响	无	询问/财务信息
4. 被审计单位的出资人与实际受益人是否一致	一致	询问

（六）财务报告

了解的项目	了解的内容和评估的风险	索引号或信息来源
1. 被审计单位的财务报表编制基础和行业特定惯例	权责发生制、历史成本计量；执行《企业会计准则》(2006)	以前年度审计报告
2. 收入确认惯例	(1) 企业已将商品所有权上的主要风险和报酬转移给购货方； (2) 企业既没有保留通常与所有权相联系的继续管理权，也没有对已售出的商品实施有效控制； (3) 收入的金额能够可靠地计量； (4) 相关的经济利益很可能流入企业； (5) 相关的已发生或将发生的成本能够可靠地计量	以前年度审计报告
3. 外币资产、负债与交易	无	以前年度审计报告
4. 异常或复杂的交易的会计处理	无	以前年度审计报告

三、被审计单位对会计政策的选择和应用

（一）被审计单位重要的会计政策

续表

重要的会计政策	被审计单位选择和运用的会计政策	对会计政策选择和运用的评价
存货发出的成本计价方法	发出存货采用月末一次加权平均法确定其成本	符合企业会计准则的规定
生产成本的核算方法	生产成本由收购制种单位或农户交付的种子、制造费用（包装费、低值易耗品、装卸及运费等）构成。生产成本采用品种法进行核算，其中：按与受托制种单位签订的《生产合同》约定的结算价格及方式计算的结算金额计入相应产品的生产成本	符合企业会计准则的规定
制造费用的分配方法	制造费用按各产品领用原种金额的比例进行分配	符合企业会计准则的规定
低值易耗品的摊销方法	低值易耗品、包装物采用一次摊销法于领用时摊销	符合企业会计准则的规定
固定资产的初始计量、折旧方法、预计使用年限及残值率	固定资产折旧采用年限平均法分类计提，根据固定资产类别、预计使用寿命和预计净残值率确定折旧率	符合企业会计准则的规定
无形资产的摊销方法、可使用年限	使用寿命有限的无形资产，自取得当月起，在预计使用寿命期限内，采用直线法分期摊销；使用寿命不确定的无形资产不摊销	符合企业会计准则的规定
外币业务核算方法	无	符合企业会计准则的规定
收入的确认原则	（1）预收及赊销方式：按双方签订《销售合同》的约定收取客户预付货款，公司市场营销部接到客户提货申请后开具销售发货单，货物已交客户自提并取得客户签字确认的销售发货单或货物已交物流公司承运并取得其货运单时确认销售收入 （2）现销方式：按双方签订《销售合同》的约定收取客户货款并开具《收据》，客户已提货并签字确认《种子销售卡》时确认销售收入	符合企业会计准则的规定
长期股权投资的核算方法	无	符合企业会计准则的规定
（二）了解被审计单位重要的会计政策变更		

续表

原会计政策	变更后的会计政策	变更日期	变更原因	对变更的处理（调整、列报等）	对变更的评价
无					

（三）新颁布的会计准则、法律法规，以及被审计单位何时采用、如何采用这些规定
2013 年度无新的会计准则及法规。公司执行 2006 年财政部颁发的企业会计准则。

四、被审计单位的目标、战略以及相关经营风险

了解的项目	了解的内容和评估的风险	索引号或信息来源
1. 被审计单位的目标、战略	2013 年度实现收入 700 万元，实际完成 620 万元	询问
2. 被审计单位实现目标和实施战略面临的经营风险及应对措施，包括但不限于：		
(1) 行业发展变化导致的风险（例如，被审计单位不具备足以应对行业变化的人力资源和业务专长等）及应对措施	无	询问
(2) 开发新产品或提供新服务导致的风险（例如，被审计单位产品责任增加等）及应对措施	无	询问
(3) 业务扩张导致的风险（例如，被审计单位对市场需求的估计不准确等）及应对措施	无	询问
(4) 新颁布的会计准则导致的风险（例如，被审计单位执行新准则不当或不完整，或会计处理成本增加等）及应对措施	无	询问
(5) 监管要求导致的风险（例如，被审计单位法律责任增加等）及应对措施	无	询问
(6) 新颁布的税收法规导致的风险（例如，被审计单位原有的税收优惠政策废止，适用新的进出口关税政策等）及应对措施	无	询问
(7) 融资风险（例如，被审计单位由于无法满足融资条件而失去融资机会等）及应对措施	无	询问
(8) 信息技术的运用导致的风险（例如，被审计单位信息系统与业务流程难以融合等）及应对措施	无	询问

五、被审计单位对财务业绩的衡量和评价

续表

了解的项目	了解的内容和评估的风险	索引号或信息来源
1. 业主评价管理层业绩采用的关键指标	销售收入及净利润	询问
2. 管理层评价公司业绩采用的关键指标	销售收入及净利润	询问
3. 评价员工业绩采用的关键指标	无	询问
4. 关键指标的监控措施	年度考核、财务核算	询问
5. 被审计单位的预算制度及执行情况	无	询问
6. 无法完成业绩目标及预算，对于管理层及员工的影响	影响不大	询问

5. 执行分析程序

项目负责人对国华种业公司2013年度资产负债表及利润表进行初步分析，按资产负债权益项目占资产比重5%或利润项目占营业收入的比重10%或与同期比变动30%以上的项目确定为重要项目（见表7）。

表7　　重要项目　　单位：元

项　　目	2012年12月31日/2012年度	2013年12月31日/2013年度	变动额	变动比例（%）	期末结构比例（%）
货币资金	1 623 976.43	2 698 952.64	1 074 976.21	66.19	24.55
预付款项	387 098.25	569 544.15	182 445.90	47.13	5.18
存　　货	6 728 396.72	5 497 979.00	(1 230 417.72)	(18.29)	50.01
固定资产	1 395 357.59	1 504 667.59	109 310.00	7.83	13.69
应付账款	1 637 445.87	2 642 921.82	1 005 475.95	61.41	24.04
预收账款	3 156 957.49	3 155 543.50	(1 413.99)	(0.04)	28.70
实收资本	5 000 000.00	5 000 000.00	—	—	45.48
营业收入	6 648 087.96	6 179 946.55	(468 141.41)	(7.04)	100.00
营业成本	5 011 428.48	4 828 011.12	(183 417.36)	(3.66)	78.12
销售费用	926 037.23	681 212.98	(244 824.25)	(26.44)	11.02

6. 风险评估结果

项目组对国华种业公司了解、分析后确定，财务报表认定层次的重大错报项目如表8所示。

表 8

<table>
<tr><th>识别的重大错报风险</th><th>索引号</th><th>财务报表层次或认定层次</th><th>是否属于特别风险（是/否）</th><th>是否属于仅通过实质性程序无法应对的重大错报风险（是/否）</th><th>受影响的账户余额认定</th><th>受影响的披露的认定</th></tr>
<tr><td>营业收入</td><td>SA</td><td>认定层次</td><td>否</td><td>否</td><td rowspan="2">发生、完整性、存在、计价和分摊</td><td rowspan="2">发生、完整性、存在、准确性和计价</td></tr>
<tr><td>存货</td><td>ZI</td><td>认定层次</td><td>否</td><td>否</td></tr>
</table>

项目负责人王先生 2014 年 1 月 21 日编制风险评估结果汇总底稿（BC）。

（三）确定重要性水平（BD－2）

财务报表整体的重要性

金额： 70 000

基本理由： 收入\资产为基准测算金额孰低原则

实际执行的重要性（可容忍误差）

百分比： 100%

金额： 70 000

基本理由： 公司为一般的正常经营的企业，无借款融资，报告主要用于股东了解公司财务状况等，因此选择上限比例

明显微小错报的临界值

百分比： 5% （财务报表整体重要性的1%—5%之间）

金额： 3 500

基本理由： 客户2012年度财务报表由本所审计，出具标准无保留意见审计报告。以前年度识别出的错报均已进行了调整，根据对公司的了解，客户的重大错报风险为低水平，因此选择上限比例为明显小微错报临界值

重要性水平计算过程如表 9 所示。

表 9 单位：元

项目	2013 年度末余额	基准比例	%	建议的重要性水平
收入	6 648 088	收入的 0.5%—1%	1	66 481
税前利润	154 095	税前利润的 3%—10%	10	15 409
总资产	10 993 247	总资产的 1%—2%	2	219 865
净资产	5 177 339	净资产的 2%—6%	6	310 640
选择的重要性水平	70 000			

选择的理由：

（1）公司系常年审计客户，以前年度均由本所实施审计，出具标准无保留审计报告；

（2）以前年度审计过程中未发现客户存在由于舞弊导致的重大错报风险；

（3）收入/资产为基准测算金额孰低原则；

（4）公司为一般的正常经营的企业，无借款融资，报告主要用于股东了解公司财务状况等，因此选择上限比例。

基于以上理由，选择以收入的 1% 计算的重要性水平。

（四）具体审计计划（BE）

项目负责人根据风险评估结果，2014 年 1 月 21 日编制具体审计计划（BE，见表 10）

表 10 **审计计划**

所属会计师事务所：陈氏会计师事务所 单位：元

被审计单位	国华种业有限公司	审核员	王 × ×	日期	2014. 01. 21	索引号	BE
会计期间	2013. 12. 31	复核员	陈 × ×	日期	2014. 01. 21	页次	
一、审计范围							
报告要求							
适用的财务报告编制基础（包括是否需要将财务信息调整至按照其他财务报告编制基础编制）	《企业会计准则》（2006）及其应用指南						

续表

适用的审计准则	独立审计准则（2010）
特定行业的报告要求（如适用）	无
二、审计业务时间安排	
（一）报告时间安排	
审计工作	时　间
1. 提交审计报告草稿	2014 年 1 月 31 日
2. 签署正式审计报告	2014 年 2 月 3 日
（二）执行审计工作的时间安排	
审计工作	时　间
1. 制定审计计划	2014 年 1 月 21 日
2. 项目组会议（包括预备会和总结会）	2014 年 1 月 21 日/2014 年 2 月 3 日
3. 存货监盘	2014 年 1 月 1 日
（三）沟通的时间安排	
所需沟通	时　间
与管理层的沟通	2014 年 2 月 1 日
与治理层的沟通	2014 年 2 月 1 日
三、影响审计业务的重要因素	
（一）重要性（索引号：BD－2）	
重要性	
财务报表整体的重要性	70 000. 00
实际执行的重要性	70 000. 00
特定类别的交易、账户余额或披露的一个或多个重要性水平（如适用）	不适用
特定类别的交易、账户余额或披露的执行的重要性水平（如适用）	不适用
明显微小错报的临界值	3 500. 00

（二）识别重要的交易、账户余额和披露及其相关认定

重要的交易、账户余额和披露		相关认定						
财务报表项目	未审金额	存在/发生	完整性	权利和义务	准确性/计价和分摊	截止	分类	列报和披露
货币资金	2 698 952. 64	√	√	√	√	√		√
应收账款	466 497. 75	√	√	√	√			√
预付款项	569 544. 15	√	√	√	√			√

续表

存　货	5 497 979.00	√	√	√	√	√		√
应付账款	2 642 921.82	√	√	√	√	√		√
预收款项	3 155 543.50	√	√	√	√	√		√
营业收入	6 179 946.55	√	√		√	√	√	√
营业成本	4 828 011.12	√	√		√	√	√	√
销售费用	681 212.98	√	√		√	√	√	√
管理费用	518 767.67	√	√		√	√	√	√

（三）可能存在较高重大错报风险的领域（索引至 BC 工作底稿）

可能存在较高重大错报风险的领域	索引号
销售与收款循环	XSC
采购与付款循环	CGC

四、人员安排

（一）项目组成员的责任

职务	姓名	主要职责
签字合伙人	陈××	复核主要工作底稿及审计报告
业务经理	王××	草拟审计报告、编制审计计划、实施风险评估、主营业务收入及应收预收款项
高级审计员	张××	协助业务经理完成存货、营业成本、预付款项、应付款项
高级审计员	刘××	除上述外的资产和损益科目
高级审计员	陈××	除上述外的负债、权益；实物资产抽盘、发函

（二）项目质量控制复核人员（如适用）：不适用

五、对专家或其他第三方工作的利用（如适用）不适用

六、进一步审计程序

财务报表层次重大错报风险应对措施

财务报表层次重大错报风险	索引号	总体应对措施
存货	ZI	监盘/截止/计价等程序
营业收入	SA	分析性复核/期末抽查/大额交易抽查函证等程序
—		

（五）实施的进一步审计程序及其结果

1. 实施控制测试的结果

按确定的审计计划，国华种业公司业务单一，交易简单，针对主要的业务活动实施控制测试，即采购与付款循环、销售与收款循环。张会计师负责对采购与付款循环的控制测试，刘会计负责对销售与收款循环的控制测试。2014 年 1 月 22 日完成编制采购与付款控制测试工作底稿（CGC）、销售与收款控制测试（XSC）。经测试国华种业公司上述业务涉及的关键控制点控制有效。

2. 实施实质性程序的结果

按确定的审计计划，项目组于 2014 年 1 月 31 日完成外勤工作，各自对分派的任务编制完成工作底稿，2014 年 1 月 31 日提交给项目负责人王先生复核 ，经复核未发现存在重大异常，各科目余额/发生额可确认。如：营业收入（SA）、存货（ZI）的实质性测试如下：

（1）营业收入（SA）。王先生执行营业收入实施以下审计程序，未见重大异常，发生额可确认：

①明细账、总账核对一致（SA－1）。

②与上年同期比较分析收入、成本、毛利率（SA－2），销售主要月份为上年 12 月至次年 5 月与该类业务季节性一致，6 月以后的月份存在退货情况，主要为零星未售出的种子退回，执行销售退回（SA－6）测试未见异常，扣除因退货造成的毛利率存在较大差异外，其他未见重大异常。

③对销售收入采取顺查 9 笔（记账凭证——发货单）和倒查 8 笔（发货单——记账凭证），未见异常（SA－3）。

④对年度交易额 5 万元以上的客户实施函证（SA－4），全部回函，未见异常。

⑤对 2014 年 1 月前 10 天、2013 年 12 月后 10 天的发货单及记账凭

证进行截止测试，未见异常（SA－5）。

（2）存货（ZI）。张会计师执行存货实施以下审计程序，未见重大异常，期末余额可确认。

①获取或编制存货明细表，复核加计正确并与总账数、报表数及明细账合计数核对是否相符（ZI－1）。

②实施存货监盘程序，编制存货监盘报告（ZI－2）。

③编制销售成本倒轧表，将存货发生额与销售成本进行核对（ZI－3）。

④查核库存产成品计价方法，检查其前后期是否一致；抽查期末结存量比较大的库存产成品的计价是否正确（ZI－4）。

⑤抽查库存产成品入库的原始凭证是否齐全、内容是否完整、计价是否正确（ZI－5）。

⑥抽查库存产成品的发出凭证，核对其品种、数量和实际成本与产品销售成本是否相符（ZI－6）。

（六）审计总结

2014 年 2 月 3 日下午在事务所会议室，全体审计人员进行总结，审计人员于 2014 年 1 月 31 日完成国华种业有限公司 2013 年报审计项目的外勤审计工作，公司非常配合审计工作，未对项目组的审计工作设置障碍，未对项目组的审计范围实施限制，未对项目组的审计时间加以限制。项目组基本上按照审计计划执行审计工作，所获取的审计证据充分、可靠。所有调整事项公司确认调整。拟出具标准无保留意见审计报告。同日项目负责人编制总结会议纪要（EC，略）及审计总结底稿（EI，略）。

国华种业公司相关财务报表见附表 1 至附表 22。

附表 1

资产负债表分析（资产）

被审计单位：国华种业有限公司　　　　2013 年 12 月 31 日　　　　金额单位：元

项目	行次	期初余额	期末余额	变动额	变动比例（%）	期初结构比例（%）	期末结构比例（%）	结构变动比例（%）	重点关注
流动资金：	1	—	—						
货币资金	2	1 623 976.43	2 698 952.64	1 074 976.21	66.19	15.99	24.55	8.57	关注
交易性金融资产	3	—	—	—	—	—	—	—	
应收票据	4	—	—	—	—	—	—	—	
应收账款	5	12 643.89	466 497.75	453 853.86	3 589.51	0.12	4.24	4.12	
预付款项	6	387 098.25	569 544.15	182 445.90	47.13	3.81	5.18	1.37	关注
应收利息	7	—	—	—	—	—	—	—	
应收股利	8	—	—	—	—	—	—	—	
其他应收款	9	11 533.03	45 080.00	33 546.97	290.88	0.11	0.41	0.30	
存货	10	6 728 396.72	5 497 979.00	（1 230 417.72）	（18.29）	66.23	50.01	（16.22）	关注
待摊费用	11	—	—	—	—	—	—	—	
一年内到期的非流动资产	12	—	—	—	—	—	—	—	
其他流动资产	13	—	—	—	—	—	—	—	
流动资产合计	14	8 763 648.32	9 278 053.54	514 405.22	5.87	86.26	84.40	（1.87）	
非流动资产：	15	—	—	—	—	—	—	—	
可供出售金融资产	16	—	—	—	—	—	—	—	
持有到期投资	17	—	—	—	—	—	—	—	

续表

项目	行次	期初余额	期末余额	变动额	变动比例（%）	期初结构比例（%）	期末结构比例（%）	结构变动比例（%）	重点关注
长期应收款	18	—	—	—	—	—	—	—	
长期股权投资	19	—	—	—	—	—	—	—	
投资性房地产	20	—	—	—	—	—	—	—	
固定资产	21	1 395 357.59	1 504 667.59	109 310.00	7.83	13.74	13.69	(0.05)	关注
在建工程	22	—	—	—	—	—	—	—	
工程物资	23	—	—	—	—	—	—	—	
固定资产清理	24	—	—	—	—	—	—	—	
生产性生物资产	25	—	—	—	—	—	—	—	
油气资产	26	—	—	—	—	—	—	—	
无形资产	27	—	210 526.20	210 526.20	NA	—	1.92	1.92	
开发支出	28	—	—	—	—	—	—	—	
商誉	29	—	—	—	—	—	—	—	
长期待摊费用	30	—	—	—	—	—	—	—	
递延所得税资产	31	—	—	—	—	—	—	—	
其他流动资产	32	—	—	—	—	—	—	—	
非流动资产合计	33	1 395 357.59	1 715 193.79	319 836.20	22.92	13.74	15.60	1.87	
资产总计	34	10 159 005.91	10 993 247.33	834 241.42	8.21	100.00	100.00	—	

附表 2

资产负债表分析（负债及权益）

被审计单位：国华种业有限公司　　2013 年 12 月 31 日　　金额单位：元

项　目	行次	期初余额	期末余额	变动额	变动比例（%）	期初结构比例（%）	期末结构比例（%）	结构变动比例（%）	重点关注
流动负债：	35	—	—						
短期借款	36	—	—	—	—	—	—	—	
交易性金融负债	37	—	—	—	—	—	—	—	
应付票据	38	—	—	—	—	—	—	—	
应付账款	39	1 637 445.87	2 642 921.82	1 005 475.95	61.41	9.90	24.04	14.14	关注
预收账款	40	3 156 957.49	3 155 543.50	(1 413.99)	(0.04)	(0.01)	28.70	28.72	关注
应付职工薪酬	41	22 156.74	14 258.79	(7 897.95)	(35.65)	(0.08)	0.13	0.21	
应交税费	42	3 136.42	3 183.90	47.48	1.51	0.00	0.03	0.03	
应付利息	43	—	—	—	—	—	—	—	
应付股利	44	—	—	—	—	—	—	—	
其他应付款	45	7 875.27	—	(7 875.27)	(100.00)	(0.08)	—	0.08	
预提费用	46	—	—	—	—	—	—	—	
一年内到期的长期负债	47	—	—	—	—	—	—	—	
其他流动负债	48	—	—	—	—	—	—	—	
流动负债合计	49	4 827 571.79	5 815 908.01	988 336.22	20.47	9.73	52.90	43.18	
非流动负债：	50	—	—	—	—	—	—	—	
长期借款	51	—	—	—	—	—	—	—	

续表

项　　目	行次	期初余额	期末余额	变动额	变动比例（%）	期初结构比例（%）	期末结构比例（%）	结构变动比例（%）	重点关注
应付债券	52	—	—	—	—	—	—	—	
长期应付款	53	—	—	—	—	—	—	—	
专项应付款	54	—	—	—	—	—	—	—	
预计负债	55	—	—	—	—	—	—	—	
递延所得税负债	56	—	—	—	—	—	—	—	
其他非流动负债	57	—	—	—	—	—	—	—	
非流动负债合计	58	—	—	—	—	—	—	—	
负债合计	59	4 827 571. 79	5 815 908. 01	988 336. 22	20. 47	9. 73	52. 90	43. 18	
所有者权益：	60	—	—	—	—	—	—	—	
实收资本	61	5 000 000. 00	5 000 000. 00	—	—	—	45. 48	45. 48	关注
资本公积	62	—	—	—	—	—	—	—	
减：库存股	63	—	—	—	—	—	—	—	
专项储备	64	—	—	—	—	—	—	—	
盈余公积	65	33 143. 41	17 733. 93	（15 409. 48）	（46. 49）	（0. 15）	0. 16	0. 31	
未分配利润	66	298 290. 71	159 605. 39	（138 685. 32）	（46. 49）	（1. 37）	1. 45	2. 82	
所有者权益合计	67	5 331 434. 12	5 177 339. 32	（154 094. 80）	（2. 89）	（1. 52）	47. 10	48. 61	
负债和所有者权益总计	68	10 159 005. 91	10 993 247. 33	834 241. 42	8. 21	8. 21	100. 00	91. 79	

附表 3

营业收入表

金额单位：元

项目	行次	上年同期数	本年累计数	变动额	变动率（%）	上年同期结构比例（%）	本年累计结构比例（%）	结构变动率（%）	重点关注
一、营业收入	1	6 648 087.96	6 179 946.55	（468 141.41）	（7.04）	100.00	100.00	—	关注
减：营业成本	2	5 011 428.48	4 828 011.12	（183 417.36）	（3.66）	75.38	78.12	2.74	关注
营业税金及附加	3	—	—	—	—	—	—	—	
销售费用	4	926 037.23	681 212.98	（244 824.25）	（26.44）	13.93	11.02	（2.91）	关注
管理费用	5	570 380.96	518 767.67	（51 613.29）	（9.05）	8.58	8.39	（0.19）	
财务费用	6	（2 665.74）	（3 569.80）	（904.06）	33.91	（0.04）	（0.06）	（0.02）	
资产减值损失	7	（11 187.77）	3 942.85	15 130.62	（135.24）	（0.17）	0.06	0.23	
加：公允价值变动收益	8	—	—	—	—	—	—	—	
投资收益	9	—	—	—	—	—	—	—	
	10	—	—	—	—	—	—	—	
二、营业利润	11	154 094.80	151 581.73	（2 513.07）	（1.63）	2.32	2.45	0.13	
加：营业外收入	12	—	8 730.00	8 730.00	N/A	—	0.14	0.14	
减：营业外支出	13	—	—	—	—	—	—	—	
其中：非流动资产处置损失	14	—	—	—	—	—	—	—	
三、利润总额	15	154 094.80	160 311.73	6 216.93	4.03	2.32	2.59	0.28	
减：所得税费用	16	—	—	—	—	—	—	—	
四、净利润	17	154 094.80	160 311.73	6 216.93	4.03	2.32	2.59	0.28	

附表 4

进一步审计程序表

国华种业有限公司　　审核员：王××　　日期：2014.1.27　　索引号：SA

主营业务收入　　会计期间：2013.12.31　　复核员：陈××　　日期：2014.1.31　　页次：

可供选择的审计程序	是否计划实施（√）	与认定的对应关系	索引号
1. 获取或编制主营业务收入明细表，复核加计是否正确，并与总账数和明细账合计数核对是否相符，结合其他业务收入科目与报表数核对是否相符	√	c	SA－1
2. 比较本期各月各类主营业务收入及成本的波动情况，分析其变动趋势是否正常，是否符合被审计单位季节性、周期性的经营规律，查明异常现象和重大波动的原因	√	abc	SA－2
3. 检查主营业务收入的确认条件、方法是否符合企业会计准则，前后期是否一致；关注周期性、偶然性的收入是否符合既定的收入确认原则、方法	√	abcd	SA－3
4. 抽取 8 张发货单，审查出库日期、品名、数量等是否与发票、销售合同、记账凭证等一致	√	abcd	SA－3
5. 抽取 9 张记账凭证，审查入账日期、品名、数量、单价、金额等是否与发票、发货单、销售合同等一致	√	acd	SA－3
6. 结合对应收账款的审计，选择主要客户函证本期销售额	√	ac	SA1－4
7. 销售的截止测试	√	d	SA－5
8. 存在销货退回的，检查手续是否符合规定，结合原始销售凭证检查其会计处理是否正确。结合存货项目审计关注其真实性		a	SA－6
9. 检查主营业务收入是否已按照企业会计准则的规定在财务报表中作出恰当列报和披露		f	SA－1

附表 5

“主营业务收入、成本”发生额明细表

被审计单位：国华种业有限公司　　审核员：王××　　日期：2014.1.27　　索引号：SA－1

审查项目：主营业务收入　　会计期间：2013.12.31　　复核员：陈××　　日期：2014.1.31　　页次：

被审计单位提供					审计人员填写								
					T/F	查验	收入调整数		成本调整数		调整	审定金额	
主营项目		收入（元）	成本（元）	毛利率		索引	借	贷	借	贷	索引	收入（元）	成本（元）
	杂交水稻种子	6 648 087.96	5 011 428.48	24.62%								6 648 087.96	5 011 428.48
				—									
				—								—	—
				—								—	—
主营业务小计		6 648 087.96	5 011 428.48	24.62%			—	—	—	—		6 648 087.96	5 011 428.48
加：其他业务小计				—									
合计		6 648 087.96	5 011 428.48	24.62%			—	—	—	—		6 648 087.96	5 011 428.48
主营业务收入：其中内部销售													
单位名称		收入金额	成本金额	毛利率									
				—								—	—
合　计		0.00	0.00	0.00%			0.00	0.00	0.00	0.00		0.00	0.00
主营业务收入：前五名客户统计													
单位名称		收入金额											
A		1 370 320.01										1 370 320.01	
B		458 400.00										458 400.00	
C		430 908.00										430 908.00	
D		419 280.00										419 280.00	
E		319 680.00										319 680.00	
												0.00	
合计		2 998 588.01					—	—	—	—		2 998 588.01	

审计说明：明细合计与总账、报表数一致（√）不一致（）

附表 6

“主营业务收入、成本”分月明细表

被审计单位：国华种业有限公司　　审核员：王××　　日期：2014.1.27　　索引号：SA－2

审查项目：主营业务收入　　会计期间：2013.12.31　　复核员：陈××　　日期：2014.1.31　　页次：

月份	本期数					上年同期数				
	主营业务收入（元）	占全年比例（%）	主营业务成本（元）	占全年比例（%）	毛利率（%）	主营业务收入	占全年比例（%）	主营业务成本（元）	占全年比例（%）	毛利率（%）
1	2 387 520.00	35.91	1 372 738.58	27.39	42.50	2 169 631.40	35.11	1 479 019.00	30.63	31.83
2	1 758 684.96	26.45	1 445 877.01	28.85	17.79	1 336 517.00	21.63	862 333.21	17.86	35.48
3	2 160 725.00	32.50	1 606 982.17	32.07	25.63	383 536.50	6.21	248 638.41	5.15	35.17
4	28 920.00	0.44	32 603.70	0.65	-12.74	127 958.00	2.07	94 240.87	1.95	26.35
5	-346 380.00	-5.21	-192 213.70	-3.84	44.51	692 242.50	11.20	530 148.89	10.98	23.42
6	-79 905.00	-1.20	48 114.49	0.96	160.21	955 028.50	15.45	1 056 163.05	21.88	-10.59
7	139 033.00	2.09	265 309.23	5.29	-90.82	50 704.00	0.82	70 381.80	1.46	-38.81
8	-171 330.00	-2.58			100.00	-315 551.65	-5.11	10 080.63	0.21	103.19
9						-48 960.00	-0.79			100.00
10										
11										
12	770 820.00	11.59	432 017.00	8.62	43.95	828 840.30	13.41	477 005.26	9.88	42.45
合计	6 648 087.96	100.00	5 011 428.48	100.00	24.62	6 179 946.55	100.00	4 828 011.12	100.00	21.88

审计说明：1. 收入体现季节性，与行业实际一致，本期整体毛利率与上年度相比，变化不大。

2. 对比全年的毛利率变动情况，发现 4、5、6、7、8 月的毛利率较为异常。

3. 通过检查相关收入、成本单据，我们发现，4 月毛利率为负是由于当期退货较多且退货品种毛利较高，而当期销售的品种毛利较低所致。

4. 5 月收入和成本均为负数主要系退货较多所致。

5. 6 月毛利率较高是由于退货较多，且销售较少所致；7 月和 8 月毛利率异常主要系存在退货且返利，使得毛利率异常。

6. 经分析，公司毛利率部分月份存在异常，但可以合理解释，其毛利率相对上年差异不大，其收入发生额可以确认。

附表 7

销售收入细节测试记录表

被审计单位：国华种业有限公司　　审核员：王××　　日期：2014.1.27　　索引号：SA－3

审查项目：主营业务收入　　会计期间：2013.12.31　　复核员：陈××　　日期：2014.1.31　　页次：

序号	订购单位名称	出库单								会计凭证				备注
		日期	出库单号	产品名称	数量（kg）	单价（元）	金额（元）	核对		日期	编号	核对		
								(1)	(2)			(3)	(4)	
1	新干	2013－1－23	0012298	株两优 30	4 350.00	24.00	104 400.00	√	√	2013－1－31	记－088	√	√	
2	泰和	2013－1－23	0012299	株两优 30	4 050.00	24.00	97 200.00	√	√	2013－1－31	记－088	√	√	
3	遂川	2013－1－23	0012300	株两优 30	750.00	24.00	18 000.00	√	√	2013－1－31	记－088	√	√	
4	万安	2013－1－23	0012301	株两优 30	4 500.00	24.00	108 000.00	√	√	2013－1－31	记－088	√	√	
5	吉水	2013－1－23	0012302	株两优 30	2 280.00	24.00	54 720.00	√	√	2013－1－31	记－088	√	√	
6	吉安	2013－1－23	0012303	株两优 30	10 800.00	24.00	259 200.00	√	√	2013－1－31	记－088	√	√	
7	吉安	2013－1－23	0012304	株两优 30	7 200.00	24.00	172 800.00	√	√	2013－1－31	记－088	√	√	
8	乐安	2013－1－23	0012297	株两优 30	7 200.00	24.00	172 800.00	√	√	2013－1－31	记－092	√	√	
9	崇仁	2013－1－23	0012296	株两优 30	8 910.00	24.00	213 840.00	√	√	2013－1－31	记－092	√	√	
10	东乡	2013－1－23	0012295	株两优 30	7 260.00	24.00	174 240.00	√	√	2013－1－31	记－092	√	√	
11	南城	2013－1－23	0012294	株两优 30	5 700.00	24.00	136 800.00	√	√	2013－1－31	记－092	√	√	
12	南丰	2013－1－23	0012293	株两优 30	540.00	24.00	12 960.00	√	√	2013－1－31	记－092	√	√	

续表

序号	订购单位名称	出库单								会计凭证				备注
		日期	出库单号	产品名称	数量（kg）	单价（元）	金额（元）	核对		日期	编号	核对		
								（1）	（2）			（3）	（4）	
13	临川	2013－1－23	0012292	株两优30	7 200.00	24.00	172 800.00	√	√	2013－1－31	记－092	√	√	
14	乐安	2013－12－29	0003602	株两优30	9 480.00	26.00	246 480.00	√	√	2013－12－31	记－033	√	√	
15	东乡	2013－12－29	0003601	株两优30	6 420.00	26.00	166 920.00	√	√	2013－12－31	记－033	√	√	
16	金溪	2013－12－29	0003603	株两优30	9 870.00	26.00	256 620.00	√	√	2013－12－31	记－033	√	√	
17	临桂	2013－12－30	0003604	株两优30	4 200.00	24.00	100 800.00	√	√	2013－12－31	记－034	√	√	
	合计						2 468 580.00							

核对说明：

1. 发货单经客户、市场营销部确认。

2. 发货数量、单价、金额勾稽一致，与销售合同一致。

3. 发货单金额与收款凭证等一致，会计凭证记录正确。

4. 会计记录的期间与发货单期间一致。

测试有关说明及结论：

我们采取凭证倒查发货单的方式检查9笔业务；

采用发货单顺查凭证的方式检查8笔业务；

经检查未见异常，收入准确性、完整性可以确认。

审核员：王××　　复核员：陈××　　日期：2014.2.19

附表 8

收入函证控制表

被审计单位：国华种业有限公司　　　　索引号：SA－4　　页　次：

序号	查验科目	收信单位（被函证方）名称	本期发货（元）	收信单位（被函证方）地址	收信单位（被函证方）联系部门（人）	联系电话	回函日期	回函情况	索引号
1	主营业务收入	临桂	1 370 320.01	临桂	A	13812345678	2014－2－1	一致	FE
2	主营业务收入	进贤	458 400.00	进贤	B	13812345678	2014－2－1	一致	ZD
3	主营业务收入	金溪	430 908.00	金溪	C	13812345678	2014－2－1	一致	FE
4	主营业务收入	乐安	419 280.00	乐安	D	13812345678	2014－2－1	一致	FE
5	主营业务收入	汨罗	319 680.00	汨罗	E	13812345678	2014－1－31	一致	FE
6	主营业务收入	新建	316 800.00	新建	F	13812345678	2014－2－1	一致	FE
7	主营业务收入	东乡	303 060.00	东乡	G	13812345678	2014－2－1	一致	FE
8	主营业务收入	吉安永丰	232 200.00	吉安永丰	H	13812345678	2014－2－1	一致	FE
9	主营业务收入	吉安欧阳	214 650.50	吉安欧阳	I	13812345678	2014－1－31	一致	FE
10	主营业务收入	崇仁	187 770.00	崇仁	J	13812345678	2014－1－31	一致	FE
11	主营业务收入	岳阳	182 840.00	岳阳	K	13812345678	2014－1－31	一致	FE
12	主营业务收入	鄱阳	147 280.00	鄱阳	L	13812345678	2014－1－31	一致	FE
13	主营业务收入	南城	115 100.00	南城	M	13812345678	2014－1－31	一致	FE
14	主营业务收入	临川	108 993.00	临川	N	13812345678	2014－1－31	一致	FE
15	主营业务收入	新干	93 960.00	新干	O	13812345678	2014－1－31	一致	FE
16	主营业务收入	泰和	82 463.50	泰和	P	13812345678	2014－1－31	一致	FE
17	主营业务收入	江永	81 600.00	江永	Q	13812345678	2014－1－31	一致	ZD
18	主营业务收入	三明	76 700.00	三明	R	13812345678	2014－1－31	一致	ZD
19	主营业务收入	全州 1	64 265.00	全州 1	S	13812345678	2014－2－1	一致	ZD
20	主营业务收入	玉林	60 000.00	玉林	T	13812345678	2014－2－1	一致	ZD
21	主营业务收入	安义	50 400.00	安义	U	13812345678	2014－2－1	一致	ZD
合计			5 316 670.01						
占总额比例			79.97%						

附表 9

“主营业务收入”截止测试

被审计单位：国华种业有限公司　　审核员：王××　　日期：2014.1.27　　索引号：SA－5

审查项目：主营业务收入　　会计期间：2013.12.31　　复核员：陈××　　日期：2014.1.31　　页次：

存货项目	发货单					应属期间		账户记录								截止工作执行情况
	客户名称	数量（kg）	金额（元）	发货单号	出库单日期	本期（√）	下期（√）	本期（√）借：	贷：	下期（√）借：	贷：	入账日期	凭证号	数量（kg）	金额（元）	正常：√；需说明调整的用注（1）（2）..表示
株两优30	乐安	9 480.00	246 480.00	0003602	2013－12－29	√						2013－12－31	记－033	9 480.00	246 480.00	
株两优30	东乡	6 420.00	166 920.00	0003601	2013－12－29	√						2013－12－31	记－033	6 420.00	166 920.00	
株两优30	金溪	9 870.00	256 620.00	0003603	2013－12－29	√						2013－12－31	记－033	9 870.00	256 620.00	
株两优30	临桂	4 200.00	100 800.00	0003604	2013－12－30	√						2013－12－31	记－034	4 200.00	100 800.00	
株两优30	全州	7 480.00	194 480.00	0004602	2014－1－31		√					2014－1－31	记－030	7 480.00	194 480.00	
株两优30	玉林	5 420.00	140 920.00	0004603	2014－1－31		√					2014－1－31	记－031	5 420.00	140 920.00	
株两优30	安义	8 870.00	230 620.00	0004604	2014－1－31		√					2014－1－31	记－032	8 870.00	230 620.00	
株两优30	柳州	4 400.00	105 600.00	0004605	2014－1－31		√					2014－1－31	记－033	4 400.00	105 600.00	

审计说明：经抽查2013年12月最后10天，2014年1月开始10天的发货单及记账凭证测试，未见异常。

附表 10

“主营业务收入——销售退回”凭证测试

被审计单位：国华种业有限公司　　审核员：王××　　日期：2014. 1. 27　　索引号：SA－6

审查项目：主营业务收入　　会计期间：2013. 12. 31　　复核员：陈××　　日期：2014. 1. 31　　页次：

日期	凭证编号	业务内容	会计分录				核对			索引号	审计结论
			科目名称	对方科目	借方金额	贷方金额（元）	（1）	（2）	（3）		
2013－4－28	记－0065	销售退回	主营业务收入	应收账款/广西全州县刘克农		－73 440.00	√	√	√	SA－6－1	未发现异常
2013－5－31	记－0038	销售退回	主营业务收入	应收账款/安徽池州邱祥云		－208 020.00	√	√	√	SA－6－2	未发现异常
2013－5－31	记－0053	销售退回	主营业务收入	应收账款/湘乡刘勇		－48 240.00	√	√	√	SA－6－3	未发现异常
2013－6－30	记－0035	销售退货	主营业务收入	应收账款/广西临桂县会仙廖永发		－220 480.00	√	√	√	SA－6－4	未发现异常

核对内容说明：

审计说明：通过抽查未发现异常业务（√）；发现异常业务（ ）笔，需进一步审计。

1. 退货数量、规格与退货入库单数量、规格一致。
2. 有授权批准。
3. 账务处理正确。

附表 11

进一步审计程序表

被审计单位：国华种业有限公司　　审核员：张××　　日期：2014.1.31　　索引号：ZI

审查项目：存货　　会计期间：2013.12.31　　复核员：王××　　日期：2014.2.1　　页次：　　金额单位：元

审计目标	可供选择的审计程序	是否计划实施（√）	与认定的对应关系	索引号
D	1. 获取或编制存货明细表，复核加计正确并与总账数、报表数及明细账合计数核对是否相符	√	d	ZI－1
ABD	2. 实施存货监盘程序，编制存货监盘报告	√	abd	ZI－2
ABD	3. 编制销售成本倒轧表，将存货发生额与销售成本进行核对	√	abd	ZI－3
D	4. 查核库存产成品计价方法，检查其前后期是否一致；抽查期末结存量比较大的库存产成品的计价是否正确	√	d	ZI－4
D	5. 抽查库存产成品入库的原始凭证是否齐全、内容是否完整、计价是否正确	√	d	ZI－5
D	6. 抽查库存产成品的发出凭证，核对其品种、数量和实际成本与产品销售成本是否相符	√	d	ZI－6

项目	期初余额		期末余额		
	上年审定数（或未审数）	本期审定数	未审数	本期审定数	
存货	5 497 979.00	5 497 979.00	6 728 396.72	6 728 396.72	
存货跌价准备					
存货净额	5 497 979.00	5 497 979.00	6 728 396.72	6 728 396.72	

本科目经审计后无调整事项，余额可以确认：

本项目负责人已对审核员张××对本科目实施的审计程序（底稿附后）进行复核。

附表 12

存货分类总账余额表

被审计单位：国华种业有限公司　　审核员：张××　　日期：2014. 1. 31　　索引号：ZI－1

审查项目：存货　　会计期间：2013. 12. 31　　复核员：王××　　日期：2014. 2. 1　　页次：　　金额单位：元

被审计单位提供						审计人员填写					
序号	存货一级科目名称	期初余额	本期增加	本期减少	期末余额	T/F	查验索引	调整数 借	调整数 贷	调整索引	审定金额
1	原材料				0.00						0.00
2	库存商品	5 475 627.00	6 435 782.40	5 238 050.28	6 673 359.12						6 673 359.12
3	发出商品				0.00						0.00
4	委托加工物资				0.00						0.00
5	周转材料	22 352.00	118 485.60	85 800.00	55 037.60						55 037.60
6	生产成本				0.00						0.00
	合　计	5 497 979.00	6 554 268.00	5 323 850.28	6 728 396.72			0.00	0.00		6 728 396.72
	存货跌价准备	0.00			0.00						0.00
	存货报表数	5 497 979.00			6 728 396.72			0.00	0.00		6 728 396.72

审计说明：1. 明细合计与总账、报表数一致（√）不一致（）。

2. 公司库存商品为按与委托制种单位签订的制种合同，而向制种单位收购的种子。

附表 13

存货商品明细表

被审计单位：国华种业有限公司　　审核员：张××　　日期：2014.1.31　　索引号：ZI-1-1

审查项目：库存商品　　会计期间：2013.12.31　　复核员：王××　　日期：2014.2.1　　页次：　　金额单位：元

项目	自有品种/外购品种	2013年											
		期初			本期入库（不含加工费）			本期发出			期末		
		数量	单价	金额	数量	单价	金额	数量	单价	金额	数量	单价	金额
株两优 30	自产	252 371.50	13.71	3 459 218.81	275 839.00	14.20	3 916 144.80	236 370.50	14.15	3 344 411.55	291 840.00	13.81	4 030 952.06
威优 608	自产	81 200.50	15.84	1 286 222.42	20 000.00	16.60	332 000.00	45 643.00	16.13	736 135.49	55 557.50	15.88	882 086.93
宜优 207	自产	764.00	14.17	10 824.60		—		764.00	14.17	10 824.60	—	—	—
金优 1066	自产	3 775.00	12.00	45 300.00		—		3 775.00	12.00	45 300.00	—	—	—
Y 两优 527	自产	1 564.00	40.00	62 560.00		—		1 500.00	40.00	60 000.00	64.00	40.00	2 560.00
宏优 619	自产	32 864.50	16.60	545 552.00	73 850.00	15.60	1 152 060.00	17 712.00	16.91	299 456.55	89 002.50	15.71	1 398 155.45
特优 582	内购		—		9 715.50	20.00	194 310.00	9 715.50	20.00	194 310.00	—	—	—
陆 18S	外购		—		700.00	56.00	39 200.00		—		700.00	56.00	39 200.00
株 IS	外购	498.50	56.00	27 916.17	6 604.00	53.60	353 944.00	5 720.00	53.76	307 531.16	1 382.50	53.76	74 329.01
R30	自产	6 513.50	5.84	38 033.00		—		2 305.00	5.84	13 459.13	4 208.50	5.84	24 573.87
合计		379 551.50	14.43	5 475 627.00	386 708.50	15.48	5 987 658.80	323 505.00	15.49	5 011 428.48	442 755.00	14.57	6 451 857.32

附表 14

存货分类余额明细表

三级科目名称____低值易耗品

被审计单位：国华种业有限公司　　审核员：张××　　日期：2014. 1. 31　　索引号：ZI－1－2

审查项目：包装物　　会计期间：2013. 12. 31　　复核员：王××　　日期：2014. 2. 1　　页次：　　金额单位：元

委托单位提供											审计调整					审定数	
序号	名称	规格	期初余额		本期增加		本期领用		期末余额		借		贷		调整		
			数量	金额	数量	金额	数量	金额	数量	金额	数量	金额	数量	金额	索引	数量	金额
1	1 公斤专用袋				163 778. 00	49 133. 40	120 000. 00	36 000. 00	43 778	13 133. 40						43 778	13 133. 40
2	1 公斤宏优 619 包装袋				17 723. 00	5 316. 90	12 000. 00	3 600. 00	5 723	1 716. 90						5 723	1 716. 90
3	1. 5 公斤宏优 619 包装袋				18 320. 00	6 412. 00	12 000. 00	4 200. 00	6 320	2 212. 00						6 320	2 212. 00
4	1 公斤岳丝优 7 号包装袋		18 600. 00	5 952. 00					18 600	5 952. 00						18 600	5 952. 00
5	1 公斤岳丝优 1 号包装袋		15 100. 00	4 832. 00					15 100	4 832. 00						15 100	4 832. 00
6	1. 5 公斤专用袋				164 638. 00	57 623. 30	120 000. 00	42 000. 00	44 638	15 623. 30						44 638	15 623. 30
7	1 公斤通用袋		34 600. 00	8 961. 00					34 600	8 961. 00						34 600	8 961. 00
8	1. 5 公斤通用袋		8 200. 00	2 607. 00					8 200	2 607. 00						8 200	2 607. 00
									0	0. 00						0	0. 00
									0	0. 00						0	0. 00
	合计			22 352. 00		118 485. 60		85 800. 00		55 037. 60		0. 00		0. 00			55 037. 60

审计说明：1. 明细合计与总账、计入报表数一致（√）　不一致（ ）。

2. 采用的摊销方法：一次转销法。

附表 15

生产成本发生额明细表

所属会计师事物所：立信会计师师事务所（特殊普通合伙）

被审计单位：国华种业有限公司　　审核员：毛俊　　日期：2014. 2. 18　　索引号：ZI－1－3

审查项目：生产成本　　会计期间：2013. 12. 31　　复核员：何萍　　日期：2014. 2. 19　　页次：　　金额单位：元

月份	本期增加					本期减少					期末数				
	运费	包装费	加工损耗	装卸费	合计	运费	包装费	加工损耗	装卸费	合计	运费	包装费	加工损耗	装卸费	合计
期初数															0.00
1	—	16 745.00		6 508.00	23 253.00	—	16 745.00		6 508.00	23 253.00	—	—	—	—	—
2	—	103 953.00		—	103 953.00	—	103 953.00		—	103 953.00	—	—	—	—	—
3	—	20 900.00		—	20 900.00	—	20 900.00		—	20 900.00	—	—	—	—	—
4	—	—		—	—	—	—		—	—	—	—	—	—	—
5	—	4 000.00		—	4 000.00	—	4 000.00		—	4 000.00	—	—	—	—	—
6	—	—		—	—	—	—		—	—	—	—	—	—	—
7	—	2 259.80		—	2 259.80	—	2 259.80		—	2 259.80	—	—	—	—	—
8	—	—		—	—	—	—		—	—	—	—	—	—	—
9	—	—		—	—	—	—		—	—	—	—	—	—	—
10	—	—		—	—	—	—		—	—	—	—	—	—	—
11	46 738.00	—		20 358.00	67 096.00	46 738.00	—		20 358.00	67 096.00	—	—	—	—	—
12	—	2 600.00		—	2 600.00	—	2 600.00		—	2 600.00	—	—	—	—	—
合计	46 738.00	150 457.80	—	26 866.00	224 061.80	46 738.00	150 457.80	—	26 866.00	224 061.80	—	—	—	—	-

审计结论：生产成本各月发生额和余额较均衡（ ）不均衡（ √ ），不均衡原因：本科目为过渡科目，随着种子行业的季节性而发生，未发现异常。

附表 16

存货实地监盘小结

被审计单位：国华种业有限公司　　审核员：张××　　日期：2014.1.1　　索引号：ZI－2

审查项目：存货　　会计期间：2013.12.31　　复核员：王××　　日期：2014.1.1　　页次：

一、存货结算日期：2013．12．31 ____盘点日期：____2014．1．1

二、存货存放情况检查

1. 仓库名称：谷库_　仓库地址：谷镇

2. 仓库负责人：杨××　　仓库记账员：李××　　仓库保管员：刘××、彭××

3. 仓库保管的存货类别：　库存商品、周转材料

4. 仓库库位是否具有区分标识：是

5. 存货码放方法：按品种分类扎花码放　　码放是否利于盘点：是

6. 存货是否按规格、型号堆放整齐：是

三、参与盘点人员：

会计师事务所实施监盘人员：张××、王××

被审计单位盘点人员：财务部门　姓名：赵××、钱××

仓　　库　姓名：杨××、李××、彭××、樊××

办 公 室　姓名：徐××

四、实际盘点时间：2014 年 1 月 1 日

开始时间：9：00　结束时间：17：00

续表

五、企业实际盘点情况说明

（一）企业实际盘点人员分工情况

张××负责监盘

彭××点数并报出型号、规格，蒋××记录

（二）存货是否停止流动：是

（三）监盘中特殊情况说明：无

上述人员在盘点过程中，自始至终未离开现场。

六、审计人员抽盘记录：

（一）抽盘样本确定方法：

1. 从会计明细账内抽取样本的方法：库存种子100%

2. 从存货实物中抽取样本的方法：库存种子100%

（二）审计人员实施监盘情况

1. 抽盘人员与抽盘存货类型：

审计人员：张××负责抽盘的存货类别：库存商品－谷库

2. 抽盘统计：

库存商品种子共有105种，实施抽盘共：10种，占100%

存货账面余额：6 451 857.32元，实施抽盘：6 451 857.32元，占100%

3. 计算抽盘正确率；

盘点日账面库存商品数量（KG）：442 755

盘点日实盘数量（KG）：442 650

盘点差异（KG）：－105

差异原因：种子自然损耗

七、盘点结束后的工作记录

仓库管理人员对存货保管业务的熟悉程度：熟悉

仓库管理人员对盘点工作与抽盘工作的负责态度：负责

对审计人员索取的资料配合程度：配合

附表 17

库存商品监盘情况表

被审计单位：国华种业有限公司　　审核员：张××　　日期：2014.1.1　　索引号：ZI-2-1

审查项目：存货　　会计期间：2013.12.31　　复核员：王××　　日期：2014.1.1　　页次：

序号	品名	计量单位	数量金额式明细账			仓库结存数		盘点数		差异	
			数量	单价	金额	数量	金额	数量	金额	数量差异	差异原因
1	株两优 30	kg	291 840.00	13.81	4 030 952.06	291 840.00	4 030 952.06	291 735.00	4 029 501.78	105.00	自然损耗
2	威优 608	kg	55 557.50	15.88	882 086.93	55 557.50	882 086.93	55 557.50	882 086.93	—	
3	宜优 207	kg	—	—	—	—	—	—	—	—	
4	金优 1066	kg	—	—	—	—	—	—	—	—	
5	Y 两优 527	kg	64.00	40.00	2 560.00	64.00	2 560.00	64.00	2 560.00	—	
6	宏优 619	kg	89 002.50	15.71	1 398 155.45	89 002.50	1 398 155.45	89 002.50	1 398 155.45	—	
7	特优 582	kg	—	—	—	—	—	—	—	—	
8	陆 18S	kg	700.00	56.00	39 200.00	700.00	39 200.00	700.00	39 200.00	—	
9	株 IS	kg	1 382.50	53.76	74 329.01	1 382.50	74 329.01	1 382.50	74 329.01	—	
10	R30	kg	4 208.50	5.84	24 573.87	4 208.50	24 573.87	4 208.50	24 573.87	—	
	合计		442 755.00		6 451 857.32	442 755.00	6 451 857.32	442 650.00	6 450 407.04	105.00	

审计说明：1. 我们获取了企业的购销存明细账，并与总账核对一致。

2. 经实施监盘程序，数量差异 105 公斤，差异率 2.37%，属于正常自然损耗，公司的库存商品余额可以确认。

附表 18

成本倒轧表

被审计单位：国华种业有限公司　　审核员：张××　　日期：2014. 1. 31　　索引号：ZI－3

审查项目：存货　　会计期间：2013. 12. 31　　复核员：王××　　日期：2014. 2. 1　　页次：　　金额单位：元

项　　目	未审数	审计调整	审定金额	查验索引
库存商品期初余额	5 475 627. 00		5 475 627. 00	
加：本期购进种子	5 987 658. 80		5 987 658. 80	
发出商品确认收入转入	—		—	
试验种入库	—		—	
发生各项小包装等费用归集	224 061. 80		224 061. 80	
			0. 00	
减：库存商品期末余额	6 673 359. 12		6 673 359. 12	
亲本制种支出			—	
发出商品			0. 00	
种子损耗等其他业务支出	2 560. 00		2 560. 00	
			—	
等于：生产成本——直接材料成本	5 011 428. 48	—	5 011 428. 48	
加：直接人工成本			—	
制造费用			—	
劳务成本				
			—	
等于：生产成本本期发生额小计	5 011 428. 48	—	5 011 428. 48	
加：生产成本期初余额			—	
减：生产成本期末余额			—	

续表

项　　目	未审数	审计调整	审定金额	查验索引
			—	
加：自制半成品期初余额			—	
减：自制半成品期末余额			—	
			—	
等于：产成品增加额	5 011 428. 48	—	5 011 428. 48	
加：产成品期初余额			—	
减：产成品期末余额			—	
			—	
加：外购商品			—	
加：产品盘盈			—	
减：跌价准备调回			—	
减：			—	
			—	
应结转产品销售成本	5 011 428. 48	—	5 011 428. 48	
报表列示产品销售成本	5 011 428. 48		5 011 428. 48	
核对	OK		OK	

审计结论：经复核，成本勾稽关系正确，可以确认。

附表 19

库存商品——库存产成品发出数量配比和计价测试

被审计单位：国华种业有限公司　　审核员：张××　　日期：2014.1.31　　索引号：ZI－4

审查项目：库存产成品　　会计期间：2013.12.31　　复核员：王××　　日期：2014.2.1　　页次：　　金额单位：元

库存产成品名称：____株两优 30____

月份	计量单位	本期增加			本期发出			期末结存			本期应结转成本			成本结转差异	期末库龄
		数量	单价	金额	数量	单价	金额	数量	单价	金额	数量	单价	金额		
期初	kg		0.00			0.00		252 371.00	13.71	3 459 218.81	—	—	—	—	
1 月	kg		0.00	23 253.00	99 480.00	13.80	1 372 738.58	152 891.00	13.80	2 109 733.23	99 480.00	13.80	1 372 726.25	－12.33	
2 月	kg		0.00	90 290.00	57 360.00	14.39	825 396.96	95 531.00	14.39	1 374 626.27	57 360.00	14.39	825 381.04	－15.92	
3 月	kg		0.00	1 200.00	39 960.00	14.41	575 642.99	55 571.00	14.40	800 183.28	39 960.00	14.40	575 499.24	－143.75	
4 月	kg		0.00		1 350.00	14.42	19 463.71	54 221.00	14.40	780 719.57	1 350.00	14.40	19 439.05	－24.66	
5 月	kg		0.00	4 000.00	12 961.00	14.39	186 469.28	41 260.00	14.50	598 250.29	12 961.00	14.47	187 579.54	1 110.26	
6 月	kg		0.00		－3 957.00	14.48	－57 297.36	45 217.00	14.50	655 547.65	－3 957.00	14.50	－57 374.61	－77.25	
7 月	kg		0.00	2 259.80	6 000.00	14.53	87 163.78	39 217.00	14.55	570 643.67	6 000.00	14.55	87 286.74	122.96	
8 月	kg		0.00			0.00		39 217.00	14.55	570 643.67	0.00	14.55	0.00	0.00	
9 月	kg		0.00			0.00		39 217.00	14.55	570 643.67	0.00	14.55	0.00	0.00	
10 月	kg		0.00			0.00		39 217.00	14.55	570 643.67	0.00	14.55	0.00	0.00	
11 月	kg		0.00			0.00		39 217.00	14.55	570 643.67	0.00	14.55	0.00	0.00	
12 月	kg	275 839.00	14.21	3 918 744.80	29 970.00	14.41	432 017.00	285 086.00	14.23	4 057 371.47	29 970.00	14.25	427 057.32	－4 959.68	
合计		275 839.00		4 039 747.60	243 124.00		3 441 594.94	285 086.00	14.23	4 057 371.47	243 124.00		3 437 594.58	－4 000.36	

审计结论：1. 经复核差异较小，该项库存产成品发出时按加权平均法结转可以确认；
2. 期末结存单位计算正确；
3. 作出存货发出计价的方法恰当；
4. 该品种为公司主要产品，品种销售量与采购量较大，采购单价与之前的平均单价发生细微差异，导致结转成本的差异。

附表 20

购货合同、请购单测试记录表

被审计单位：国华种业有限公司　　审核员：张××　　日期：2014.1.31　　索引号：ZI-5-1

审查项目：库存产成品　　会计期间：2013.12.31　　复核员：王××　　日期：2014.2.1　　页次：　　金额单位：元

序号	供货单位名称	购货合同、请购单内容							购货发票					入库单				会计凭证						备注
		日期	货物名称	数量（kg）	单价	金额	核对(1)	核对(2)	日期	编号	核对(3)	核对(4)	核对(5)	日期	编号	核对(6)	核对(7)	日期	编号	核对(8)	核对(9)	核对(10)	核对(11)	
1	广西	2013-11-12	株两优 30	53 580.00	14.00	750 120.00	√	√						2013-11-12	1311120001	√	√	2013-11-30	记-037	√	√	√	√	
2	福建	2013-11-12	株两优 30	92 070.00	13.60	1 252 152.00	√	√						2013-11-12	1311120002	√	√	2013-11-30	记-038	√	√	√	√	
3	湖北	2013-11-25	宏优 619	51 750.00	15.60	807 300.00	√	√						2013-11-25	1311250001	√	√	2013-11-30	记-039	√	√	√	√	
4	广西 2	2013-11-30	株两优 30	37 372.00	14.60	545 631.20	√	√						2013-11-30	1311300001	√	√	2013-11-30	记-040	√	√	√	√	
5	湖北 2	2013-12-2	宏优 619	22 100.00	15.60	344 760.00	√	√						2013-12-2	1312020001	√	√	2013-12-25	记-020	√	√	√	√	
6	广西 3	2013-12-5	株两优 30	38 317.00	14.80	567 091.60	√	√						2013-12-5	1312050001	√	√	2013-12-27	记-021	√	√	√	√	
7	广西 4	2013-12-5	株两优 30	54 500	14.70	801 150.00	√	√						2013-12-5	1312050002	√	√	2013-12-27	记-022	√	√	√	√	
	合计																							

测试有关说明及结论：对本期发生的会计凭证进行抽查，核对本期发生额，未见异常，发生额可以确认。

核对说明：

1. 采购合同经过授权批准。
2. 采购金额未超过采购限量、限价。
3. 购货发票的单价与购货合同一致。
4. 购货发票的品名、数量与购货合同一致。
5. 购货发票的金额与购货合同一致。
6. 入库单的品名与发票内容一致。
7. 入库单有保管员和经手人签名。
8. 发票购货额与付款结算凭证一致。
9. 付款凭证有经手人和主管签名。
10. 发票购货额已正确记入材料采购（原材料）账和应付账款（银行、现金）账。
11. 进项税金账务处理正确。

附表 21

存货　　凭证测试

被审计单位：国华种业有限公司　　审核员：张××　　日期：2014. 1. 31　　索引号：ZI－5－2

审查项目：库存产成品　　会计期间：2013. 12. 31　　复核员：王××　　日期：2014. 2. 1　　页次：　　金额单位：元

日期	凭证编号	业务内容	会计分录				附件	索引号	审计结论
			科目名称	对方科目	借方金额	贷方金额			
2013－1－31	记－0081	分配本月费用归集	库存商品＼库存商品	库存商品	23 253. 00	—	附 2013 年 1 月费用归集分配表，入库单 1301310000，出库单 1301310001		未发现异常
2013－2－4	记－0006	种子包装费	库存商品＼费用归集＼包装费	现金	35 053. 00	—	附费用报销单 20130204，临时工人工资发放表 20130204		未发现异常
2013－2－28	记－0043	领用包装物	库存商品＼费用归集＼包装费	包装物及低值易耗品	68 900. 00	—	附加工领用单 1302010001 等		未发现异常
2013－2－28	记－0044	费用归集分配	库存商品＼库存商品	库存商品	103 953. 00	—	附 2 月费用归集分配表，入库单 1302280000 等		未发现异常
2013－2－28	记－0063	种子入库	库存商品＼库存商品	应付账款/福建神农大丰种业科技有限公司	194 310. 00	—	附入库单 1302010002，福建神农大丰种业科技有限公司种子调拨单 0011709 等		未发现异常
2013－2－28	记－0043	领用包装物	包装物及低值易耗品＼包装物	库存商品	—	68 900. 00	附加工领用单 1302010001 等		未发现异常
2013－2－28	记－0062	购入包装物	包装物及低值易耗品＼包装物	应付账款/安徽桐城姚大放	118 485. 60	—	附入库单 1302010001 等，计算明细表		未发现异常

续表

日期	凭证编号	业务内容	会计分录				附件	索引号	审计结论
			科目名称	对方科目	借方金额	贷方金额			
2013-3-31	记-0045	本月费用归集	库存商品\库存商品	库存商品	20 900.00	—	附3月费用归集分配表，入库单1303310000等		未发现异常
2013-3-31	记-0047	领用包装物	库存商品\费用归集\包装费	包装物及低值易耗品	16 900.00	—	附加工领用单1303060002等		未发现异常
2013-3-31	记-0047	领用包装物	包装物及低值易耗品\包装物	库存商品	—	16 900.00			未发现异常
2013-4-30	记-0066	亲本入库	库存商品\库存商品	应付账款\湖南亚华种业有限公司	186 704.00	—	发票联0521649，采购入库单1304250001，产品检验单，发芽试验记录表		未发现异常
2013-4-30	记-0067	种子入库	库存商品\库存商品	应付账款\广西桂林灌阳基地	332 000.00	—	采购入库单1304250002，产品检验单，净度分析记录表，种子水分记录表，发芽试验记录表		未发现异常
2013-5-31	记-0060	结转本月销售成本	库存商品\库存商品	主营业务成本	—	-192 213.70	附销售成本表		未发现异常
2013-6-27	记-0034	亲本入库	库存商品\库存商品	应付账款\株洲亚邦种业有限公司	206 440.00	—	采购入库单1306060001，发芽试验记录2013年6月5日		未发现异常

核对内容说明：

1. 原始凭证内容完整。
2. 有授权批准。
3. 账务处理正确。
4. 账证的内容相符。
5. 账证的金额相符。

审计说明：通过抽查未发现异常业务（√）；发现异常业务（ ）笔，进一步查验见索引：________

附表 22

未审成本、存货减少对比表

被审计单位：国华种业有限公司　　审核员：张××　　日期：2014.1.31　　索引号：ZI－6

审查项目：存货　　会计期间：2013.12.31　　复核员：王××　　日期：2014.2.1　　页次：　　金额单位：元

	成本		存货减少		成本－存货		差异原因
项目	数量	金额	数量	金额	数量	金额	
株两优 30	236 370.50	3 344 411.55	236 370.50	3 344 411.55			
威优 608	45 643.00	736 135.49	45 643.00	736 135.49			
宜优 207	764.00	10 824.60	764.00	10 824.60			
金优 1066	3 775.00	45 300.00	3 775.00	45 300.00			
Y 两优 527	1 500.00	60 000.00	1 500.00	60 000.00			
宏优 619	17 712.00	299 456.55	17 712.00	299 456.55			
特优 582	9 715.50	194 310.00	9 715.50	194 310.00			
陆 18S	—	—	—	—			
株 IS	5 720.00	307 531.16	5 720.00	307 531.16			
R30	2 305.00	13 459.13	2 305.00	13 459.13			
合　计	323 505.00	5 011 428.48	323 505.00	5 011 428.48			

审计说明：1. 我们获取成本明细、存货减少明细进行对比。

2. 经检查，成本、存货减少一致，未见异常。

3 智博实业有限公司审计案例

海南海信会计师事务所　习贵富

【摘要】 本案例简要介绍了如何通过实施风险评估程序，识别出报表层面和认定层面重大错报风险并针对这些风险采取应对措施，通过实施恰当的审计程序、获取充分、适当的审计证据，以确认财务报表不存在由于舞弊或错误导致的重大错报。

一、企业基本情况

智博实业有限公司（以下简称智博公司）系一家汽车配件生产企业，属于制造业中的汽车工业。

智博公司系由张三、李四共同投资设立的有限责任公司，于 2001 年 7 月 1 日经 HB 省滨海市工商行政管理局核准注册，领取了注册号为 361234567890 的企业法人营业执照。营业住所：滨海市南海大道 186 号；法定代表人：张三；注册资本：人民币 5 000 万元；经营范围：汽车座椅、调角器、门饰板、遮阳板、方向盘、汽车顶蓬、安全气囊的设计与制造，以及上述自产产品的销售；经营期限：自 2001 年 7 月 1 日至 2051 年 7 月 30 日。

智博公司为增值税一般纳税人，适用17%的增值税税率；智博公司适用的企业所得税、城市维护建设税、教育费附加、地方教育费附加的税（费）率分别为25%、7%、3%和2%。

智博公司2013年12月31日资产总额30 727.86万元、负债总额16 376.30万元、所有者权益总额14 351.56万元；2013年度实现营业收入32 470.60万元、净利润4 004.40万元（详见本案例“四、实施的风险评估程序及风险评估结果”之“（七）实施分析程序发现的重大异常或偏离”中的简化财务报表）。

二、以前年度财务报表审计情况

智博公司2011年度、2012年度财务报表均经海鸥会计师事务所（以下简称本所）审计，并分别出具了标准无保留意见的审计报告，项目负责人均为李明。

三、初步业务活动结果

本次审计目的为年度财务报告审计，审计范围为智博公司编制的2013年12月31日的资产负债表、2013年度的利润表、股东权益变动表和现金流量表以及财务报表附注。

本所通过实施初步业务活动程序，对客户的诚信、财务报表的可审性及事务所的独立性、专业胜任能力、时间和人力资源等方面作出了评价（过程略），得出的结论是可接受智博公司2013年度财务报表审计业务。

四、实施的风险评估程序及风险评估结果

（一）行业状况、法律与监管环境以及其他外部因素

1. 行业状况

制造业是指对制造资源（物料、能源、设备、工具、资金、技术、信息和人力等），按照市场要求，通过制造过程，转化为可供人们使用和利用的工业品与生活消费品的行业。作为中国国民经济的支柱产业，制造业是中国经济增长的主导部门和经济转型的基础；作为经济社会发展的重要依托，制造业是中国城镇就业的主要渠道和国际竞争力的集中体现。

改革开放以来，中国汽车工业发展势头强劲，特别是加入 WTO 以来，中国汽车产业经历了历史上发展最好、最快的阶段，在改革开放中逐步确立了大国竞争优势。据中国汽车工业协会统计，2013 年 1—7 月，中国汽车全行业完成工业总产值 3 723. 82 亿元，同比增长 29. 44%；产品销售收入 3 598. 88 亿元，同比增长 31. 05%；利润总额 221. 90 亿元，同比增长 51. 14%。中国汽车产业作为国民经济支柱产业的地位越来越突出，2013 年交通运输设备制造业对工业增长的贡献率首次跃升至 40 个工业行业之首，以汽车制造业为主的交通运输设备制造业已取代电子信息通信业，成为名副其实的领头羊。随着市场需求的不断扩大，中国汽车工业的发展潜力也非常之大。

中国汽车工业发展形势喜人，但同时也面临着巨大的风险和挑战。特别是“入世”以后，国门完全打开，中国的轿车产业与国外发达国家的汽车企业处于同一个大市场，将不可避免地面临激烈的竞争与挑战。现在的主要问题是：缺乏完整的轿车开发能力和自主的品牌，零

部件制造体系相对薄弱，汽车产业的管理和服务体系仍十分落后，企业规模还难以与国外大公司抗衡。

未来中国汽车工业的发展趋势有六个方面：一是随着竞争加剧，汽车行业的整体利润率将降低，但总体上还是要高于其他一些行业；二是汽车企业的分化会逐步展开，企业淘汰率增高，中国汽车企业格局还远没到“大局已定”的状态；三是零部件产业发展潜力巨大；四是汽车产业的区域集中化趋势将加强，产业集群将成为汽车产业发展的重要形态；五是汽车产业的自主研发能力将趋于增强；六是将逐步形成以中国市场为主的国际型大企业。

智博公司作为汽车配件生产企业，其生存、发展与汽车行业密切相关。随着汽车行业的快速发展，市场需求的持续旺盛，企业未来将赢得更大的发展空间；伴随着市场竞争加剧，企业利润率将降低；企业的自主研发能力将决定企业在未来的市场竞争中能否生存。

该行业会计核算的难点为生产成本和制造费用的归集与分配。

2. 对行业有特定影响的法律法规

一是《产品质量法》及《缺陷汽车产品召回管理条例》等对企业产品质量提出了更高要求，智博公司为进一步提高产品质量，需要追加投入；二是《环境保护法》及《大气污染防治行动计划》、《节能减排“十二五”规划》等对企业生产过程中的污染物排放及能源消耗提出了更严格的要求，智博公司为了达到节能减排的要求，需要添置或更新相关设备。

3. 其他外部因素

现行货币政策、关税和贸易限制、汇率政策等对智博公司经营活动不会产生不利影响，但智博公司未来有融资需求，因此利率的变动会对智博公司经营活动产生影响。

（二）公司的性质

1. 所有权结构

智博公司的股权结构如表1所示。

表1

股东姓名	出资额（万元）	持股比例（%）	享有表决权比例（%）
张三	3 000.00	60	60
李四	2 000.00	40	40
合计	5 000.00	100	100

2. 治理结构及组织结构

智博公司股东会由张三、李四组成；智博公司未设董事会，仅设执行董事，由张三任执行董事兼总经理；智博公司设有采购部、销售部、生产部、财务部、内部审计部、综合部等机构。

智博公司所有者、治理层、管理层三位一体的状况，使其财务舞弊成为可能。

3. 经营活动

智博公司作为汽车配件制造商，自设立以来，90%的产品都是销售给海神汽车有限公司（以下简称海神公司，注册地为HB省滨海市）和山鹰汽车有限公司（以下简称山鹰公司，注册地为SX省海洋市），超订单生产的产品则销售给当地汽车配件市场。

智博公司的生产经营模式为：每三年分别与海神公司和山鹰公司签订一次敞口产品购销合同，日常按采购方订单组织生产。2010年10月31日，智博公司分别与海神公司和山鹰公司签订的2011—2013年度敞口产品购销合同约定：产品按合同约定单价计价，供应量及交货时间以采购方发出的订单为准，交货地点为采购方仓库，采购方验收无误并出具收货单则视为采购方已确认收货，货款分订单结算，信用期为 3 个月。

智博公司生产经营过程中所需原材料均通过赊购方式采购。

智博公司现有一条生产线，处于正常使用状态，因订单任务重一直满负荷运行。

智博公司生产工人工资采用计件工资，行政管理人员工资采用计时工资。

智博公司产品销售渠道相对单一，对主要采购商的依赖度高；每三年签订一次固定单价合同，随着物价上涨，企业的利润率会逐年下降。

4. 投资活动

智博公司 2012 年与山海集团共同出资设立了智慧实业有限公司，智博公司出资 1 800 万元，持有智慧实业有限公司 5% 的股权。

因主要采购方均扩大了产能，订单数量不断增加。为了完成日益增加的订单，智博公司于 2013 年 6 月完成前期准备工作，开始新建一条生产线，该生产线计划投资 8 000 万元，建设期为 9 个月。

除上述情况之外，智博公司无其他重大投资。

5. 筹资活动

为了筹措新建生产线所需建设资金，智博公司准备 2014 年向银行贷款 5 000 万元。除此之外，智博公司无其他重大筹资计划。

（三）公司对会计政策的选择和运用

智博公司执行财政部 2006 年及以后颁布或修订的《企业会计准则》及企业会计准则解释，其主要会计政策如下：

1. 存货计价方法

入库存货按照成本进行初始计量；发出存货采用月末一次加权平均法确定其成本；低值易耗品采用一次摊销法于领用时摊销。

2. 生产成本的核算方法

生产成本由直接材料、直接人工和制造费用构成。生产成本采用品种法进行核算。其中，发生的直接材料、直接人工成本直接计入相应产品的生产成本，制造费用按各产品直接人工成本比例进行分配。月末，采用约当量比例法将生产成本在完工产品与在产品之间进行分配。

3. 长期股权投资的核算方法

智博公司持有的对子公司、合营企业、联营企业的权益性投资，作为长期股权投资核算。

长期股权投资取得时按照初始投资成本计量。

长期股权投资在持有期间，对子公司的权益性投资采用成本法核算；对合营企业、联营企业的权益性投资采用权益法核算。

4. 固定资产的折旧方法

除已提足折旧继续使用的固定资产外，智博公司对所有固定资产计提折旧。固定资产折旧采用直线法分类计提，各类固定资产具体折旧率如表2所示。

表2　　固定资产折旧率

固定资产类别	折旧年限（年）	预计残值率（%）	年折旧率（%）
房屋建筑物	20	5.00	4.50
交通设备	5	5.00	18.00
生产设备	10	5.00	9.00
办公设备	5	5.00	18.00
电子设备	5	5.00	18.00
器具设备	5	5.00	18.00
其他设备	5	5.00	18.00

5. 无形资产摊销方法

使用寿命有限的无形资产，自取得当月起，在预计使用寿命期限内，采用直线法分期摊销；使用寿命不确定的无形资产不摊销。

6. 资产减值准备的计提方法

（1）坏账准备：资产负债表日，对应收款项（包括应收票据、应收账款、预付账款、其他应收款）采用账龄分析法计提或调整坏账准备，分账龄计提坏账准备的比例如表3所示。

表3　分账龄计提坏账准备的比例

账龄	计提坏账准备比例（%）
1年以内	0
1—2年	10
2—3年	30
3年以上	100

（2）存货跌价准备：资产负债表日，存货按照成本与可变现净值孰低计量，对成本高于其可变现净值的存货，按其差额计提存货跌价准备。存货跌价准备按照单个存货项目计提。已计提存货跌价准备的存货价值以后又得以恢复的，在原已计提存货跌价准备金额内予以转回，转回的金额计入当期损益。

（3）长期股权投资减值准备：资产负债表日，长期股权投资按照账面价值与可收回金额孰低计量，对可收回金额低于其账面价值的差额，计提长期股权投资减值准备。长期股权投资减值准备按单个项目计提。长期股权投资减值损失一经确认，以后会计期间不得转回。

（4）固定资产减值准备：资产负债表日，固定资产按照账面价值与可收回金额孰低计量，对可收回金额低于其账面价值的差额，计提固定资产减值准备。固定资产减值准备按单个项目计提。固定资产减值损失一经确认，以后会计期间不得转回。

（5）在建工程减值准备：资产负债表日，在建工程预计发生减值时（如长期停建并且预计在未来3年内不会重新开工的在建工程等），按估计减值数额计提减值准备。在建工程减值准备按单个项目计提。在建工程减值损失一经确认，以后会计期间不得转回。

（6）无形资产减值准备：资产负债表日，无形资产按照账面价值与可收回金额孰低计量，按可收回金额低于其账面价值的差额，计提无形资产减值准备。无形资产减值准备按单个项目计提。无形资产减值损失一经确认，以后会计期间不得转回。

7. 内部研究开发支出的处理

企业内部研究开发支出，区分为研究阶段与开发阶段分别进行处理：

（1）研究阶段的支出全部费用化，计入当期损益。

（2）开发阶段的支出，同时满足以下条件时才能确认为无形资产，不符合资本化条件的计入当期损益：

①完成该无形资产研发以使其能够使用或出售，在技术上具有可行性；

②具有完成该无形资产研发并使用或出售的意图；

③能够证明运用该无形资产所生产的产品存在市场或该无形资产自身存在市场；

④有足够的技术、财务资源和其他资源支持，已完成该无形资产的开发，并有能力使用或出售该无形资产；

⑤归属于该无形资产开发阶段的支出能够可靠地计量。

（3）无法区分研究阶段支出和开发阶段支出的，将发生的研发支出全部费用化，计入当期损益。

8. 收入确认原则

销售商品，同时满足以下条件时确认收入的实现：

（1）企业已将商品所有权上的主要风险和报酬转移给购货方；

（2）企业既没有保留通常与所有权相联系的继续管理权，也没有对已售出的商品实施有效控制；

（3）收入的金额能够可靠地计量；

（4）相关的经济利益很可能流入企业；

（5）相关的已发生或将发生的成本能够可靠地计量。

项目组综合分析了智博公司的生产经营情况，认为智博公司选用的会计政策是适当的。

（四）公司的目标、战略以及相关经营风险

智博公司尚未确定明确的发展目标与战略。

（五）公司财务业绩的衡量和评价

智博公司尚未确定明确的财务业绩衡量指标，也未定期对财务业绩作出评价。

（六）公司的内部控制

依据智博公司提供的资料，其现行财务内部控制制度主要有：

1. 资金收支管理制度

该制度的要点为：资金收入必须存入公司的银行账户，不允许公款私存；资金支出必须按既定流程审批后才能支付，未经审批不得支付款项。资金支出审批流程为：经办人提出付款申请并附合同、发票、入库单等相关原始凭证→部门负责人审核→财务部负责人审核→分管副总审核→总经理审批。

2. 存货管理制度

该制度的要点为：存货入库时必须办理验收（检验）入库手续并填制入库验收单；经批准的出库单是发出存货的唯一凭证。出库单的审批流程为：

（1）原辅材料出库：生产部物管员填制出库单→生产部负责人根

据生产计划作出审核意见→分管副总审批；

（2）产品出库：销售部业务员填制出库单→销售部负责人根据销售合同作出审核意见→分管副总审批。

3. 合同管理制度

该制度的要点为：所有业务合同（包括采购、销售、基本建设等合同）必须按规定流程审批后才能对外签署。各级别合同的审批流程分别为：

（1）单项金额50万元以下的合同：业务人员草拟合同→部门负责人审核→财务部负责人审核→内审部审核→分管副总审批；

（2）单项金额50万—100万元的合同：业务人员草拟合同→部门负责人审核→财务部负责人审核→内审部审核→分管副总审核→总经理审批；

（3）单项金额100万元以上的合同：股东会就相关业务事项作出决议→业务人员草拟合同→部门负责人审核→财务部负责人审核→内审部审核→分管副总审核→总经理审批。

4. 费用报销管理制度

该制度的要点为：所有费用支出必须按规定流程审批后才能付款。费用支出的审批流程分别为：

（1）单笔金额10万元以下的费用支出：经办人填制报销单并附相关原始凭证→部门负责人审核→财务部负责人审核→分管副总审核→总经理审批；

（2）单项金额10万元以上的费用支出：股东会就相关业务事项作出决议→经办人填制报销单并附相关原始凭证→部门负责人审核→财务部负责人审核→内审部审核→分管副总审核→总经理审批。

5. 固定资产管理制度

该制度的要点为：固定资产由使用部门管理实物；每年年末，由公司财务部组织对公司全部固定资产进行一次清查盘点，对盘点发现盘盈、盘亏、毁损的固定资产，按规定程序进行处理。

项目组综合分析了智博公司的生产经营情况，认为智博公司的财务内部控制制度已基本健全，基本能够实现对关键风险点的控制。

为检查上述财务内部控制制度的执行情况，项目组实施了穿行测试（测试过程略），得出的初步结论为上述财务内部控制制度得到了执行。

（七）实施分析程序发现的重大异常或偏离

智博公司近3年的资产负债表和利润表数据及其分析情况（2011年、2012年均为审计确认的数据，2013年为未审数据）：

1. 资产负债表分析（见表4）

表4　　资产负债表　　单位：万元

资产	2011.12.31	2012.12.31	占资产总额（%）	比上年增减（%）	2013.12.31	占资产总额（%）	比上年增减（%）
流动资产：							
货币资金	1 590.93	2 014.70	9.44	26.64	2 336.62	7.60	15.98
应收票据	1 819.39	1 919.93	9.00	5.53	2 131.29	6.94	11.01
应收账款	3 561.86	3 697.80	17.33	3.82	8 240.17	26.82	122.84
预付账款		—			2 000.00	6.51	100.00
其他应收款	36.06	62.19	0.29	72.46	67.62	0.22	8.73
存货	4 498.75	6 008.12	28.15	33.55	6 790.76	22.10	13.03
流动资产合计	11 506.99	13 702.74	64.21	19.08	21 566.46	70.19	57.39
非流动资产：							
长期股权投资		1 800.00	8.43	100.00	1 800.00	5.86	
固定资产	5 785.82	5 155.18	24.16	-10.90	5 779.23	18.81	12.11
在建工程					646.17	2.10	100.00
无形资产	692.02	677.85	3.18	-2.05	679.88	2.21	0.30
开发支出					250.00	0.81	100.00
递延所得税资产	2.06	3.96	0.02	92.23	6.12	0.02	54.55

续表

资产	2011.12.31	2012.12.31	占资产总额（%）	比上年增减（%）	2013.12.31	占资产总额（%）	比上年增减（%）
非流动资产合计	6 479.90	7 636.99	35.79	17.86	9 161.40	29.81	19.96
资产总计	17 986.89	21 339.73	100.00	18.64	30 727.86	100.00	43.99
流动负债：							
应付账款	4 897.53	5 760.56	26.99	17.62	8 961.45	29.16	55.57
应付职工薪酬	82.42	92.31	0.43	12.00	92.78	0.30	0.51
应交税费	69.09	88.01	0.41	27.38	693.12	2.26	687.55
其他应付款	5 031.93	5 051.69	23.67	0.39	6 628.95	21.57	31.22
流动负债合计	10 080.97	10 992.57	51.51	9.04	16 376.30	53.29	48.98
非流动负债：							
非流动负债合计							
负债合计	10 080.97	10 992.57	51.51	9.04	16 376.30	53.29	48.98
所有者权益：							
实收资本	5 000.00	5 000.00	23.43		5 000.00	16.27	
盈余公积	1 305.53	1 549.65	7.26	18.70	1 950.09	6.35	25.84
未分配利润	1 600.39	3 797.51	17.80	137.29	7 401.47	24.09	94.90
所有者权益合计	7 905.92	10 347.16	48.49	30.88	14 351.56	46.71	38.70
负债和所有者权益总计	17 986.89	21 339.73	100.00	18.64	30 727.86	100.00	43.99

从资产负债表分析数据来看，期末余额占资产总额5%以上的报表项目主要有：货币资金、应收票据、应收账款、预付账款、存货、长期股权投资、固定资产、应付账款、其他应付款、实收资本、未分配利润。本期末比上期末增长超过10%以上的报表项目主要有：货币资金、应收票据、应收账款、预付账款、存货、固定资产、在建工程、递延所得税资产、应付账款、应交税费、其他应付款、盈余公积、未分配利润。

考虑到长期股权投资和实收资本已在以前年度财务报表审计时予以核实，递延所得税资产绝对数额很小，未分配利润可以通过对当期损益的审计予以核实，而开发支出系容易造成资产、支出混淆的项目，故将货币资金、应收票据、应收账款、预付账款、存货、固定资产、在建工程、开发支出、应付账款、应交税费、其他应付款、盈余公积确定为资产负债表重点审计项目。

2. 利润表分析（见表5）

表5　　　　利　润　表　　　　单位：元

项　　目	2011 年度	占收入（%）	2012 年度	比上年增减（%）	占收入（%）	2013 年度	比上年增减（%）	占收入（%）
一、营业收入	24 408.56		25 168.29	3.11		32 470.60	29.01	
减：营业成本	18 972.30	77.73	19 893.46	4.86	79.04	24 893.25	25.13	76.66
（毛利率）	22.27		20.96	-5.90		23.34	11.35	
营业税金及附加	79.21	0.32	85.97	8.53	0.34	125.62	46.12	0.39
销售费用	368.50	1.51	378.56	2.73	1.50	472.22	24.74	1.45
管理费用	1 503.96	6.16	1 547.64	2.90	6.15	1 611.70	4.14	4.96
财务费用	-77.22	-0.32	-3.63	-95.30	-0.01	-38.85	970.25	-0.12
资产减值损失	4.17		7.61	82.49		8.65	13.67	
二、营业利润	3 557.64		3 258.68	-8.40		5 398.01	65.65	
加：营业外收入	0.24		15.90	6 525.00		129.95	717.30	
减：营业外支出	9.41		3.72	-60.47		172.54	4 538.17	
三、利润总额	3 548.47		3 270.86	-7.82		5 355.42	63.73	
减：所得税费用	898.16	3.68	829.62	-7.63	3.30	1 351.02	62.85	4.16
四、净利润	2 650.31		2 441.24	-7.89		4 004.40	64.03	

从利润表分析数据来看，随着收入的增长，销售费用、管理费用占营业收入的比例逐年下降，属于正常情况。但在原材料和人工成本等生产成本不断上涨的情况下，智博公司2013年度的毛利率却比2012年度增长了11.35%，明显异常。因此，将营业收入、营业成本确定为利润表重点审计项目。

（八）考虑舞弊因素的影响

初步业务活动中了解到，智博公司本年度财务报表审计报告的主要用途是提交给金融机构，为申请银行贷款准备材料。

智博公司面临融资压力，为满足金融机构发放贷款的条件要求，存在多计收入、少计成本费用以提高企业的盈利能力或人为改变资产列示项目以调节流动比率等舞弊动机；作为一家民营企业，缺少政府相关部门的日常监管，给了智博公司实施舞弊的机会；智博公司所有者、治理层与管理层重叠，容易造成管理层凌驾于内部控制之上，使舞弊成为可能。

（九）风险评估结果

该项目的风险评估结果为高风险。理由是：审计报告有特定用途，智博公司有舞弊动机和机会。舞弊行为涉及的报表项目可能包括营业收入、营业成本、存货、开发支出等。

（十）审计计划

1. 审计范围（见表6）

表6　　审计范围

报告要求	年度财务报表审计报告
适用的会计制度	执行财政部2006年及以后颁布或修订的《企业会计准则》及企业会计准则解释
适用的审计准则	《中国注册会计师执业准则》（2010）
与财务报告相关的行业特别规定	无
需审计的集团内组成部分的数量及所在地点	无
需要阅读的含有已审计财务报表的文件中的其他信息	无
制定审计计划时需考虑的其他事项	无
审计报告的用途	提交金融机构为申请贷款准备材料

2. 审计业务时间安排

（1）对外报告时间安排：2014 年 2 月 28 日。

（2）执行审计时间安排（见表 7）。

表 7　　审计时间安排

审计工作	时间安排
控制测试	2014 年 1 月
实质性测试（细节测试 + 分析性程序）	2014 年 1—2 月
实物资产监盘或抽盘	2014 年 1 月 31 日
与管理层及治理层的沟通	外勤结束日

3. 确定重要性水平

（1）确定重要性水平数额测算过程如表 8 所示。

表 8　　单位：万元

确定重要性水平基准	未审数	比率（%）	对应数额
资产总额	30 727.86	0.5	153.64
所有者权益总额	14 351.56	5.0	717.58
营业收入	32 470.60	0.5	162.35
净利润	4 004.40	5.0	200.22

（2）确定重要性水平数额及其理由。从谨慎角度考虑，选择各项基准中的最小值，确定该项目计划的重要性水平为 153.64 万元；实际执行的重要性水平按计划的重要性水平的 70% 计算，确定为 107.55 万元；审计差异归集界限按计划的重要性水平的 3% 计算，确定为 4.61 万元。

4. 项目组人员安排（见表 9）

表9 项目组人员安排

职位	姓名	主要职责
副主任会计师	王涛	项目质量控制复核人
部门经理	李明	项目负责人，指导业务助理实施实质性程序
注册会计师	孙海	对拟信赖的财务内部控制实施控制测试
业务助理	魏涛	在项目负责人指导下实施实质性程序（包括函证、监盘、检查、重新计算等）
	张梅	

5. 拟实施的进一步审计程序

（1）对拟信赖的资金收支管理制度、存货管理制度、费用报销管理制度实施控制测试。

（2）在实施控制测试的基础上实施实质性程序，包括分析程序和细节测试。其中：对重要报表项目，以细节测试为主；对其他报表项目，以分析程序为主。

（3）对重要报表项目实施进一步审计程序的具体要求如表10所示。

表10

重要报表项目	实施的进一步审计程序		
	控制测试	分析程序	细节测试
货币资金	√		√
应收票据		√	√
应收账款		√	√
预付账款		√	√
存货	√	√	√
固定资产		√	√
在建工程		√	√
开发支出			√
应付账款		√	√
应交税费		√	√
其他应付款		√	√
盈余公积		√	√
营业收入		√	√
营业成本		√	√

（4）针对可能存在的舞弊行为及重大会计差错导致的重大错报风险拟采取的特别应对措施。

对可能存在舞弊行为的营业收入与应收账款、营业成本与存货，以及由于重大会计差错导致的预付账款与在建工程、开发支出与管理费用等，通过实施分析程序、函证、监盘、检查等审计程序获取充分、适当的审计证据。

五、实施的进一步审计程序及其结果

（一）实施控制测试的结果

项目组采用系统选样的方法选取样本，按表 11 确定的最低样本数量，对资金收支管理制度、存货管理制度、费用报销管理制度实施了控制测试（测试过程略），得出的结论为测试的财务内部控制制度得到了执行。

表 11

控制执行频率	控制发生总次数	最低样本数量
1 次/每年度	1	1
1 次/每季度	4	2
1 次/每月	12	3
1 次/每周	52	5
1 次/每日	250	20
每日数次	大于 250	25

（二）实施实质性程序的结果

项目组对财务报表项目实施了分析和细节测试实质性程序（已实施的实质性程序及已获取的审计证据略），除了下列例外事项，均已获取了充分、适当的审计证据，为发表审计意见提供了帮助。

例外事项包括：

1. 预付账款

（1）智博公司财务报表列示“预付账款”期末余额 2 000.00 万元。查阅相关会计账簿、凭证，系预付海岛建筑工程有限公司承建的二期土建安装工程项目备料款，所附原始凭证包括合同、发票、付款申请审批单、银行付款单等，账证、账账、账表相符。

（2）查阅智博公司 2013 年 6 月 15 日与海岛建筑工程有限公司签订的《建设工程施工合同》，该合同约定：工程项目为公司二期土建安装工程；合同造价（固定造价）4 000.00 万元；合同工期 7 个月（2013 年 8 月 1 日至 2014 年 2 月 28 日）；付款条件为：合同签订后公司支付备料款 2 000.00 万元，工程进度（依据监理方的监理报告确认，下同）达到 60% 时，智博公司支付合同总价的 50% 并扣回全部预付备料款，工程进度达到 80% 时，智博公司再支付合同总价的 25%，工程全部完工时，智博公司再支付合同总价的 20%，剩余 5% 作为质量保证金，待保修期满日支付。

（3）查阅监理方出具的监理报告，截至 2013 年 12 月，该项目工程进度已达到 60%。

（4）经向海岛建筑工程有限公司函证，海岛建筑工程有限公司回复确认该 2 000.00 万元预付备料款已转为工程进度款。

（5）经现场勘查，该项目尚在施工之中，监理方出具的监理报告确认的工程进度无误。

依据已获取的审计证据，项目组认为，智博公司“预付账款”项目存在以下重大会计差错：多计预付账款 2 000.00 万元，相应少计在建工程 2 400.00 万元（4 000 × 60%），少计其他应付款 400.00 万元。

2. 营业收入

（1）智博公司财务报表列示2013年度“营业收入”32 470.60万元，查阅相关会计账簿、凭证，账证、账账、账表相符。

（2）对智博公司2012年、2013年度营业收入按销售渠道分类，情况如表12所示。

表12 单位：万元

购货方	上年营业收入	本期营业收入	增长率（%）
海神公司	11 980.55	12 780.45	6.68
山鹰公司	11 174.28	17 092.50	52.96
汽车配件市场	2 013.46	2 597.65	29.01
合计	25 168.29	32 470.60	29.01

分析结果显示：智博公司2013年度营业收入的增长，主要来源于对山鹰公司的销售。

（3）对智博公司2012年、2013年末应收账款和应收票据合计数（以下简称应收款项）按债务人分类，情况如表13所示。

表13 单位：万元

债务人	上年末余额	本年末余额	增长率（%）
海神公司	2 785.57	2 971.55	6.68
山鹰公司	2 598.11	7 348.84	182.85
汽车配件市场	234.05	301.07	28.63
合计	5 617.73	10 621.46	89.07

分析结果显示：智博公司2013年末对海神公司和汽车配件市场应收款项的增长率与其营业收入增长率基本吻合，而对山鹰公司的应收款项增长率为182.85%，远远高于对山鹰公司销售收入增长率52.96%，说明山鹰公司付款进度存在明显异常。

（4）实施函证程序得到的回复是：海神公司和汽车配件市场对公

司账面记载的应收款项数额均确认无误，但山鹰公司回函仅确认对公司承担3 838.84万元的债务，说明差异原因为2013年11—12月运抵山鹰公司的产品（含税价3 510.00万元）尚未经过检验，尚未出具收货单。

（5）检查智博公司2013年11—12月营业收入相关的会计凭证发现：智博公司确认对海神公司和汽车配件市场的销售收入时，所附原始凭证包括：发票、出库单、发运单、对方收货单，而确认对山鹰公司的销售收入时，所附原始凭证包括：发票、出库单、发运单，缺少对方收货单。依据智博公司与山鹰公司签订的2011—2013年敞口产品购销合同约定的“采购方验收无误并出具收货单则视为采购方已确认收货”，该发出商品尚未满足收入确认条件。

依据已获取的审计证据，项目组认为，智博公司“营业收入”项目存在以下重大会计差错：多计营业收入3 000.00万元，相应多计应交税费510.00万元，多计应收账款3 510.00万元。

3. 营业成本和存货

（1）智博公司财务报表列示“存货”期末余额6 790.76万元。查阅相关会计账簿、凭证，账证、账账、账表相符。智博公司财务报表列示2013年度“营业成本”24 893.25万元，查阅相关会计账簿、凭证，账证、账账、账表相符。

（2）检查智博公司2013年11—12月结转营业成本的账面记录发现：智博公司2013年度多计营业收入3 000.00万元，对应已结转的营业成本为2 370.00万元。

（3）智博公司于2013年12月31日进行了存货的全面盘点，盘点结果为账实相符。项目组在检查智博公司盘点结果的基础上对公司存货进行了抽盘，剔除多计营业收入3 000.00万元对应已结转的营业成本为2 370.00万元，将抽盘结果倒算至2013年12月31日，与智博公司账面记录数量一致，得出的结论为智博公司存货数量账实相符。

（4）项目组对智博公司2013年度存货进行计价测试发现：自2013年7月起，智博公司将发出存货的计价方法由原来采用的月末一次加权平均法改为先进先出法。剔除多计营业收入3 000.00万元对应已结转的营业成本为2 370.00万元，项目组对智博公司2013年度发出存货按月末一次加权平均法重新计价，核实智博公司因改变发出存货的计价方法而少计营业成本1 040.00万元，少计产成品245.00万元，多计原材料1 285.00万元。

依据已获取的审计证据，项目组认为，智博公司“营业成本”和“存货”项目存在以下重大会计差错：因多计营业收入而多结转营业成本2 370.00万元，少计存货2 370.00万元；因随意改变发出存货的计价方法而少计营业成本1 040.00万元，少计产成品245.00万元，多计原材料1 285.00万元。

4. 开发支出

（1）智博公司财务报表列示“开发支出”期末余额250.00万元。查阅相关会计账簿、凭证，账证、账账、账表相符，系研发A新产品发生的人工成本和研发用零星材料费用支出。

（2）查阅智博公司的研发计划发现：为了全面提升产品的市场竞争力，智博公司在2013年安排了对A新产品的研发工作并招聘专业人员组建了研发团队，成立了新产品研发实验室。

（3）经询问研发实验室负责人得知，至2013年年底，A新产品的研发工作尚处于研究阶段，未正式进入开发阶段，能否顺利完成研发尚不确定。

依据已获取的审计证据，项目组认为，智博公司“开发支出”项目存在以下重大会计差错：多计开发支出250.00万元，相应少计管理费用250.00万元。

六、财务报表调整建议及其处理情况

项目组就审计过程中认定的重大会计差错事项与智博公司管理层进行了沟通并提出了账务调整建议，智博公司管理层认可了项目组提出的重大会计差错事项并全部接受了项目组的账务调整建议，对其2013年度财务报表进行了调整。

七、审计结论

对审计发现的重大会计差错，智博公司已按项目组的建议进行了相应的账务调整。调整后的财务报表在所有重大事项方面按照企业会计准则的规定编制，公允反映了智博公司2013年12月31日的财务状况以及2013年度的经营成果和现金流量情况，出具标准无保留意见的审计报告。

八、案例提示

1. 如何实施风险评估程序识别重大错报风险

了解被审计单位所处行业状况、法律与监管环境以及其他外部因素、被审计单位的性质及内部控制、被审计单位对会计政策的选择和运用等，是有效识别重大错报风险的起点和基础；实施财务报表分析程序，是识别重要财务报表项目和发现异常偏离的有效手段；结合审计报告的用途，判断被审计单位是否存在舞弊动机，是发现舞弊导致的重大错报风险的有效措施。

2. 如何针对已识别的重大错报风险实施进一步审计程序

针对识别的重要财务报表项目和特别风险项目，分别实施可行且有效的进一步审计程序，才能获取更充分、适当的审计证据，化解被审计单位的重大错报风险，从而降低审计风险。

3. 如何撰写审计说明

审计说明应详细描述已实施的风险评估程序和进一步审计程序、已获取的审计证据、已发现的重大会计差错及其处理情况、审计结论。本案例分别在“四、实施的风险评估程序及风险评估结果”、“五、实施的进一步审计程序及其结果”、“六、财务报表调整建议及其处理情况”、“七、审计结论”中详细叙述了项目组已实施的风险评估程序和进一步审计程序、已获取的审计证据、已发现的重大会计差错及其处理情况、审计结论，让审计工作底稿阅读者清晰地了解审计轨迹，为评估审计风险提供了依据。

4 高新技术企业专项审计案例

海南群安会计师事务所　王群

【摘要】 本案例简要介绍了高新技术企业的特点、国家颁布的高新技术企业优惠政策及注册会计师在执行高新技术企业认定专项审计过程中的审计风险、审计思路、审计重点和难点。案例描述了申报企业研究开发费用和高新技术产品（服务）收入的审计过程，特别是详细描述了风险评估审计过程中需要重点关注的事项，识别出认定层面的重大错报风险并针对这些风险提出应对措施，设计并执行审计程序、获取审计证据，评价是否已经对所审计的申报企业研究开发费用和高新技术产品（服务）收入明细表整体不存在重大错报获取了合理保证。本案例仅是笔者在高新技术企业专项审计过程中关于风险评估和审计程序选择的思考方式和心得体会，分享给同行，提供些许以资思考的观点。

一、释义

1. 高新技术企业

高新技术企业是指在《国家重点支持的高新技术领域》内，持续进行研究开发与技术成果转化，形成企业核心自主知识产权，并以此为基础开展经营活动，在中国境内（不包括港、澳、台地区）注册一年以上的居民企业。

2. 申报企业

申报企业是指拟向有关部门申请进行高新技术企业认定的被审计单位。

3. 高新技术企业认定专项审计

是指注册会计师接受申报企业委托，对其最近三个会计年度（实际经营不满三年的按实际经营年限）的研究开发费用结构明细表和最近一个会计年度的高新技术产品（服务）收入明细表进行审计，并出具专项审计报告。

4. 申报明细表

是指在适用的会计准则和相关会计制度框架下，申报企业根据《高新技术企业认定管理办法》和《高新技术企业认定管理工作指引》的规定编制的研究开发费用结构明细表和高新技术产品（服务）收入明细表及有关编制说明。申报明细表是以申报企业个别财务报表相关数据为基础编制的。

5. 研究开发活动

研究开发活动是指为获得科学与技术（不包括人文、社会科学）新知识，创造性运用科学技术新知识，或实质改进技术、产品（服务）而持续进行的具有明确性目标的活动。

创造性运用科学技术新知识，或实质性改进技术、产品（服务），是指企业在技术、产品（服务）方面的创新取得了有价值的进步，对本地区（省、自治区、直辖市或计划单列市）相关行业的技术进步具有推动作用，不包括企业从事的常规性升级或对某项科研成果直接应用等活动（如直接采用新的工艺、材料、装置、产品、服务或知识等）。

6. 研究开发项目

研究开发项目是指不重复的、具有独立时间、财务安排和人员配置的研究开发活动。企业的研究开发费用是以各研发项目为基本单位分别进行测度并加总计算的。

7. 销售收入、总收入

销售收入是指企业产品收入和技术服务收入之和。

总收入是企业主营业务收入和其他业务收入之和（引自《专项审计指引》中说明）。

8. 技术来源

技术来源是指企业自有技术、其他企业技术、中央属科研院所、地方属科研院所、大专院校、引进技术本企业消化创新、国外技术。

9. 知识产权类别

知识产权类别是指已授权的专利（发明、实用新型、外观设计）、软件著作权、集成电路布图设计专有权、植物新品种。

10. 知识产权获得方式

知识产权获得方式是指自主研发、受让、受赠、并购，或拥有五年以上的独占许可。

11. 相关法规

（1）《高新技术企业认定管理办法》（国科发火［2008］172 号）；

（2）《高新技术企业认定管理工作指引》（国科发火［2008］362 号）；

（3）《国家税务总局关于实施高新技术企业所得税优惠有关问题的通知》（国税函［2009］203 号）；

（4）《中华人民共和国企业所得税法》；

（5）《中华人民共和国企业所得税实施条例》；

（6）海南省人民政府关于印发海南省促进高新技术产业发展若干

规定的通知（琼府［2012］9号）；

（7）《高新技术企业认定专项审计指引》（中国注册会计师协会制定）。

二、高新技术企业的特征

高新技术企业是知识和智力密集型企业，是利用高新科技从事高新技术产品研究、生产的企业实体，产品更新周期短且产业一般呈高速增长态势。因此，高新技术企业虽然从属于企业范畴，但与传统的企业具有明显的区别性特征，主要表现在：

（1）高新技术企业多半是先有研究成果，而后再建立企业以实现技术的商品化。

（2）民营高新技术企业一般是中小企业或处于起步阶段的新兴公司。它具有更大的灵活性，能利用新技术、新发明很快开发出新产品。

（3）高新技术企业存在的前提是科学技术的创新，没有科学技术的发明创造，高新技术企业就失去了存在的基础。

（4）高速成长性是高新技术企业的一个重要特点。

（5）高新技术企业成功的关键是企业领导团队的素质。

（6）高新技术企业的高风险。由于高新技术企业从事以科学技术上的新发明、新创造为基础的技术商品化活动，不可避免地存在开发失败的风险。

三、海南省的高新技术企业现状

2013年，海南省高新技术企业有127家，实现总收入333.1亿元。其中，生物与新医药领域63家，占总数的49.6%，总收入129.30亿元，占省高新企业总收入的38.8%；电子信息31家，占总数的24.4%，总收入12.3亿元，占省高新企业总收入的3.7%；高新技术改造传统产业13家，占总数的10.2%，总收入109.7亿元（其中一汽海南汽车有限公司67.50亿元），占省高新企业总收入的32.9%；高新技术服务业7家，占总数的5.5%，总收入15.2亿元，占省高新企业总收入的4.6%；新能源与节能技术5家，占总数的3.9%，总收入32.5亿元，占省高新企业总收入的9.8%；新材料5家，占总数的3.9%，总收入31.7亿元，占省高新企业总收入的9.5%；资源与环境3家，占总数的2.4%，总收入2.4亿元，占省高新企业总收入的0.7%。从分布上看，海南省高新技术企业主要分布在生物与新医药、电子电信领域。从企业规模上看，海南省高新技术企业规模较小，大多属于中小企业。

四、高新技术企业认定专项审计的难点

在高新技术企业认定专项审计过程中，无论是研究开发费用，还是高新技术产品（服务）收入，都涉及高新技术的识别。注册会计师不是高新技术领域的专家，从而给注册会计师带来以下执业难点：

（一）研发费用的口径问题

高新技术企业《认定管理工作指引》规定的研发费用与《企业研究开发费用税前扣除管理办法（试行）》中研发费用范围口径不一致。

1. 委托外部研究开发费用的口径不同

《企业研究开发费用税前扣除管理办法（试行）》规定对企业委托给外单位进行开发的研发费用，凡符合本办法所述条件的，由委托方按照规定计算加计扣除，受托方不得再进行加计扣除。同时要求对委托开发的项目，受托方应向委托方提供该研发项目的费用支出明细情

况，否则，该委托开发项目的费用支出不得实行加计扣除。

《高新技术企业认定管理工作指引》规定的委托外部研究开发费用在认定过程中，按发生额的 80% 计入研发费用总额，未要求受托方提供费用支出明细。

2. 确认研究开发项目的要求不同

《企业研究开发费用税前扣除管理办法（试行)》规定主管税务机关对企业申报的研究开发项目有异议的，可要求企业提供政府科技部门的鉴定意见书。在实际操作过程中，主管税务机关大多将政府科技部门对申报企业所申报的研究开发项目的鉴定意见书作为提交的必备材料之一。

《高新技术认定管理工作指引》中仅对研究开发活动的确认给出了判断定义，并提出了认定机构在组织专家评价过程中，可采用的判断依据和方法：行业标准判断法、专家判断法、目标或结果判定法。未要求申报企业提供研究开发项目的鉴定意见书。因此在现实中，高新技术企业没有将全部研发费用加计扣除，研发支出范围往往大于允许加计扣除的研发费用。

（二）研发活动中直接投入与研发项目之间的相关性界定问题

申报企业对研究开发费用按研发项目进行归集的依据主要是领料单所注明的用途。在审计过程中，对特殊领域和涉及企业机密的技术合同，企业通常不愿意提供，再加上因为研究开发活动涉及高新技术的识别，而注册会计师不是高新技术领域的专家，受专业知识的限制，注册会计师难以识别费用是否真正用于研发活动。

（三）研发费用中共用费用的分配标准难以合理确定

在《高新技术企业认定管理工作指引》中，并没有给出研发费用在各项目间分配的具体标准。因此在实施审计过程中，注册会计师很难判断研发费用分配标准是否合理。主要体现在：

（1）企业多个研发项目共用一些研发设备与仪器，企业没有对研发设备与仪器的使用工作量进行记载，因此折旧费用在各项目间的分摊标准很难确定。

（2）企业存在多个研发项目，企业仅向注册会计师提供参与各项目的研发人员名单，但没有研发人员明确的项目分工、研发人员在各研发项目间的工作量记录，提供的考勤记录仅是每天的出勤情况，因此研发人员的人工支出在各项目间的分摊标准很难确定。

由于上述原因，申报企业的研发费用往往按人为估计的比例分摊，不少认定企业在研发费用分配标准的具体确定上过于随意，合理与否往往很难判断。

（四）研究开发人员的确定

企业研发人员工资薪酬在整个研发费用中占有较大比重，因而，准确界定研发人员，对审计来说非常重要，但在审计过程中，注册会计师对企业研究开发人员的判定存在一定的难度。如：许多企业未按部门核算工资，员工聘任合同中也未注明具体岗位；一些研发人员经常参与企业的日常生产管理，往往具有双重身份；很多企业的高管既是其主要研发人员又是行政人员。由于企业研发人员身份不能准确划分，其人工成本就容易和企业其他人员的人工成本混淆，从而给审计工作带来困难。

（五）高新技术产品（服务）收入的确定问题

《高新技术企业认定管理工作指引》对高新技术产品（服务）收入的界定不够具体细致，只是提出了“国家重点支持的高新技术领域”，并且在“领域中”分行业明确了相应的概念，但未给出具体的确认标准。在《高新技术企业专项审计指引中》，明确提出了申报企业的高新技术产品（服务）收入明细表中记录的收入为申报企业通过技术创新、开发研发活动而形成的符合《国家重点支持的高新技术领域》要求的产品收入，在执业过程中，上述问题均涉及高新技术的识别，注册会计师受专业技术的限制，对申报收入是否属于高新技术产品收入往往拿不准。

（六）核心自主知识产权的认定

《高新技术企业认定管理工作指引》规定，高新技术企业认定所指的核心自主知识产权须在中国境内注册，或享有五年以上的全球范围内的独占许可权利（高新技术企业的有效期应在五年以上的独占许可期内），并在中国法律的有效保护期内。在实际操作中，企业拥有的知识产权的核心性应体现在其与主营业务收入的关联性以及对主营业务的支撑性。关联性即核心自主知识产权应当与企业所从事的生产经营活动紧密相关；支撑性则是指，该知识产权应当对企业开展主要经营活动，取得的主要收入是必要的，该知识产权的丧失可能导致企业正常经营活动的无法开展。在执业过程中，上述识别都涉及高新技术的识别，注册会计师受专业技术知识的限制，对申报企业自主知识产权的支撑性和关联性的确认存在一定的困难。

五、高新技术企业认定专项审计的特点

（一）高新技术企业认定专项审计应以实质性程序为主

高新技术企业专项审计不同于常规情况下对企业会计报表的审计，

被审计单位的行业状况、法律环境与监管环境以及其他外部因素，包括所处行业的市场供求与竞争状况、企业的目标、战略以及相关经营风险等，可能与企业的研发活动有关，但与被审计单位审计年度的研发费用支出和高新技术收入之间可能不存在直接的因果关系，或相关性并不紧密。我们从实践中了解到，很少有企业为实现高新技术企业认定申报明细表的可靠性目标而单独制定内控制度，企业对于研发活动的内控制度一般都包含在企业的整个内部控制中，即使制定了一系列与研发活动有关的内部控制制度，但主要作用是作为申报材料的组成部分，在企业实际的研发活动中并未严格执行。因此，为了将检查风险控制在较低水平上，我们即使进行了内控测试，仍然要求实施大量的实质性程序，才能达到目的。

（二）把握政策重点

企业开展研发活动，获取专利技术和知识产权主要是为生产经营服务，及对生产技术的保护，以此提高企业的竞争能力和盈利能力。高新技术企业税收优惠的意义，并不在于对单个企业自主创新能力的培养，而在于从社会利益与企业利润之间找到双赢的结合点，通过另外一种经济利益的取得方式，促使科技力量的更多应用。因此，注册会计师在高新技术企业认定审计过程中，应该把握住宏观政策的重点，结合企业的行业特征、产品（服务）的技术变化等情况，判断研发项目或产品（服务）是否与国家重点支持的高新技术领域相符；了解研发人员的组成，以研究分析在开发费用中有关人员工资的分配是否正确；了解委托外部研发的进程和成果，以分析其交易是否是真实和公允的；了解资产购置及使用情况，以分析有关测试仪器与设备、相关固定资产的折旧是否应当列入研究开发费用。另外，还应取得充分适当的证据，按照法规的有关规定，对研发费用和高新技术产品（服务）

收入的认定获取充分的审计证据，可以考虑取得各研究开发项目的有关立项批复、实施方案、阶段性报告或工作总结、验收报告或政府有关主管部门的批复等，取得高新技术产品（服务）的鉴定材料，取得知识产权证书或独占许可合同、生产批文、新产品或新技术证明、产品质量检验报告以及其他相关证明材料。同时，对于专业技术性很强的知识产权，应充分借鉴外部专家的意见，充分采集证据，规避审计风险。

六、高新技术企业专项审计执行的风险评估程序

我们从实践中了解到，虽然企业为从形式上满足高新技术企业认定的需要而制定了内部控制制度，但很少有企业真正付诸实施，因此基于中小企业会计核算的特点及内部控制管理较薄弱的特点、注册会计师审计的成本效益原则、高新技术企业专项审计过程中实施的风险评估程序，没有必要亦不可能照搬《高新技术企业认定专项审计指引》中的风险评估程序。本案例以制药企业为例，将在风险导向审计的理念下，如何对中小型制药企业高新技术企业认定专项审计实施风险评估程序方面做一些初步的探讨与尝试。以审计计划为主线，将风险评估要素贯穿其中。

寰海制药有限公司高新技术企业认定专项审计项目

一、公司基本情况

寰海制药有限公司是由寰宇公司和张婷共同出资组建的有限责任

公司，于1996年9月28日取得工商行政管理部门核发的《企业法人营业执照》，注册号：450110000038820。

公司注册资本：1亿元人民币，其中：寰宇公司持股比例为70%，张婷持股为30%。

法定代表人：赵学刚。

企业类型：有限责任公司。

注册地址：国家高新开发区。

经营范围：粉针剂、片剂、胶囊剂、颗粒剂、冻干粉针剂、小容量注射剂、无菌原料药、原料药生产及销售、货运（凡需行政许可证许可的项目凭许可证经营）。

公司于2011年取得高新技术企业资格，本年度属于复审。

公司主要产品属于抗肿瘤药、抗感染药物、心脑血管疾病治疗药物、创新药物范畴。

二、审计工作范围（见表1）

表1 审计工作范围

审计范围	具体内容
适用的会计准则和相关会计制度	2011年、2012年执行企业会计制度，2013年执行财政部2006年颁布的《企业会计准则》及其应用指南、企业会计准则解释1－6号
适用的审计准则	《中国注册会计师执业准则》（2010） 《高新技术企业认定专项审计工作指引》
与财务报告相关的行业特别规定	《高新技术企业认定管理办法》、《高新技术企业认定管理工作指引》
预期的审计工作涵盖范围，包括需审计的分支机构的数量及所在地点	2011—2013年度，无分支机构

续表

审计范围	具体内容
其他注册会计师参与审计的范围	公司最近三年年度审计已由鑫海会计师事务所审计并出具无保留意见的标准审计报告
拟利用年度财务报表审计工作中获取的审计证据的程度	研发费用及营业收入发生额（此处研发费用数据用于事务所在进行研发费用专项审计时的参考数据，进行数据逻辑上的审核）
审计报告的用途	提交给科技部门用于高新企业认定的申请

三、项目组人员安排（见表2）

表2　　审计项目人员安排及工时预算与控制表

职位	姓名	预算工时	主要职责
合伙人	王星	8	复核审计计划；复核存在特别风险的审计领域，以及项目组采取的应对措施；复核项目组作出的重大判断；复核已审计的研发费用结构明细表和高新技术产品（服务）收入明细表是否按照《高新技术企业认定管理办法》和《高新技术企业认定工作指引》的规定编制，拟出具的审计报告已按照中国注册会计师执业准则的规定发表了恰当的审计意见
项目经理	张霞	120	了解申报企业及其环境，负责评估重大错报风险，拟定审计计划，负责与治理层、管理层、研发团队的沟通，负责整体底稿复核、撰写专项审计报告及与质量复核人、合伙人的沟通
审计助理A	陈烨	120	负责三年研发费用审计的进一步审计程序
审计助理B	赖翌霞	120	负责三年研发费用审计的进一步审计程序
审计助理C	李敏	40	负责高新技术产品收入审计的进一步审计程序

续表

职位	姓名	预算工时	主要职责
项目质量控制复核人员	罗涛	16	评价事务所及本项目组成员的独立性；复核审计计划；复核审计过程中识别的重大错报风险以及采取的应对措施；复核项目组作出的判断，包括关于重要性和特别风险的判断；确认是否已就存在的意见分歧、其他疑难问题或争议事项进行适当咨询及咨询得出的结论；复核审计工作底稿是否反映了项目组针对重大判断执行的工作以及是否支持得出的结论；复核已审计的研发费用结构明细表和高新技术产品（服务）收入明细表是否按照《高新技术企业认定管理办法》和《高新技术企业认定工作指引》的规定编制，拟出具的审计报告已按照中国注册会计师执业准则的规定发表了恰当的审计意见
合计		424	

四、审计业务的时间安排（见表3）

表3　　　　审计业务的时间安排

执行审计阶段	时间安排
计划审计工作阶段	2014年5月20日—2014年5月22日
审计实施阶段	2014年5月23日—2014年6月4日
审计完成阶段	2014年6月5日—2014年6月8日

五、了解被审计单位行业状况、法律环境、基本情况、研发环境、研发能力和项目基本情况

（一）了解被审计单位的行业状况、法律环境与监管环境以及其他外部因素

略（见本书中制药企业审计案例分析）

（二）被审计单位的性质

1. 所有权结构

公司由法人股东和自然人股东构成，股权结构为：寰宇公司出资7 000万元人民币，持股比例为70%；张婷出资3 000万元人民币，持股为30%。

2. 治理结构及组织结构

公司的最高权力机构为股东会，董事会为常设决策和管理机构，监事是本公司的监督机构，确保决策权、执行权和监督权的行使。股东会由全体股东组成，董事会由董事长、总经理、财务总监、技术总工、营销总监组成。副总经理王海担任监事。

公司设有人事行政管理部、生产技术管理部、市场营销部、财务管理部、审计部、技术研发中心、法律事务部等机构。

（三）被审计单位的经营活动

公司主要产品属抗生素类，2013年度在严峻的市场形势下，公司采取各种措施，调整产品结构，优化公司业务结构，从营销队伍的分线、普药新药的分线都进行了改进，严控费用开支，努力降低运营成

本。以科技创新为动力，努力提高公司的技术水平和核心竞争力。加速推进公司一类新药A品种的临床进度。

（四）了解被审计单位的研发环境、研发能力和研发项目情况

（1）被审计单位的组织机构，是否建立了独立的研发部门，研发人员的基本情况。被审计单位建立了独立的研发部门，公司总人数483人，从事研究开发工作的有75人，约占公司总人数的16%。

（2）被审计单位是否建立了与研发相关的控制制度和信息系统。

经与被审计单位研发负责人沟通，被审计单位建立了研发立项管理制度、研发预算管理制度、绩效考核制度、药品合作开发管理制度、研发投入核算制度、研发中心原始实验记录撰写制度等，但并未严格执行，未建立有关信息系统。

（3）被审计单位的开发流程：

包括立项和预算管理、人员管理、材料和设备管理、委托外部研究开发、结项管理。被审计单位的研发立项由销售部门和研发部门共同向董事会提出立项申请材料（含立项申请书、项目预算等），由研发部门完成项目的立项和调研，并评估所涉及的研发费用投入总额，在项目决策时由销售部门、研发部门、技术总工、总经理、财务经理等相关部门会议决策研发投入费用，决策通过后，由研发部门提出申请，技术总工、财务经理审批，总经理批准后报公司董事会审批。项目立项后由研发部门负责实施及结项管理。但在实际运作过程中，立项多由股东提出交研发部门进行调研，预算由研发部门提出后直接提交董事会审议，财务部门不参与预算编制。与外单位合作或委托合作的研究合同，必须由董事会批准后才能生效拨款。

公司研发工作除主要研发人员20人外，其余人员岗位不固定，也参与企业其他经营活动，对于上述主要研发人员和岗位不固定的其他

人员，其出勤记录达到 183 天的均作为研发人员。研发过程中领用材料时已在领料单上注明项目，但设备使用情况没有完整记录。

（4）被审计单位是否存在研发行为和具体的研发项目，研发项目的投入总额。被审计单位近三年立项的研发项目有 10 项，在海南省科技厅立项的有 5 项，属于国家 863 支撑计划的有两项，近三年研发费用总额约 3 870 万元。

（5）被审计单位的研发项目和技术创新活动是否归属国家重点支持的高新技术领域。经与被审计单位技术负责人沟通，被审计单位的研发项目归属于《国家重点指出的高新技术领域》的“生物与新医药技术”中“化学药——抗肿瘤药物”、“化学药——创新药物”“化学药——抗感染药物”、“化学药——心脑血管疾病治疗药物”。

（6）被审计单位实施研发项目与技术创新活动的具体时间段、研发投入费用内容和性质及项目之间的分配和会计核算情况。被审计单位自成立起，一直未间断研发活动，近三年实施研发的 20 个项目，其具体研发时间为……，研发投入费用主要为直接材料、人工工资……，财务核算设置研发支出项目辅助账，直接投入材料按项目计入研发支出项目明细账，人员工资能分清直接参与项目人员计入参与项目中，参与多个项目的按工时记录在参与项目中分摊，设备折旧费用平均分摊。

（7）被审计单位研发项目与技术创新活动的成果。被审计单位近三年已取得发明专利 6 项，实用专利 5 项。

（8）被审计单位研发项目与技术创新活动的成果同高新技术企业产品的关系（形成生产力、产业化的过程与结果）。被审计单位已完成的研发项目中近三年已实施科技成果转化 12 项，年均 4 项，产品已上市并取得良好的经济效益。2013 年度上述高新产品销售收入约 1.65 亿元，约占 2013 年总收入的 75%。

六、了解被审计单位有关研究开发的内部控制制度建立和执行情况

（一）企业内部控制制度的建立和执行情况（见表4）

表4　　企业内部控制制度建立和执行情况

主要内部控制制度	是否在执行	执行效果如何
1. 药物研发立项管理制度	是	基本执行
2. 研发预算管理制度	是	较差
3. 项目研发绩效考核与激励管理制度	是	基本执行
4. 药物合作开发管理制度	是	较差
5. 研发投入核算制度	是	一般
6. 研发中心原始实验记录撰写制度	是	较好
……		
总体评价：执行情况较差。		

（二）对内部控制制度执行的了解

（1）药物立项研发管理制度规定由销售部门和研发部门共同向董事会提出立项建议书，由研发部门完成项目的立项和调研，并评估所涉及的研发费用投入总额，在项目决策时由销售部门、研发部门、技术总工、总经理、财务经理等相关部门会议决策研发投入费用，决策通过后，由研发部门提出申请，技术总工审批，财务经理审批，总经理批准。

根据取得的立项资料显示，立项申请书中立项依据、实施方案和项目预算过于简单，项目预算数据由研发部门直接提交给公司董事会审议，没有财务结算部门的参与，流于形式，立项的提出更多的是根据公司股东的决定。

（2）项目的研发绩效考核年终由公司负责研发的副总和研发部门、

财务结算部门，每年年终根据立项课题进展情况，对符合奖励条件的品种汇总后编制报告，各具体的分配方案由研发部门各项目负责人起草，报研发部门负责人、财务结算部门审核，分管副总批准后，呈报总经理和董事长审批后发放。

（3）药物合作开发管理制度规定对合作方的选取要求研发部门进行调研，由研发部门、技术总工、总经理进行内部评审，择优选择。但在实际操作过程中，对合作方的确定没有按制度规定通过调研、内部评审确定，主要由公司股东确定。在合作过程中，对合作项目的研发进度跟踪力度不够，研发进程中阶段性成果资料没有全部形成书面材料并由双方办理交接确认手续。

（4）研发投入核算制度规定了公司研发投入费用的开支范围和标准，并严格审批程序。财务部门按照研发项目或者承担研发任务的部门，设立项目辅助账归集核算研发费用，公司研发部门发生的各种开支纳入研发费用管理，但同时承担生产任务的，要合理划分研发与生产费用。财务部门协助研发部门做好研发投入费用的预算编制和控制。公司对研发费用的入账方式做了规定：首先将公司研发与开发的过程划分为研究阶段和开发结算，研究阶段的支出全部费用化，开发阶段的支出符合资本化条件的在研发支出归集（按照财政部有关规定列支的五条资本化条件），研发项目结束后确认为无形资产。

在核算过程中，直接投入部分分别计入各研发项目；人工工资的分配根据研发部门提供的项目参与人员名单，研发部的人工工资在参与的研发项目间平均分配，非研发部的临时或兼职研发人员工资按工时分摊计入研发费用；研发设备折旧费用在研发项目间平均分配。与外单位合作或委托合作的研发合同，必须由董事会批准后才能生效拨款。

（5）研发中心原始实验记录撰写制度规定要求科研人员在研究实

验过程中，应用实验、观察、调查或资料分析等办法，根据实际情况直接记录或统计各种数据、文字、图标、声像等原始资料，记录要求真实、及时、准确、完整，防止漏记和随意涂改，不得伪造、编造数据。每次实验结束后，应由实验人员、实验负责人和记录人在记录后签名，课题负责人或研发部门负责人要定期检查实验记录，并签署检查意见，每项研发工作结束后，应按归档要求整理归档。根据提供的研发中心原始实验记录显示，公司在实验记录方面基本按制度规定执行，执行情况较好。

（三）企业内部控制制度的执行情况评价

通过与申报企业研发部门负责人、财务管理人员等有关人员沟通，并查阅企业相关管理制度，我们认为：被审计单位虽然按《高新技术认定管理工作指引》要求制定了有关研究开发的内部管理制度，但在执行过程中并未全部严格执行，部分制度的执行流于形式，特别是研发预算管理制度和药物合作开发管理制度执行较差。因此，拟不实施内部控制测试程序，直接实施实质性程序。

七、确定重要性水平

说明：鉴于高新技术企业认定专项审计的特点及目的性，因此确定的重要性水平低于财务报表审计的重要性水平。同时在实施实质性审计程序时，应采取对重要项目详细检查和对非重点项目抽样检查两者相结合的方式，对在审计过程中发现的需要调整事项全部予以调整，以此降低审计风险（见表5）。

在本审计案例中，对重要项目的判断以单项发生额占总额的5%为标准。

表 5　　项目的重要性水平确定　　单位：万元

项　目	2011 年	2012 年	2013 年	合计
销售收入总额（万元）	21 000	26 000	22 000	69 000
申报的研发费用总额（万元）	870	1 200	1 800	3 870
申报的高新收入总额（万元）			16 500	
达标的最低研发费用金额（万元）			2 070	
达标的最低高新收入金额（万元）			13 200	
高新技术产品（服务）收入的重要性水平（PM = 高新收入 ×0.4%）			66.000	
高新收入认定层次的重要性水平（TE = 40% ×PM）			26.400	
审计差异归集界限（SAD = 2% ×PM）			0.528	
研发费用的重要性水平（万元）（PM = 各年度研发费用总额 ×0.4%）	3.480	4.800	7.200	15.480
研发费用认定层次的重要性水平（TE = 40% ×PM）	1.392	1.920	2.880	6.192
审计差异归集界限（SAD = 2% ×PM）	0.028	0.038	0.058	0.124

八、风险评估结果

（一）审计风险的总体评估

通过上述对被审计单位经营、研发及其环境的了解与对被审计单位高新产品销售、研发费用投入财务状况的分析，结合高新专项审计目的，应当重点关注被审计单位是否存在以取得高新技术资格为目的对高新收入和研发费用总额进行粉饰的情形；审计风险评估为“高”风险。

（二）确定的可能存在重大风险的领域

1. 评估的申报表层次的重大风险

（1）高新技术产品（服务）收入申报明细表。企业高新技术产品

（服务）收入的识别标志与技术属性；高新技术收入归集的准确性；管理层关于收入的发生、截止、分类等认定是否存在故意误用的情况，考虑是否存在高估高新技术产产品（服务）收入的风险。

（2）三年研发费用结构明细表。申报企业对研发费用归集的真实性，申报企业管理层对费用的发生、截止、分类等认定是否存在重大错报，考虑是否高估研发费用的风险。

2. 评估的认定层次重大错报风险（见表6）

表6　　认定层次重大错报风险

识别的重大错报风险	申报表层次或认定层次	是否属于特别风险（是/否）	是否属于仅通过实质性程序无法应对的重大错报风险（是/否）	受影响的账户余额认定	受影响的披露的认定
企业高新技术产品（服务）收入中药品A、药品B、药品C、药品D、药品E各品种收入占申报总收入的9.8%以上，应重点关注	认定层次	否	否	营业收入、银行存款、应收账款	发生、完整性、分类和可理解性、准确性和计价
研发费用——人工费用	认定层次	否	否	现金、银行存款、应付职工薪酬、其他应付款	发生、完整性、分类和可理解性、准确性和计价
研发费用——直接投入	认定层次	否	否	现金、银行存款、原材料、应付账款、其他应付款、预付账款	发生、完整性、分类和可理解性、准确性和计价
研发费用——委托外部研发费用	认定层次	否	否	银行存款、应付账款、其他应付款、预付账款	发生、完整性、分类和可理解性、准确性和计价

（三）在实施实质性程序前要考虑的主要风险

（1）被审计单位管理层是否存在为了申请高新技术企业资格以享受税收优惠政策的动机，可能导致高新技术研究开发费用支出与高新技术产品（服务）收入存在重大错报。

（2）错报风险是否与被审计单位近期高新技术产品（服务）收入、经营状况和其他方面的重大变化有关。

（3）高新技术产品（服务）收入和委托外部研发费用是否涉及重大的关联方交易，使得高新技术产品收入和委托外部研发费用作价不公允，以提高高新技术产品收入总额和研发投入总额。

（4）申报企业如何区分高新技术产品收入和企业的其他收入。

（5）申报企业如何界定研发费用支出和企业的其他费用支出。

（6）研究开发项目的复杂程度。

（7）高新技术产品（服务）收入、高新技术研发费用是否异常或涉及与商业管理不符的重大交易。

九、拟实施的进一步审计程序

（一）控制测试

通过与被审计单位财务人员、研发负责人等有关人员沟通，及对被审计单位内部控制制度的评价，被审计单位的内部控制执行情况较差，拟不实施控制测试，直接实施实质性测试。

（二）拟实施的实质性程序

（1）基于上述所考虑的风险及审计目的，鉴于审计结果对于认定指标的重要作用，我们必须在获得充分证据的基础上才能作出审计结论，这就意味着我们必须实施大量的实质性程序。

（2）高新技术产品（服务）收入明细表中，对各品种收入占申报高新总收入的5%以上的认定为可能存在重大风险的重点审计领域，采用细节测试为主，必要时可实施详细审计，对其他项目，可采取分析性程序，实施抽样审计。

（3）研发费用结构明细表中，对研发费用各明细项目金额占当年研发费用总额的5%以上的认定为可能存在重大风险的重点审计领域，采用细节测试为主，必要时可实施详细审计，对其他项目，可采取分析性程序，实施抽样审计。

（4）审计过程中其他应当考虑的事项包括：

①审阅被审计单位近三年的年度审计报告，关注被审计单位高新收入及研发费用申报明细表数据与年度审计报告是否存在矛盾。

②关注高新企业认定申报的研发费用项目及金额与企业向税务机关申请研发费用加计扣除的研发项目及研发费用金额的逻辑关系。

③如果申报企业是申请复审的，取得上次申报高新认定的专项审计报告，将本期高新技术产品（服务）收入明细表、本期研究开发费用结构表与上期进行比较，关注收入变动是否存在异常波动，研究开发项目是否存在长期未结项的异常情况。

④在高新专项审计过程中，涉及专业技术性很强的部分，应充分借鉴外部专家的意见，充分采集证据，规避审计风险。

（5）拟实施的重要审计程序包括：检查、函证、截止性测试、询问、审阅、现场勘查、盘点、重新计算。

十、进一步实施的实质性审计程序中主要交易事项的描述和认定

审计人员按照《高新技术企业认定管理办法》、《中国注册会计师执业准则》、《高新技术企业认定专项审计指引》、《高新技术企业认定管理工作指引》的规定对企业的高新技术收入申报表、研发费用结构明细表实施了进一步的审计程序，根据风险评估结果确定的重点审计领域，按照审计计划所拟定的审计程序，实施了分析和细节测试实质性程序（已实施的实质性程序及已获取的审计证据略），在审计工作中，申报企业的下列交易事项引起了审计人员的关注和质疑。

（一）高新技术产品（服务）收入

在实施审计过程中，核对申报企业提供的发明专利、新药证书、海南省高新技术项目证书、产品质量检验报告、中药保护证书等高新技术产品证明材料、发现其药品 E 的中药保护证书已过有效期，该品种当年销售收入 1619 万元，受审计知识的限制，审计人员对上述品种的销售收入是否属于高新领域无法作出判断，因此审计人员采纳专家的建议，经海南省科技厅高新处协调，向海南省药监局的技术专家发出书面咨询函，取得技术专家的书面回函，答复为该品种已不属于高新技术领域，审计人员根据专家意见进行了调整，该品种 2013 年度的销售收入 1619 万元不确认为高新收入。

（二）研发费用

（1）审计人员在审核 2011 年、2012 年、2013 年年度研发费用结构明细表“研发费用——直接投入”项目过程中，发现 A 研发项目三年临床费用发生额合计 700 万元，占该项目三年研究开发费用总额的

46%，所占比重大，引起了审计人员的重点关注，审计人员获取了申报企业与第三方服务机构签订的临床研究委托合同，合同中约定了申报企业、第三方服务机构、临床研究机构三方的权利和义务，第三方服务机构负责申报企业与临床研究机构之间的沟通协调，服务费用为140万元，2011年签订合同时支付了70万元，待项目临床实验结束取得临床机构的实验报告后再支付剩余的70万元。申报企业提供给临床研究机构的药品由申报企业与临床研究机构直接结算，以每期用药量实际计算。审计人员同时获取了临床研究机构的研究方案、临床研究单位的资质证明材料（药物临床研究实验机构资格认定证书）、临床研究总结报告、临床研究分中心小结表、临床研究药品交接结算清单、临床研究的病例报告表（记载病例入选情况、患者情况登记、药品使用情况观察记录、临床实验结果及评定等临床资料），将上述资料与申报企业就该项目临床研究的研发支出进行核对，经审计人员核对，对申报企业与临床研究机构之间的药品耗用成本640万元予以确认，但审计人员认为根据《高新技术企业认定管理工作指引》的规定，2011年度支付给第三方机构的服务费70万元不符合《高新技术企业认定管理工作指引》中对直接投入的定义（企业为实施研究开发项目而购买的原材料等相关支出），不属于直接投入，其实质为受托方提供的服务费，应调整计入2011年度研发费用——其他费用（详见附表1—附表6），同时关注调整后的研发费用——其他费用是否超过研发费用总额的10%，若超过10%，则进行调整。

（2）审计人员在审核2011年、2012年、2013年年度研发费用结构明细表中“研发费用——委托外部研发费用”时，发现三年累计委托外部研发费用总额为210万元，申报企业于2011年度支付项目B委托外部研发费用40万元、2012年度支付项目B委托外部研发费用20万元，剩余150万元的累积委托外部研发费用长期挂账，且未支付部分受托单位均为一家。

审计人员就该项交易取得了申报企业签订的项目 A、项目 B、项目 C、项目 E、项目 F 五份委托外部研发合同，项目 B 是申报企业与恒瑞药物研究所签订，项目 A、项目 C、项目 E、项目 F 是申报企业与海宇生物科技有限公司签订，审计人员对合同约定的研发内容、成果移交、付款方式重点进行审阅，发现合同约定研发费用按研发进度支付，研发进度的确认由受托方向委托方提交研发进度资料，并经受托方研发部门项目负责人签字确认。经审计人员审阅合同并与企业相关人员的沟通，及对受托单位恒瑞药物研究所、海宇生物科技有限公司股东结构的查询，了解到受托单位海宇生物科技有限公司与申报企业之间存在关联关系，且申报企业提供了项目 B 的研发进度资料的交接确认资料，但无法提供项目 A、项目 C、项目 E、项目 F 研发进度的交接证明材料，审计人员认为根据《高新技术企业认定管理工作指引》、《高新技术企业认定专项审计指引》的规定，上述项目 B 的委托外部研发费用可以确认，但项目 A、项目 C、项目 E、项目 F 研发费用的真实性存在质疑，基于谨慎性原则和高新技术企业费用认定的目的，审计人员认为上述“研发费用——委托外部研究开发费用”项目 A、项目 C、项目 E、项目 F 三年发生的委外研发费用 150 万元不予确认。

（3）审计人员在审核 2013 年度 C 项目“研发费用——人员人工”项目时，发现企业将非研发部的临时或兼职研发人员工资按工时分摊计入各研发项目，金额合计 12 万元，审计人员向企业索取该部分人员的工时表，拟通过核对研发人员名单、考勤记录、工时表并重新计算核对，但申报企业无法提供上述非研发部的临时或兼职研发人员的工时记录，审计人员认为根据《专项审计指引》、《高新技术企业认定管理工作指引》的规定，上述人员工资的分配计入研发费用依据不充分，审计人员认为上述“研发费用——人员人工”发生额 12 万元不予确认。

（三）与被审计单位的沟通

项目负责人就上述事项与被审计单位有关人员进行沟通，向其详细讲解了《高新技术企业认定管理工作指引》的规定中对高新技术产品（服务）收入申报明细表、研究开发费用结构明细表的认定要求，得到了被审计单位的理解，同意上述调整事项。

（四）审计结论

1. 高新技术产品（服务）收入

申报企业申报的2013年度高新技术产品（服务）收入金额为16 500万元，审计调整减少不符合高新技术产品的收入1 619万元，审定金额为14 881万元，占2013年度销售收入的67.64%。

审计结论：经审计调整后，高新技术产品（服务）收入明细表已在企业会计准则框架下，按照《高新技术企业认定管理办法》和《高新技术企业认定管理工作指引》的规定编制，在所有重大事项方面公允反映了寰海公司2013年度的高新技术产品（服务）收入情况。

2. 研究开发费用

申报企业申报的2011年至2013年三年研发费用总额为3 940万元，审计调整减少不符合研发费用认定标准的162万元，三年研发费用审定金额为3 778万元，占三年销售收入总额的5.48%。

审计结论：经审计调整后，研究开发费用结构明细表已在企业会计准则框架下，按照《高新技术企业认定管理办法》和《高新技术企业认定管理工作指引》的规定编制，在所有重大事项方面公允反映了寰海公司在所审计期间的研究开发费用情况。

（五）本案例总结分析

1. 如何评估高新技术企业认定专项审计的重大风险点?

在实施审计工作时，首先要了解被审计企业所处行业的市场供求与竞争状况、产品（服务）技术变化、法律监管环境等因素，国家颁布的一系列对高新技术企业的扶持政策，包括税收减免和财政资金的支持等，因此，高新技术企业认定专项审计中要评估被审计企业是否存在为了申请高新技术企业资格以享受相关优惠政策的动机。

2. 针对被审计企业的具体问题，实施恰当的审计程序

本案例中，审计人员在进行风险评估时，确定了本次专项审计的重大风险点，在实施进一步审计程序时，审计人员采取获得专家的工作支持、重新计算、审阅合同等程序，以确保被审计企业的申报表不存在重大错报及审计人员所获取的审计证据的充分性。

3. 如何撰写审计说明?

审计说明是对审计项目的小结，在此基础上得出审计结论。审计说明应当简洁明了，重点突出。首先，应当说明是否实施了风险评估程序，风险评估结果与该项目的某项认定的因果关系；其次，指出被审计企业在该项目的某项认定上存在背离既定标准的情形，说明审计人员实施了哪些与风险评估结果相适应的重要的实质性程序，获取了哪些审计证据；再次，详细说明审计人员对申报表的调整事项，调整原因，列示调整金额；最后，给出明确的审计结论。

附表 1

2011 年度研究开发费用结构明细表

公司名称：寰海制药有限公司　　　　金额单位：元

科目/累计发生额/研发项目编号	RD01 项目 A	RD02 项目 B	RD03 项目 C	RD04 项目 D	RD05 项目 E	RD06 项目 F	RD07 项目 G	RD08 项目 H	合计	研发费用各明细项目占总额的比例（%）
内部研究开发投入额	3 887 000.00	1 272 700.00	174 000.00	1 512 000.00	311 000.00	234 800.00	174 500.00	134 000.00	7 700 000.00	88.51
其中：人员人工	600 000.00	139 000.00	54 000.00	112 000.00	48 000.00	27 000.00	12 000.00	9 000.00	1 001 000.00	11.51
直接投入	3 230 000.00	1 120 000.00	120 000.00	1 400 000.00	230 000.00	110 000.00	162 500.00	40 000.00	6 412 500.00	73.71
折旧费用与长期费用摊销	57 000.00	13 700.00			13 000.00	7 800.00		80 000.00	171 500.00	1.97
设计费									—	
无形资产摊销									—	
其他费用					20 000.00	90 000.00		5 000.00	115 000.00	1.32
委托外部研究开发投入额	500 000.00		—		500 000.00	—	—	—	1 000 000.00	11.49
其中：境内的外部研发投入额	500 000.00				500 000.00				1 000 000.00	11.49
研究开发投入额（内、外部）合计	4 387 000.00	1 272 700.00	174 000.00	1 512 000.00	811 000.00	234 800.00	174 500.00	134 000.00	8 700 000.00	100.00
其中：境内研究开发投入额	4 387 000.00	1 272 700.00	174 000.00	1 512 000.00	811 000.00	234 800.00	174 500.00	134 000.00	8 700 000.00	100.00

企业填报人签字：　　　　日期：

附表 2

2012 年度研究开发费用结构明细表

公司名称：寰海制药有限公司　　　　金额单位：元

科目/累计发生额/研发项目编号	RD01 项目 A	RD02 项目 B	RD03 项目 C	RD04 项目 D	RD05 项目 E	RD07 项目 F	RD08 项目 G	RD09 项目 H	合计	研发费用各明细项目占总额的比例（%）
内部研究开发投入额	2 247 000.00	1 631 720.00	6 654 000.00	274 000.00	58 900.00	43 210.00	47 670.00	343 500.00	11 300 000.00	94.17
其中：人员人工	750 000.00	181 720.00	2 780 000.00	45 000.00	3 400.00	5 400.00	2 670.00		3 768 190.00	31.40
直接投入	1 450 000.00	1 435 000.00	3 439 000.00	229 000.00	37 500.00	37 810.00	45 000.00	310 000.00	6 983 310.00	58.19
折旧费用与长期费用摊销	47 000.00	15 000.00	237 000.00					13 500.00	312 500.00	2.60
设计费									—	
无形资产摊销								20 000.00	20 000.00	0.17
其他费用			198 000.00		18 000.00				216 000.00	1.80
委托外部研究开发投入额		400 000.00	—	—	—	300 000.00	—	—	700 000.00	5.83
其中：境内的外部研发投入额		400 000.00				300 000.00			700 000.00	5.83
研究开发投入额（内、外部）合计	2 247 000.00	2 031 720.00	6 654 000.00	274 000.00	58 900.00	343 210.00	47 670.00	343 500.00	12 000 000.00	100.00
其中：境内研究开发投入额	2 247 000.00	2 031 720.00	6 654 000.00	274 000.00	58 900.00	343 210.00	47 670.00	343 500.00	12 000 000.00	100.00

企业填报人签字：　　　　日期：

附表 3

2013 年度研究开发费用结构明细表

公司名称：寰海制药有限公司　　　　金额单位：元

科目/累计发生额/研发项目编号	RD01 项目 A	RD02 项目 B	RD03 项目 C	RD04 项目 D	RD05 项目 E	RD06 项目 F	RD07 项目 G	RD08 项目 H	RD09 项目 I	RD10 项目 J	合计	研发费用各明细项目占总额的比例（%）
内部研究开发投入额	8 551 000.00	1 641 900.00	1 194 000.00	85 000.00	1 517 900.00	429 600.00	1 333 900.00	182 700.00	2 062 900.00	1 301 100.00	18 300 000.00	97.86
其中：人员人工	1 870 000.00	458 900.00	245 000.00		386 900.00	25 600.00	37 400.00	34 000.00	145 000.00	118 000.00	3 320 800.00	17.76
直接投入	6 537 000.00	1 149 000.00	834 000.00	85 000.00	1 109 000.00	358 000.00	1 270 000.00	133 000.00	1 856 000.00	1 122 000.00	14 453 000.00	77.29
折旧费用与长期费用摊销	55 000.00	34 000.00	29 000.00		22 000.00	46 000.00	3 500.00	11 200.00	7 800.00	3 800.00	212 300.00	1.14
设计费											—	
无形资产摊销									20 000.00	30 000.00	50 000.00	0.27
其他费用	89 000.00		86 000.00				23 000.00	4 500.00	34 100.00	27 300.00	263 900.00	1.41
委托外部研究开发投入额		200 000.00	200 000.00								400 000.00	2.14
其中：境内的外部研发投入额	—	200 000.00	200 000.00	—	—	—	—	—	—	—	400 000.00	2.14
研究开发投入额（内、外部）合计	8 551 000.00	1 841 900.00	1 394 000.00	85 000.00	1 517 900.00	429 600.00	1 333 900.00	182 700.00	2 062 900.00	1 301 100.00	18 700 000.00	100.00
其中：境内研究开发投入额	8 551 000.00	1 841 900.00	1 394 000.00	85 000.00	1 517 900.00	429 600.00	1 333 900.00	182 700.00	2 062 900.00	1 301 100.00	18 700 000.00	100.00

企业填报人签字：　　　　日期：

附表 4　　2012 年度研究开发费用审计调整表

公司名称：寰海制药有限公司　　金额单位：元

科目/累计发生额/研发项目编号	RD07 项目 F（1）	审计调整（2）	RD07 项目 F 审定金额（3）=（1）+（2）
内部研究开发投入额	43 210.00		43 210.00
其中：人员人工	5 400.00		5 400.00
直接投入	37 810.00		37 810.00
折旧费用与长期费用摊销			—
设计费			—
无形资产摊销			—
其他费用			—
委托外部研究开发投入额	300 000.00	-300 000.00	—
其中：境内的外部研发投入额	300 000.00	-300 000.00	—
研究开发投入额（内、外部）合计	343 210.00	-300 000.00	43 210.00
其中：境内研究开发投入额	343 210.00	-300 000.00	43 210.00

企业填报人签字：　　日期：

附表 5　　2013 年度研究开发费用审计调整表

公司名称：寰海制药有限公司　　金额单位：元

科目/累计发生额/研发项目编号	RD03 项目 C（1）	审计调整（2）	RD03 项目 C 审定金额
内部研究开发投入额	1 194 000.00	-120 000.00	1 074 000.00
其中：人员人工	245 000.00	-120 000.00	125 000.00
直接投入	834 000.00		834 000.00
折旧费用与长期费用摊销	29 000.00		29 000.00
设计费			—
无形资产摊销			—
其他费用	86 000.00		86 000.00
委托外部研究开发投入额	200 000.00	-200 000.00	—
其中：境内的外部研发投入额	200 000.00	-200 000.00	—
研究开发投入额（内、外部）合计	1 394 000.00	-320 000.00	1 074 000.00
其中：境内研究开发投入额	1 394 000.00	-320 000.00	1 074 000.00

企业填报人签字：　　日期：

附表 6 **高新技术产品（服务）收入审计调整表**

编制单位：寰海制药有限公司 单位：人民币元

编号	项目	申报数（1）	审计调整（2）	审定数(3)=(1)+(2)
	一、产品收入			
PS01	药品 A	47 400 000.00		47 400 000.00
PS02	药品 B	44 950 000.00		44 950 000.00
PS03	药品 C	26 860 000.00		26 860 000.00
PS04	药品 D	24 678 000.00		24 678 000.00
PS05	药品 E	16 190 000.00	-16 190 000.00	
PS06	药品 F	4 922 000.00		4 922 000.00
PS07				
PS08				
	小 计	165 000 000.00	-16 190 000.00	148 810 000.00
	二、技术性收入			
	1. 技术转让收入			
	2. 技术承包收入			
	3. 技术服务收入			
	4. 接受委托科研收入			
	小 计			
	三、高新技术产品（服务）收入合计	165 000 000.00	-16 190 000.00	148 810 000.00

公司法定代表人：

主管会计工作的公司负责人：

公司会计机构负责人：

5 海南恒星制药有限公司审计案例

海南诚诺会计师事务所　南海

【摘要】 本案例选取了海南比较有代表性的一家制药企业——海南恒星制药有限公司作为案例分析的对象，运用风险导向审计的理念，从了解企业的基本情况，包括对整体层面和业务流程层面内控的了解，简要描述了风险评估的过程，识别出报表及认定层面可能存在的重大错报风险，并通过几个重要的实质性程序来分析应对风险的措施。本案例仅试图将风险导向的审计理念贯穿于案例的编写过程，在执业判断方面给审计人员一定的启示，并非是一个完整的风险导向审计操作案例，特提请读者关注。

一、释义

（一）关于原研药、仿制药、新药证书、临床批件、生产批件等的概念

原研药是原创性的新药，经过对成千上万种化合物层层筛选和严格的临床试验才得以获准上市。目前国内在售的大部分原研药都是大

型跨国制药企业研制的。

仿制药，是与原研药相对应的一个概念，是创新药物的原研制药企业之外的企业仿制该原研药而生产出的药品。在我国，仿制药的定义是注册申请我国已批准上市销售的药物，包括中药、天然药物、化学原料药及其制剂。

新药是在中国未曾上市销售的药品，新药上市都要经过国家药监局批准，并由其颁发新药证书，有专门的注册文号。

临床批件是指国家药监局同意新药进行临床实验的批准文件，临床试验分为Ⅰ、Ⅱ、Ⅲ、Ⅳ期。

生产批件就是药品审核通过，可以进行生产了，生产批件是产品的生产许可证。

药品有了生产批件才能够生产，有了新药证书可以转让或申报成果。

目前，我国新药分类方法可参阅2007版《药品注册管理办法》。简单地说，新药大致分三个阶段：（1）临床前研究；（2）申请临床批件，做临床试验；（3）申报生产，获批后即可拿到生产批文。仿制药直接申报生产，获批后即可生产。

（二）医药行业分类

我国医药行业分为医药制造和医药流通两个类型。医药制造又分为化学原料药、化学药品制剂、生物制剂、中成药、中药饮品等门类。上述药品按不同标准主要有如下三种分类：

1. 按药品适应症（临床药理学和功能主治）分类

在国家《医保目录》中，中药依据临床科室用药和主治功能可分为内科用药、外科用药、肿瘤药物等9大类。西药化学药品制剂依据临床药理学和临床科室用药可分为抗微生物药物、抗肿瘤药物、神经系统药物及血液系统药物等24大类。

2. 按药品剂型分类

根据国家《医保目录》，化学药品制剂主要有注射剂和口服常释剂两大剂型，其中注射剂按制备工艺不同，分为大容量注射剂、小容量注射剂、粉针剂和冻干粉剂4种；口服常释剂包括片剂、胶囊剂等。

3. 按药品使用管理分类

国家药监局颁布的《处方药与非处方药分类管理办法》（试行）将药品分为处方药和非处方药。其中处方药是指为保证用药安全，由国家卫生部门规定审定的，需凭医师或其他有处方权的医疗专业人员开具处方出售，并在医师、药师或其他医疗专业人员监督或指导下方可使用的药品。

二、行业特点及背景

（一）我国医药行业现状及趋势

近年，我国医药行业总体呈现六大趋势：中成药市场竞争将加剧；处方药生命周期将会缩短；第三终端市场将更活跃；医药市场进一步集中，医药两极分化进一步凸现；政策性降价仍将持续；结构调整进一步加快，企业市场品种结构都将发生更大变化。随着行业竞争的加剧，制药企业感受到了前所未有的压力，同时也在积极探索着发展的道路。

（二）我国医药制药行业目前面临的压力

1. 医改政策的紧缩

近年来，政府在医疗卫生结构调整方面有了新举措和新动向，包括政策性降价的持续以及产品结构调整的进一步加快，促使企业不断地调整药品的品种结构。医药行业的盈利随着药品分类管理、药品价格透明化和药品降价等政策的陆续推出而进一步压缩，这一点在制药企业的表现更加显著，对于大型药品生产企业而言，其产品价格经过多年的市场和政策调整，已经没有进一步下降的空间。目前，市场同质化引发价格战，加剧无序恶性竞争，进一步压缩行业盈利空间。

2. 通货膨胀导致的原材料价格的不断上涨

近两年，通货膨胀幅度越来越大，对药品生产企业也不例外，其中价格上涨对原料药的影响最为明显。到2014年，部分前期涨幅较大的品种开始调整，而涨幅较小的品种依然在频频提价。由于化工原料、粮食、辅料、能源等的价格和工人工资普遍上涨，使得原本就很低的利润空间变得愈加微薄。迫于成本的压力，企业开工不足更是加剧了企业成本费用持续上升，行业毛利水平下降，赢利能力面临挑战，对行业未来一段时期内效益水平的提高形成较大压力。

（三）我国医药制药行业发展的出路

在成本提高和售价降低的双面夹击下，制药企业要摆脱困境就必须寻求发展，主要有两个出路：一是持续进行技术改进，降低成本；二是开发高附加值的新产品。近几年，随着国家扶持政策和医改政策的不断推进，医药市场也呈现了回暖的态势，为企业的科技创新提供了良好的外部条件。

1. 国家对医药产业的政策支持

国家将加大对医药科技创新方面的投入。有关部门也将优化医药产业在全国的总体布局，积极稳步推进医疗卫生体制改革，解决医疗机构收入补偿问题，从根本上改变“以药养医”的局面。国家一系列的鼓励创新政策，将对生物医药产业的发展构成直接利好；研发能力突出的企业将在国产药替代进口“次新药”的过程中，快速扩张。政策导向显示，医药行业的竞争环境将得到明显改善。对于主流医药企业而言，优势将进一步扩大。

2. 医改政策的进一步落实对医药生产企业的有利因素

医改是一场全面、深层次的改革，涉及全社会的每个人以及业内的众多医疗机构、生产企业和流通企业。随着全局性医疗体制改革逐步推开，供给医疗服务的资金量将持续增加，这必将带来药品需求的提高，医药行业的经济状况也会逐步“回暖”。

（四）医药制药行业会计核算的难点

1. 研发费用的会计处理

新药研发一般分三个阶段：临床前、临床试验、获得新药证书后的继续研发。（1）获得新药证书后：完成1—3期临床，国家就发新药证书，可上市销售，之后还需完成第4期临床试验，以及后续的一些质量标准建立等试验。获得新药证书后的研发费用一般才被认为是符合会计准则费用资本化的5个条件。（2）临床试验阶段（即取得临床批件后）的研发费用能否资本化，理论上说，如果是全新的药物研发，临床试验阶段能否成功还有较大的不确定性，不一定符合资本化条件。但国内也有很多企业做仿制药，仿制药相对来说成功率比新药高，也有些医药企业将仿制药临床阶段的费用资本化。（3）临床前的研发费用一般来说应费用化。

2. 销售返利的会计处理

销售返利是指生产企业为扩大产品市场，采取向经销商或零售商返还部分利润的一种方式。作为渠道促销的一种很重要的手段，销售返利在医药行业的市场营销中应用很普遍。为了鼓励渠道商多进货，维系经销商的忠诚度，很多企业都会承诺给代理商或经销商一定的返利，企业往往也都会将返利点数计入市场营销费用或销售成本，而销售返利实际就是企业销售利润的一部分。现实中很多制药企业为了偷逃企业所得税，通过虚开大量的劳务发票或是购买假发票，虚增企业成本费用，降低应税利润，从而少缴企业所得税。

（五）医药制药行业审计的特点

1. 医药企业与普通制造企业的区别

医药企业与普通制造企业最大的区别在于有一套 GMP（药品生产质量管理规范）。虽说是一套质量管理规范，但是对于企业的内控、运行都有深刻的影响，并间接反映到财务层面。在审计过程中我们应对制药企业的内部控制进行了解、测试和评价，在此过程中会涉及很多 GMP 的规章，所以对于 GMP 的了解和运用能很大程度上帮助我们了解和测试内控。例如对于原料的采购、入库、领用，供应商的考核，入库的盘点、检测、核对、领用等流程的质量控制措施，控制点也在一定程度上涵盖了财务的错误和舞弊风险控制。

2. 医药企业审计分析性复核程序的运用

执行审计程序时，我们应该认真分析评价制药企业财务报表及附列资料的相关财务指标，具体可从以下现象中找到疑点：（1）应纳税销售额与应纳税额增长不同步；（2）税负率明显低于行业平均值；（3）销售毛利率较高或较低；（4）期末存货余额明显下降；（5）经营费用明显比上期下降。找准疑点后，再顺藤摸瓜，通过调查、取证及实地检查，进一步发现问题。

三、重要法律、法规依据

（一）药品生产质量管理规范（GMP）

药品质量符合规定不仅是产品质量符合注册质量标准，还应使其全过程符合《药品生产质量管理规范》（简称 GMP）。GMP 是药品生产和质量管理的基本准则，适用于药品制剂生产的全过程和原料药生产中影响成品质量的关键工序。大力推行药品 GMP，是为了最大限度地避免药品生产过程中的污染和交叉污染，降低各种差错的发生，是提高药品质量的重要措施。

（二）近几年国家颁布的主要法规

（1）1999 年，国家药监局发布了《开办药品生产企业暂行规定》，明确了开办药品生产企业的立项条件和审批程序；

（2）1999 年，国家药监局发布了《处方药与非处方药分类管理办法》，并于 2000 年 1 月 1 日起实施；

（3）2001 年，新的《中华人民共和国药品管理法》颁布并实施；

（4）2002 年，新的《中华人民共和国药品管理法实施条例》开始执行；

（5）2002 年，《药品注册管理办法》颁布并于 2002 年 12 月 1 日起施行；

（6）2003 年，《药物临床试验质量管理规范》、《药品进口管理办法》、《药物非临床研究质量管理规范》发布并实施；

（7）2004 年，《药品经营许可证管理办法》颁布并实施；

（8）2007 年，《药品注册管理办法》颁布并实施；

（9）2011 年，卫生部颁布《药品生产质量管理规范》；

（10）2012 年，国务院发布《医药工业“十二五”发展规划》；

（11）2013 年，卫生部发布《药品经营质量管理规范》；

（12）2013 年，卫生部发布《国家基本药物目录》（2012 版）；

（13）2014 年，国务院发布《医疗器械监督管理条例》（第 650 号令）；

（14）2014 年，《食品安全抽样检验管理办法》颁布并实施。

四、企业概况

（一）公司基本情况介绍

本案例选取的企业是海南恒星制药有限公司，该公司是专业从事医药产品开发、转让、生产和新产品委托生产加工、销售的医药企业。经过短短几年时间的发展，公司已成为医药行业中颇具实力的、创新型的高科技企业。公司是国家三部委（科技部、国务院国资委、中华全国总工会）认定的“创新型试点企业”，是国家科技部认定的“国家火炬计划重点高新技术企业”，被授予“海南省最具发展潜力与前景的十强企业”和“海南省新型工业十佳杰出创新企业”。

公司结合国家新药研究与开发工作的需要，运用高精尖的现代化的技术和方法对各类化学药品、中药、天然药物和生物制剂进行研究、开发、生产和销售，开发出多项具有自主知识产权的新药。

（二）公司主要产品介绍

公司生产的中药制剂——血滴净注射液属于内科用药中的清热剂，在临床应用上归属于抗内霉素与炎性介质药物，主要适用于脓毒症；公司生产的西药制剂产品主要涉及神经系统药物中的脑血管病用药、血液系统药物中的抗凝血药。

公司制剂产品均为处方药，主要产品为注射剂，另有少量产品为胶囊剂。其中注射剂主要分为中药注射剂和西药注射剂两大系列，中药注射剂为治疗脓毒症药物——血滴净注射液，西药注射剂为脑血管病用药——盐酸法舒贝尔注射液、血液系统药物中的抗血栓药——低分子肝素钙注射液。因此，按药品适应症，该公司所处的细分市场为脓毒症药物市场、脑血管病用药市场和抗血栓药市场。

五、执行的风险评估程序

对小企业审计的特殊考虑、注册会计师基于成本效益原则的考虑以及中小企业可能存在的固有缺陷，可能会简化一些审计程序，如可能在实施风险评估程序后因无法对内部控制进行测试而直接进入实质性程序。

本案例选取制药行业的小型企业，就在风险导向审计理念的指引下，以审计计划为主线，就如何对小企业实施风险评估程序方面作出初步的探讨和尝试。

海南恒星制药有限公司2012年年报审计策略和风险评估程序

一、公司基本情况

海南恒星制药有限公司（以下简称“公司”），系由刘刚、陈建和华民共同投资设立的有限公司，于1995年8月19日在海南省工商行政管理局注册登记成立，并取得《企业法人营业执照》，注册号为4600001002980。

公司注册资本为人民币2 000万元，其中：刘刚出资1 400万元，占注册资本的70%；陈建出资400万元，占注册资本的20%；华民出资200万元，占注册资本的10%。

公司法定代表人：刘刚；住所：海口市南海大道168号海口保税区××号；注册资本：人民币2 000万元；

经营范围：中成药、化学合成药、原料药、生物制品的研制、转让、生产及销售，药品试剂的研制、开发、医疗技术咨询服务。

二、审计工作范围

1. 报告书时间要求：2013年1月15日前出具符合相关规定的审计报告及其他专项报告。

2. 适用的会计准则和相关会计制度

（1）2007年1月1日起执行的企业会计准则及应用指南；

（2）企业会计准则解释第1号至第6号。

3. 适用的审计准则

中国注册会计师执业准则（2010）。

4. 与财务报告相关的行业特别规定

《制药企业GMP实施与认证指南》。

5. 审计的组成部分

公司及下属各办事处、营销网点。

6. 审计报告的用途

提交相关部门，包括股东、工商部门、税务部门、贷款金融机构等。

三、项目组人员安排（见表1）

表1 项目组人员工作安排表

职位	姓名	主要职责
项目经理	张明	本审计项目负责人。组织本项目的实施，包括了解被审计单位及其环境，负责一般风险和特别项目风险评估、制订审计计划，负责与治理层、管理层的沟通，拟定项目组讨论内容和时间，组织与质量控制复核人沟通，指导并复核其他成员的工作，草拟审计报告等
高级审计员	赵军	重点报表项目及业务循环的审计。负责实施进一步审计程序，并参与复核审计员的工作底稿
审计员	孙政	一般报表项目和业务循环的审计，负责实施进一步审计程序
审计员	李辉	一般报表项目和业务循环的审计，负责实施进一步审计程序
项目质量控制复核人员	徐颖	评价事务所及本项目组成员的独立性；复核审计过程中识别的特别风险以及采取的应对措施；确认是否已就存在的意见分歧、其他疑难问题或争议事项进行适当咨询及咨询得出的结论；确定在审计中识别的已更正和未更正的错报的重要程度并复核其处理情况；复核审计工作底稿是否反映了针对重大判断执行的工作、是否支持得出的结论

四、审计业务的时间安排（见表2）

表2 时间安排

项　　目	时间安排
查阅公司财务数据及公开信息，进行预审	2012年12月28日—2012年12月30日
对公司存货、固定资产盘点进行监盘	2012年12月31日
对公司进行风险评估及实施进一步审计程序	2013年1月4日—2013年1月12日
项目组总结会议	2013年1月13日
与管理层沟通会议	2013年1月14日

五、了解被审计单位及其环境

（一）了解行业状况、法律环境、监管环境及其他外部因素

（具体情况参照行业特点及背景部分）

（二）了解被审计单位的生产经营情况

查阅公司年度工作总结并询问公司常务副总陈平了解到的情况：

近两年，医药行业生存的宏观环境仍然不容乐观，原材料、能源价格继续上扬、药品政策性降价持续、招投标导致的价格竞争失去理性等，都给公司的生产经营带来了不利。面对困难形势，公司董事会坚持外抓市场、内抓管理，积极采取应对措施，全力做好市场开发、技术进步和降本增效三项工作，年度各项预算指标基本顺利完成。对于公司的年度工作总体评价是：第一，重点品种销售下滑，但传统产品销量增大。由于受国家宏观调控的影响，各地医药市场均加大了整顿力度，新品推广阻力增大，但公司采取了加大市场渗透、扩大激励幅度等措施，保证了传统产品的销量。第二，新品开发稳步推进，GMP 管理水平进一步提升。公司始终坚持两个开发——市场开发、新品开发一起抓的原则，2012 年，公司成功获得 3 个生产批件，同时进行了包括新一代血滴净注射液等新品的生产工艺参数的摸索工作，为这些产品的生产做好了工艺技术准备。与此同时，公司还建立了 GMP 长效管理机制，组织全员进行相关文件的学习和考核，要求每一位员工从思想上高度重视，生产过程中严格执行。并且强化对进厂原料、出厂成品质量检验，加强生产现场的监控考核，确保整个生产过程处于受控状态，减少不必要的生产过程中的成本上升。

总结全年的工作，公司也看到目前存在的问题：国家宏观经济政策没有松动，企业经营风险上升，市场开发难度增大。总体来说，2012年，公司顺利度过了难关，解决了资金紧张的问题。但2013年，公司面临的形势将更加严峻，财务压力会更大，公司全体员工应该齐心协力，努力达成全年任务指标。

（三）了解被审计单位的性质

1. 公司的设立及历史沿革简要（略）
2. 公司的股权结构与组织机构图示（略）

（四）了解被审计单位的投资、筹资活动情况

经询问公司财务总监周斌获悉：在投资方面，由于宏观经济形势的影响，公司的产能闲置率高达三成，因此2013年公司暂无固定资产投资的计划，但公司在新品研发的投入将持续加大。在筹资方面，公司2012年度借入的流动资金贷款500万元将于2013年到期，但由于金额较小，还款压力不大，公司计划利用经营性现金流量增量来解决还贷的资金问题。

（五）被审计单位财务业绩的衡量和评价

1. 公司连续三年财务报表数据分析（见案例附件的比较资产负债表和比较利润表（见附表1、附表2）
2. 公司2012年财务业绩总体评价

受宏观经济形势不乐观及医药行业整顿的影响，公司销售压力较大，加上原材料价格持续上涨，可能导致营运资金周转紧张；公司下半年虽然面临着偿还贷款的压力，但由于金额较小，还款压力不大，客观不存在粉饰业绩的可能性，但为了降低税负，有可能会隐藏利润。

六、了解被审计单位内部控制

（一）企业的内部控制制度的建立及执行情况（见表3）

表3

主要内部控制制度	设计是否合理	是否在执行	执行效果如何
1. 财务管理制度	是	是	较好
2. 内部审计管理制度	是	是	较差
3. 人力资源管理制度	是	是	一般
4. 药品生产 GMP 文件管理规范	是	是	一般
5. 药品研发管理制度	是	是	一般
6. 药品销售管理制度	是	是	一般

内控制度建立及执行情况的总体评价：一般。

（二）了解内部控制过程中发现的问题

通过对公司有关人员的询问和了解，并对各项内控制度的执行情况进行穿行测试，发现公司在内控执行过程中存在以下问题：

1. 公司内部审计职能弱化

公司内审机构形同虚设，不能有效履行监督职能，导致各级管理部门内控工作不力。

2. 存货实物控制存在缺陷

公司没有规范的存货管理制度，也没有相应的存货盘点制度。只注重存货的购买环节控制，而忽视存货的仓储与保管、领用与报废环节控制，可能造成大量浪费。公司只注重产成品的盘点，而不注重原辅料的盘点，可能使原辅料数量经常出现差异，无法做到准确计算。

3. 采购环节控制不严

负责公司采购的人员往往权限很大，很多制度未严格执行。具体表现在：部分采购未按规定签订采购合同，采购规格与实际规格不匹配；催货不及时，不能及时满足生产所需；验收入库手续不全，如验收时库管员未在场，点数不准确，填写的验收单和入库单内容不完备，签字不全等。

4. 销售及返利政策的执行不到位

经了解，公司的销售返利政策比较多，包括销售进度返利、销售总量返利、销售回款返利等，但在执行时，基本都是以报销费用的形式兑现的，导致销售费用名目繁多，金额巨大，且财务部门无法将销售费用项目与销售返利政策准确对应，存在销售费用监督失控的风险。

七、确定重要性水平（见表4）

表4　　审计工作范围　　单位：万元

确定的重要性水平	本年金额	上年金额
确定基准：期末总资产	11 002.66	10 396.60
财务报表层次的重要性水平（PM = 0.5% ×基准）	55.01	51.98
认定层次的重要性水平（TE = 50% × PM）	27.51	25.99
审计差异归集界限（SAD = 3% × PM）	1.65	1.56

项目负责人选择理由说明：依据被审计单位的生产、经营特点，采用总资产法综合考虑公司的审计风险，公司报表层面总体重要性水平可初步评估为50万元。

质量控制复核人审核意见：对审计中发现的金额在1.5万元以上需要调整的会计事项，在征得被审计单位同意的前提下，能调整的尽量调整而不受50万元的影响，但是，未调整不符事项总和不能超过50万元。

八、风险评估结果

（一）审计风险的总体评估

通过上述对被审计单位及其环境的了解与对被审计单位基本财务状况的分析，被审计单位处于医药行业整顿的困难关口，原材料价格持续上涨，销售费用高企严重，应重点关注公司是如何解决资金周转困难的，同时公司面临着高税负的压力，极有可能有隐瞒销售收入和利润，规避税负的动机。因此将审计风险评估为“偏高”风险。

（二）确定的可能存在重大错报风险的领域

1. 评估的财务报表层次的重大错报风险

风险描述：

（1）面对医药行业整顿的困难时期，公司的销售收入较上年下降近10%，但利润仍与上年持平，原材料价格持续上涨，但毛利率却有增长，应重点关注销售收入的真实性和销售成本的完整性问题；

（2）制药行业的销售费用一般都高企，行业平均销售费用率接近20%，公司最近几年的销售费用率也在18%左右浮动，未见异常情况，但鉴于各种销售费用名目繁多，销售返利、回扣现象严重，仍将销售费用作为重点关注的领域；

（3）公司本年度虽然销售萎缩，但资金周转的压力得到了解决，且经营活动产生的现金流较上年出现增长，应将本年度的融资方式作为重点审计项目；

（4）本年度公司新药血滴净注射液2号进入重要研发阶段，又成功获得了3个生产批件，研发费用在管理费用中占比较大，因此将研发费用也作为重点审计项目。

确定的总体应对措施：

（1）核对公司的销售政策、核对重大客户的销售合同、交易记录，确保销售业务的真实性；

（2）复核公司产品成本归集与分配的准确性，实施存货发出计价和成本结转的测试，重新计算产品销售毛利；

（3）对重要的销售费用明细项目，逐项核实费用的真实性，尤其重点关注销售返利部分；

（4）重点关注银行账户的资金往来，查明经营活动现金流入的来源，是否存在票据融资、资金拆借的问题；

（5）根据公司关于研发费用的会计政策，判断研发费用的界定范围和资本化条件的合理性。

2. 评估的认定层次重大错报风险（见表5）

表5　　认定层次重大错报风险

序号	识别的重大错报风险描述	属于报表层次还是认定层次	是否特别风险	是否实质性程序无法应对的重大错报风险	受影响的交易类别、账户余额和列报认定
1	销售循环作为重要的风险领域，应重点关注应收账款的真实性及可收回性	认定层次	否	否	应收账款、坏账准备、资产减值损失及其列报
2	存货期末数金额较大，比年初数增幅较大。其中发出商品增幅明显，应重点关注	认定层次	否	否	原材料、库存商品、在产品、发出商品、存货跌价准备及其列报
3	应付票据期末数金额较大，比年初数增幅较大，应重点关注	认定层次	否	否	应付票据及其列报

续表

序号	识别的重大错报风险描述	属于报表层次还是认定层次	是否特别风险	是否实质性程序无法应对的重大错报风险	受影响的交易类别、账户余额和列报认定
4	销售循环作为重要的风险领域，应重点关注营业收入的确认及跨期截止测试	认定层次	否	否	营业收入及其列报
5	制造成本的归集与分配和营业成本的正确结转是制造业重点审计领域	认定层次	否	否	营业成本及其列报
6	销售费用本期发生数较大，名目繁多，且销售费用率很高，需重点审计	认定层次	否	否	销售费用及其列报

九、拟实施的进一步审计程序

（一）控制测试

根据对企业内控制度的了解和评价的结果，拟不实施控制测试。

（二）实质性程序

（1）对重点审计领域，以细节测试为主；对其他报表项目可采用分析性程序结合细节测试的方法。

（2）拟实施的重要审计程序：

①检查；

②函证；

③盘点；

④分析性复核；

⑤重新计算。

十、执行的重要实质性程序描述

注册会计师在实施了风险评估程序后，按照我国注册会计师执业准则对年度财务报表审计的要求，实施了进一步审计程序。根据风险评估结果确定的重点审计领域，采取相应的应对措施，配置了经验丰富的专业人员，实施了以细节测试为主的审计程序。通过实施审计工作，排除了注册会计师的大部分疑虑。但被审计单位2012年度财务报表列示的下列交易事项引起注册会计师特别关注：

（一）票据融资问题

会计事项：公司2012年应付票据贷方发生额3 800万元，且年末余额占负债总额比重较高。经查，上述票据主要系开给广西大安堂药业有限公司，但查阅公司的供应商档案信息资料，并未发现有该家公司，公司以往也从未与供应商之间采用银行承兑汇票的结算方式。

公司财务部负责人的解释：本年度，为了充分利用公司自身的商业信用，公司部分采购采用银行承兑汇票的方式与供应商结算。此外，随着公司经营规模的扩大和研发支出的增加，公司周转资金相对紧张，因此，2012年存在与供应商广西大安堂药业有限公司之间开具无真实交易背景的银行承兑汇票，然后通过银行贴现获得资金，以解决公司资金紧张的情形。

审计程序：

（1）了解公司开具无真实交易背景票据的流程：公司与供应商签订采购合同后，公司凭采购合同复印件，通过银行开具银行承兑汇票，并将银行承兑汇票支付给供应商；上述供应商收到银行承兑汇票后，持票据到银行申请贴现，并将贴现资金转到公司账上。

（2）了解票据的账务处理。公司2012年无真实贸易背景的票据发生额为3 800万元，收款人均为广西大安堂药业有限公司。查阅2012年度与票据相关的会计处理如下：

①支付银行承兑汇票据给广西大安堂药业有限公司时：

借：预付款项——广西大安堂药业有限公司

　　贷：应付票据

②银行承兑汇票贴现时（由公司承担票据贴现利息）：

借：财务费用

　　贷：银行存款

③贴现资金汇回时：

借：银行存款

　　贷：预收账款——广西大安堂药业有限公司

④2012年末，公司针对同归一人的债权债务进行对冲：

借：预收账款——广西大安堂药业有限公司

　　贷：预付账款——广西大安堂药业有限公司

⑤2013年2月，银行承兑汇票到期承兑时：

借：应付票据

　　贷：银行存款

（3）判断无真实交易票据对公司财务状况和经营成果的影响。

①该事项使公司2012年的资产和负债同时增加3 800万元；但银行存款增加了3 800万元，粉饰了现金流量表经营活动产生的现金净流量，掩盖了公司现金不足的事实。

②该事项使公司支付票据贴现利息94.64万元，导致2012年度财务费用增加94.64万元，净利润减少94.64万元。

（4）对公司经营面临的法律风险的考虑。公司虚构交易事项，不规范使用票据进行融资的行为，虽然票据到期后履行了票据付款义务，未造成任何经济纠纷和损失，不存在对相关银行承担赔偿责任的情形。但还是违反了《中华人民共和国票据法》（以下简称《票据法》）及相关票据制度的规定，针对上述事项，注册会计师拟在《管理建议书》中提出如下整改建议：

第一，深入学习《票据法》，提高员工依法开展票据业务的认识，进一步树立诚信经营的意识；第二，强化公司管理层的职责，加强公司的内部控制，严格票据业务的批准程序；第三，通过开展自查自纠活动，充分发挥审计部门的监督作用。

审计意见：公司的票据融资行为虽无真实的交易背景，鉴于该事项已既成事实，而且未造成任何经济纠纷和损失，但该行为依然给公司带来了经营和财务方面的风险，建议公司在财务报表附注中的“或有及重大事项”部分进行详细披露，以给报表使用人以充分的风险提示。

（二）研发费用资本化问题

会计事项：公司 2012 年管理费用中的研发费用发生额 650 万元，占管理费用比重较高。经抽查大额凭证，该研发费用包括材料费、工资、福利费、通讯费、折旧费、试验费等。

公司的解释：上述研发费用主要系公司新药血滴净注射液 2 号在研发过程中发生的研发人员的工资薪金及试验费用等，鉴于该新药尚处于 3 期临床试验阶段，公司本着谨慎性原则，予以全部费用化处理。

审计程序：

（1）查阅相关的政策法规。按照《企业会计准则——无形资产》的规定，企业内部研究开发项目开发阶段的支出，同时满足 5 个条件的，才能确认为无形资产。对于制药企业而言，研发费用资本化五大条件中最具有不确定性的是其中的第一项，即如何证明“完成该无形资产以使其能够使用或出售在技术上具有可行性”。按照准则应用指南中的解释，该条的具体含义是指“判断无形资产的开发在技术上是否具有可行性”，应当以目前阶段的成果为基础，并提供相关证据和材料，证明企业进行开发所需的技术条件等已经具备，不存在技术上的障碍或其他不确定性。

由于新药的上市都必须经过药监局的批准，而在提交申请文件之前通常无法证明其具有技术上的可行性，实务中在后期终止（放弃）研发项目的实例也不少见。因此一般应当以获得批文作为开始资本化的时点。

目前国内的医药企业在研发投入会计处理上，基本上以取得新药“临床试验批件”为分界点，临床前的相关投入作为研究阶段投入，进行费用化处理，计入当期损益；之后至取得“新药生产批件”看做开发阶段，但即使进入开发阶段，也只有在相关支出符合资本化条件时，才能进行资本化，否则一样做费用化处理。

（2）查阅公司的会计政策。开发支出主要是公司将符合资本化条件的开发阶段支出资本化。该公司划分研发项目研究阶段支出和开发阶段支出的具体标准为：研究阶段支出是指新药研发进入 3 期临床试验阶段前的所有支出；开发阶段支出是指新药研发进入 3 期临床试验阶段后的可直接归属的支出，进入 3 期临床试验以有关管理部门的批准文件为准。开发阶段支出满足资本化条件的予以资本化，不满足资本化条件的于发生时计入当期损益。

（3）查阅公司该项药品的相关记录。

①该新药于 2012 年 9 月开始进入 3 期临床试验阶段，公司认为鉴于该新药的特性，将成为未来几年新的利润增长点，于 2009 年 10 月通过公司研发中心的论证，确定该新药的开发在技术上具有可行性。

②公司专门设立了该新药的研发支出台账，详细记录每笔研发费用（包括材料领用、研发人员工资等），对于多个项目共同发生的费用，

按照研发人员的工时予以分摊，确保每个项目的成本可以准确的计量。

审计意见：按照公司会计政策的规定，开发支出资本化的时点以进入3期临床试验且取得相关管理部门的批准文件为准，该新药虽然从9月份开始进入3期临床试验阶段，但并未取得相关管理部门的批准文件，因此公司将2012年度新药的研发支出全部费用化的处理合理合规。

（三）发出商品不确认收入问题

会计事项：公司2012年末发出商品期末余额2 300万元，占年末资产总额比重高达20%。2012年12月31日，本事务所对公司的产成品进行了实地监盘，根据盘点资料显示，盘点日成品库中的产成品仅400余万元，另2 300万元的产成品并不在公司的成品库中，公司解释这2 300万元的产成品全部是发出商品。

公司解释：系公司为各经销商在2012年年底铺货而发出的产品，由于产品存放于第三方，给现场实物盘点造成难度。公司认为，发出商品是真实的，不会对公司的资产状况产生影响。公司将责成经营层采取积极有效的措施，尽快将发出商品转换成销售货款并及时回收，消除公司发出商品可能存在的风险。

审计程序：

（1）要求公司提供全部经销商档案资料，核对与经销商签订的销售合同、进销存系统、出库单、运单等资料，核实发出商品的发生额和余额情况，查阅该年度与部分重点经销商的对账记录；

（2）对发出商品的对应经销商进行函证，函证的内容包括本年度的应付账款发生额、商品采购的累计数量和金额以及开票金额等情况，重点是发出商品的数量和金额情况。回函的结果显示，经销商已经收到上述发出商品，经验收与合同约定的条款一致，且货款已付清，只是因未收到公司开具的增值税专用发票而只能做暂估入账的处理。

审计意见：审计调查结果显示，上述发出商品明显符合收入确认的条件，公司通过延期开票从而延期确认销售收入的目的是为了减轻本年度的税负。建议公司将上述发出商品确认销售收入并结转销售成本。

（四）关于销售费用

会计事项：公司2012年度的销售费用金额2 800余万元，占销售收入的比重高达18%。销售费用构成：工资及福利费900万元；会务费500万元；广告及宣传费200万元；销售提成费400万元；差旅费350万元；招待费400万元，其他费用50余万元。

公司解释：制药企业的销售费用都比较高，大都在收入的20%以上，这些销售费用大部分是用来支付销售返利和佣金的，只是药企变换另一种方式计入销售费用罢了，公司支付的佣金和销售返利，都是已经支付的实实在在发生的费用，因此在账务处理上不存在违规的情形。

审计程序：

（1）查阅公司的销售返利政策。根据公司与经销商签订的销售协议，公司现执行如下销售返利政策：

①销售进度返利政策：只要经销商在每个季度完成了当年度销售任务总量的25%，即可享受该项政策，进度返利按不同品种不同比例执行，比例区间为1%至5%，进度返利在下一季度的第一个月末兑现。

②年度总量返利政策：经销商在完成当年各自的年度销售任务总量之后，不论经销商规模大小，按统一标准享受返利，返利按不同品种不同比例执行，比例区间为1%至2%，年度返利在第二个销售年度的第一个月末兑现。

③及时回款返利政策：每批及时结清货款的经销商，按月享受当月回款总额0.5%的及时回款返利；连续6个月无应收账款的经销商，享受6个月回款总额1%的回款返利；全年无应收账款的经销商，除以

上两项之外，另外享受年度销售总量0.5%的回款返利，回款返利在回款考核期满的下一个月末兑现。

对于上述销售返利，可以采取支付现金、抵减货款、组织经销商参加会议、安排经销商观光旅游等方式予以兑现。

（2）销售费用的细节测试。审计人员选取了销售费用中金额较大的明细项目，如会务费、广告费、运输费、差旅费等，抽取发生额单笔金额在5万元以上的记账凭证，结合公司的销售和返利政策，逐笔核对后附的原始单据，对上述费用的真实性、合理性进行认定。经过抽查，销售费用中的会务费、广告宣传费等费用名目与3项返利政策相符，确系支付给经销商的销售返利，且全部凭合法票据入账。

但对于400万元的销售提成费，审计人员发现抽查的记账凭证后面均未附正式发票，仅附了销售返利结算表，该表根据每季度每人的销量和返利比例计算出了各人的销售返利金额，经与公司员工花名册比对，结算表里的人员并非公司的正式员工。针对上述情况，审计人员对公司财务部销售会计进行了详细的询问，了解到上述销售返利结算表里的个人都是个体药店的经营者，销售提成费就是支付给各个体药店的经营者的，由于个体药店不愿提供发票，也不愿去税务部门代开发票，公司为了扩大销量，不得不接受个体药店不愿提供发票的事实，但支付的销售返利是严格按照公司销售返利政策计算得出的，是真实发生的销售费用。

审计意见：对于上述支付给个体药店的销售返利，审计人员通过分析性复核、重新计算、函证等程序，认真核对了与个体药店之间的销售合同、出库单、发货单等销售记录资料，并向部分个体药店经营者进行了函证，均得到了肯定的回函，因此审计人员认定确系真实发生的销售费用。但由于上述费用均未取得正式发票，按照《企业所得税法》的规定，在计算企业所得税时，不允许在税前扣除，因此在申报企业所得税汇算清缴时应将400万元的销售提成费作纳税调增。

十一、财务报表审计调账处理情况及审计结论

（一）审计调整处理情况

项目组就审计过程中认定的重大审计调整事项与公司管理层进行了沟通并提出了调账建议，公司管理层接受了项目组的调账建议，对其2012年度财务报表进行了调整。

1. 审计调整事项

（1）将本年的发出商品2 300万元，确认销售收入并结转销售成本，经查阅相关销售合同和库存商品进销存明细账，上述发出商品不含税销售总价为3 600万元：

借：应收账款	42 120 000	
贷：主营业务收入		36 000 000
应交税费——应交增值税（销项税额）		6 120 000
借：主营业务成本	23 000 000	
贷：产成品		23 000 000

（2）调整当期所得税费用[（销售收入调增3 600万元－销售成本调减2 300万元＋未取得正式发票的销售返利400万元）×25%＝425万元]：

借：所得税费用——当期所得税	4 250 000	
贷：应交税费——应交所得税		4 250 000

2. 重大事项的披露

本年度公司为解决资金周转困难，向供应商广西大安堂药业有限公司开具了无真实交易背景的银行承兑汇票3 800万元，然后通过银行

贴现获得资金，并支付了94.64万元的贴现息。上述票据已于2013年2月偿还完毕。该事项违反了《票据法》的相关规定，也给公司带来了一定的经营和财务风险，今后公司将强化管理层的职责，严格杜绝此类事项的发生。

（二）审计结论

对审计发现的重大调整事项，公司已按项目组的建议进行了相应的账务调整。调账后的财务报表在所有重大事项方面按照企业会计准则的规定编制，公允反映了公司2012年12月31日的财务状况以及2012年度的经营成果和现金流量情况，拟出具标准无保留意见的审计报告。

十二、总结分析案例提示

做好风险评估底稿应把握的两个关键点：

（1）审计准则要求审计人员了解客户及其环境并评估重大错报风险，但是很多审计人员在实务中通过了解获取的信息往往非常零散，获取的信息目的非常盲目，执行结果可能导致获取大量的垃圾或重复信息，对于真正的风险评估并没有任何意义，仍然无法识别真正的重大错报风险及其发生概率及后果。

（2）风险评估要改变过去审计的机器人作业毛病。审计人员应是一个有判断力的思想者，在风险评估过程中要充分发挥审计人员的职业判断作用，而标准化的工作底稿扼杀了审计人员的天赋，使其沦落为机械工。审计人员搜集或分析的信息对于整体风险评估工作没有任何意义，也就是项目经理在作风险评估时根本不是依赖工作底稿，而是自己专业判断，这就导致工作底稿与专业判断的脱节，工作底稿完全流于形式，并不能从工作底稿上推出可能的高风险领域。

附表 1

海南恒星制药有限公司比较资产负债表

单位：人民币/万元

资产	2012.12.31	2011.12.31	2010.12.31	占年末资产总额(%)	本年较上年增减(%)	上年较前年增减(%)	负债和所有者权益	2012.12.31	2011.12.31	2010.12.31	占年末资产总额(%)	本年较上年增减(%)	上年较前年增减(%)
流动资产：							流动负债：						
货币资金	855.76	746.86	993.46	7.78	14.58	-24.82	短期借款	500.00	200.00	300.00	4.54	150.00	-33.33
交易性金融资产	—						交易性金融负债	—					
应收票据							应付票据	2 100.00	900.00	500.00	19.09	133.33	80.00
应收账款	1 255.38	1 867.24	1 134.55	11.41	-32.77	64.58	应付账款	1 488.05	1 612.37	1 154.56	13.52	-7.71	39.65
预付账款	422.32	756.12	983.12	3.84	-44.15	-23.09	预收款项	950.63	1 035.65	786.20	8.64	-8.21	31.73
应收利息	—						应付职工薪酬	120.94	97.48	84.38	1.10	24.07	15.53
应收股利	—						应交税费	268.35	246.43	276.21	2.44	8.90	-10.78
其他应收款	1 115.62	960.46	1 523.05	10.14	16.15	-36.94	应付利息	—					
存货	2 964.61	1 590.73	1 329.90	26.94	86.37	19.61	应付股利	—					
其中：消耗性生物资产	—						其他应付款	1 155.29	2 093.10	3 165.29	10.50	-44.80	-33.87
一年内到期的非流动资产	—						一年内到期的非流动负债	—					
其他流动资产	—	—					其他流动负债	—					
流动资产合计	6 613.69	5 921.41	5 964.08	60.11	11.69	-0.72	流动负债合计	6 583.26	6 185.03	6 266.64	59.83	6.44	-1.30
非流动资产：							非流动负债：						
可供出售金融资产	—						长期借款						
持有至到期投资	—						长期债券						

续表

资产	2012.12.31	2011.12.31	2010.12.31	占年末资产总额(%)	本年较上年增减(%)	上年较前年增减(%)	负债和所有者权益	2012.12.31	2011.12.31	2010.12.31	占年末资产总额(%)	本年较上年增减(%)	上年较前年增减(%)
长期应收款	—						长期应付款						
长期股权投资	450.00	450.00	450.00	4.09	0.00	0.00	专项应付款						
投资性房地产	—						预计负债						
固定资产	3 296.32	3 312.35	2 916.78	29.96	-0.48	13.56	递延所得税负债						
在建工程	—						其他非流动负债						
工程物资	—						非流动负债合计	—	—				
固定资产清理	—						负债合计	6 583.26	6 185.03	6 266.64	59.83	6.44	-1.30
生产性生物资产	—						所有者权益：						
公益性生物资产	—						实收资本	2 000.00	2 000.00	2 000.00	18.18	0.00	0.00
油气资产	—						资本公积						
无形资产	642.65	712.84	896.43	5.84	-9.85	-20.48	减：库存股						
开发支出	—						盈余公积	864.57	843.79	818.70	7.86	2.46	3.06
商誉	—						未分配利润	1 554.83	1 367.78	1 141.95	14.13	13.68	19.78
长期待摊费用	—						外币报表折算差额						
递延所得税资产							归属于母公司所有者权益	4 419.40	4 211.57	3 960.65	40.17	4.93	6.34
其他非流动资产	—						少数股东权益						
非流动资产合计	4 388.97	4 475.19	4 263.21	39.89	-1.93	4.97	所有者权益合计	4 419.40	4 211.57	3 960.65	40.17	4.93	6.34
资产总计	11 002.66	10 396.60	10 227.29	100.00	5.83	1.66	负债和所有者权益总计	11 002.66	10 396.60	10 227.29	100.00	5.83	1.66

附表 2　　海南恒星制药有限公司比较利润表　　单位：人民币/万元

项　目	2012 年度	2011 年度	2010 年度	本年占收入（%）	本年较上年增减（%）	上年较前年增减（%）
一、营业收入	15 676.28	17 298.26	12 537.74	100.00	-9.38	37.97
减：营业成本	10 240.16	12 103.84	8 564.28	65.32	-15.40	41.33
营业税金及附加	72.40	101.71	63.45	0.46	-28.82	60.30
销售费用	2 848.75	3 072.05	2 130.62	18.17	-7.27	44.19
管理费用	2 039.86	1 600.47	1 586.37	13.01	27.45	0.89
财务费用	160.95	73.61	89.32	1.03	118.65	-17.59
资产减值损失	-5.26	5.72	3.79	-0.03	-191.96	50.92
加：公允价值变动收益						
投资收益						
二、营业利润	319.42	340.86	99.91	2.04	-6.29	241.17
加：营业外收入	38.95	13.56	73.48	0.25	187.24	-81.55
减：营业外支出	81.26	19.86	27.16	0.52	309.16	-26.88
三、利润总额	277.11	334.56	146.23	1.77	-17.17	128.79
减：所得税费用	69.28	83.64	36.56	0.44	-17.17	128.79
四、净利润	207.83	250.92	109.67	1.33	-17.17	128.79

6 小企业审计初步业务活动案例

海南鸿源会计师事务所　黄泽斌

【摘要】 审计初步业务活动主要包括业务承接与保持及业务约定，是会计师事务所提供专业服务的起点。按照《中国注册会计师鉴证业务基本准则》的要求，会计师事务所在接受委托前，注册会计师应当初步了解业务环境，并在认为符合独立性和专业胜任能力等相关职业道德规范要求时，才进一步考察拟承接业务所具有的特征，决定将其作为鉴证业务或非鉴证予以承接或不承接，因此，初步业务活动的好与坏、粗与细关系到业务工作的成与败，对接下来的风险评估起到一个引子的作用。本人长期在小型会计师事务所执业，承担过一段时间的业务承接工作，深感初步业务活动的重要性和复杂性，尤其是初次接受委托时，在客户背景资料缺乏，时间又比较紧的情况下，做好初步业务评价工作是有一定难度的。在此，本人试以一个审计案例为例，对初步业务活动中的初次业务承接工作进行描述，以期与同行们交流，如有错漏，还望指正。

一、初次接触

2014年2月25日，本人接到某公司电话，约定下午3点到某地见面商谈公司审计业务事宜。本人如期赴约，寒暄过后，对方人员要求本人简单介绍本所的情况，并询问有关本所人员、业务特点、规模、办公地点、收费标准等信息。对方人员也简单介绍了公司情况：环球置业有限公司，成立于2011年11月11日，现在主要经营环球高尔夫球场，现拟购买会计师事务所审计服务，审计范围为自公司成立至2013年12月31日。最后对方人员提出公司如对本所有意向，会在第二天上午电话通知，详细情况再谈。

二、面谈提纲

本人在第二天上午接到环球公司电话，表明有意购买我们的服务，并约定可以与公司财务负责人联系面谈。为此，本人准备了初次面谈提纲。

面谈提纲

客户名称：环球公司　　　　索引号：

约谈时间：2014/2/27　　　　编制：李福生

约谈地点：环球公司办公室　　　　日期：2014/2/26

约谈对象：环球公司财务负责人李国辉

拟约谈事项：

1. 客户是否确定购买的是报表审计服务？

2. 客户是否确定需要我们出具的是审计报告？出具报告有无时间上的要求？

3. 审计报告的用途是什么？

4. 客户遵循企业会计准则还是企业会计制度？

5. 了解客户股东结构。

6. 了解股东背景。

7. 了解客户内部机构设置及相关高层管理人员。

8. 了解客户目前的经营情况及已计划的发展规划或战略安排。

9. 了解客户对外投资情况及分支机构情况。

10. 了解客户税项，包括主管税务机关，主要税种税率。

11. 了解法务和会计税务处理情况，包括是否聘请法律顾问、会计顾问、税务顾问或者虽未聘请顾问，但委托过法律、会计、税务等专业人员处理过某些专项事宜。

12. 了解有无诉讼，尤其是土地纠纷、债务偿付方面的纠纷或诉讼。

13. 了解客户对审计服务费用的支付意向。

14. 了解会计核算使用的财务软件种类和版本。

15. 索取审计范围内的财务报表。

三、记录初步了解信息

2014 年 2 月 27 日本人与李国辉经理在客户办公室见面，本人围绕面谈提纲向李国辉经理了解相关情况，并做了记录（该记录基于现场底稿与谈话记忆或理解整理而成）如下：

初步了解信息简录

客户名称：环球公司　　　　　　　　索引号：

编制：李福生　　　　　　　　　　　日期：2014/2/27

一、设立登记

环球公司于2011年11月11日在滨海市工商行政管理局登记注册，注册资本人民币8 000万元，王德厚为法定代表人，经营范围为体育项目的开发与经营、高尔夫球场及配套设施的建设与经营、租赁、餐饮等。

二、股东结构及股东情况

环球公司由两名自然人股东共同出资设立，其中王德厚出资人民币6 400万元，占80%；孙政通出资人民币1 600万元，占20%。

王德厚和孙政通均为河南人，甥舅关系。王德厚，公司总经理，法定代表人，约55岁，做工程起家。孙政通，公司副总经理，约28岁，是王德厚姐姐的儿子，大学计算机专业，毕业后一直跟着王德厚，未从事过与计算机相关专业的工作。

三、公司机构设置及关键人员

目前公司设置如下机构：营销部、采购部、财务部和办公室等四大部门，各项具体业务再由主管负责，部门经理权力比较大，其中财务部经理和营销部经理是在当地由熟人介绍聘请，采购部经理和办公室主任都是跟随王德厚老总多年的老部下。

四、经营情况及未来规划

环球公司成立后承租了绿山镇1 000亩坡地用于球场建设，2012年3月第一个球场动工，2013年5月完工，同年6月6日开张营业。2014年3月开工的第二个球场正在建设中，计划在年底或明年初向银行贷款。目前，公司收入主要有会员费收入、果岭费收入、教练费收入、球童费收入、球车球杆租赁收入、餐饮收入、旅业收入（客户）和小卖部销售收入。

公司目前没有对外投资，也没有设立分支机构。按照公司战略安排，可能会涉及高尔夫房产和体育文化观光产业，但实施时间尚未确定。

五、税项

环球公司主要税项有：营业税及附加（餐饮、旅业按服务业税目计缴5%，会员费收入、果岭费收入、教练费收入、球童费收入、球车球杆租赁收入按娱乐业计缴10%），企业所得税25%，土地使用税当地有优惠政策，其他税种视情况而定。

六、法务、会计、税务处理

环球公司2013年6月才开张营业，前期都是租地建设，王总是内行，没有聘请法律、会计、税务顾问。委托过正信律师事务所的王胜利律师审查过租地合同。公司没有已结或未结诉讼或纠纷。

七、购买服务意向

环球公司确定购买的是报表审计服务，审计报告主要用于年检和申报纳税，出具审计报告的最晚时间为2014年3月20日，审计费最高可接受当地行业标准收费的八折。

八、财务报表情况

环球公司执行企业会计准则，使用金蝶K3财务软件。已提供三年的财务报表。

四、本所情况评估

本人于2014年2月28日向本所主任会计师汇报与客户接触的情况，并提交了“初步了解信息简录”，对主任会计师的质询进行解答，提请主任会计师对本所独立性和专业胜任能力作出评估。经评估，本所根据目前的人力资源情况，确定一个拥有足够的具备必要素质和专业胜任能力的人员组建了项目组，并责成本人完成业务承接评价表，交所里分派业务合伙人，以尽快开展后续审计工作。

五、完成业务承接评价

根据以上情况，本人编制完成“业务承接评价书”如：

业务承接评价书

被审计单位：环球置业有限公司

项目：报表审计　　索引号：AA

财务报表截止日/期间：2011年、2012年、2013年

编制：李福生　　复核：胡立国

日期：2014/3/3　　日期：2014/3/3

1. 客户法定名称：环球置业有限公司

2. 客户地址：滨海市绿山镇环球高尔夫球场内

电话：68553388　　传真：68553399

电子信箱：hqzy@163.com　　网址：无

联系人：李国辉

3. 客户性质（国有/外商投资/民营/其他）：民营

4. 客户所属行业、业务性质与主要业务：客户属于娱乐业中的高尔夫球行业，业务性质属于服务业，主要业务有体育项目开发经营与管理、高尔夫球场及其配套设施的建设与经营管理。

5. 最初接触途径（详细说明）：

（1）本所职工引荐

（2）外部人员引荐

（3）其他（详细说明）客户根据省内事务所名单电话联系约谈

6. 客户要求我们提供审计服务的目的以及出具审计报告的日期：

（1）审计目的：用于工商年检和纳税申报

（2）出具报告日期：2014 年 3 月 20 日

7. 治理层及管理层关键人员（姓名与职位）

姓名	职位
王德厚	股东、总经理
孙政通	股东、副总经理
李作强	营销部经理
黄中润	采购部经理

8. 主要财务人员（姓名与职位）：

姓名	职位
李国辉	财务部经理
刘国强	副经理
艾小婧	主办会计

9. 直接控股母公司、间接控股母公司、最终控股母公司的名称、地址、相互关系、主营业务及持股比例：

不存在直接控股母公司、间接控股母公司及最终控股母公司的情形

10. 子公司的名称、地址、相互关系、主营业务及持持股比例：

不存在子公司的情形

11. 合营企业的名称、地址、相互关系、主营业务及持股比例：

不存在合营公司的情形

12. 联营企业的名称、地址、相互关系、主营业务及持股比例：

不存在联营公司的情形

13. 分公司名称、地址、相互关系、主营业务：

不存在分公司的情形

14. 客户主管税务机关：

滨海市长安区地方税务局

15. 客户法律顾问或委托律师（机构、经办人、联系方式）：

未聘请法律顾问，但经常委托正信律师事务所的王胜利律师办理租地合同审查，王胜利联系电话 13308613168

16. 客户常年会计顾问（机构、经办人、联系方式）：

未聘请常年会计顾问

17. 前任注册会计师（机构、经办人、联系方式），变更会计师事务所的原因，以及最近三年变更会计师事务所的频率：

客户第一次委托会计师事务所提供审计服务，不存在前任注册会计师及变更会计师事务所的情形

18. 根据对客户及其环境的了解，记录下列事项：

客户诚信：______

信息来源：______

- 互联网上查询

- 与企业接触中对企业相关情况的了解

考虑因素：

- 客户主要股东、关键管理人员、关联方及治理层的身份和商业信誉

股东王德厚和孙政通均为国内居民，河南省开封市人，甥舅关系，孙政通是王德厚姐姐的儿子。李作强，男，广东省高州人，大学毕业后长期在高尔夫企业从事营销工作，公司成立后经人介绍入职，据说能力较强，现担任营销部经理。黄中润，男，河南人，工作以来一直跟着王德厚，王比较信任，现担任采购部经理。李国辉，男，滨海市人，非执业注册会计师，现任财务部经理。我们未发现以上人员有负面的涉及商业信誉的新闻或报道

- 客户的经营性质

客户属民营企业，从股东结构来看，可视同家族企业，王德厚处于强势地位

- 客户主要股东、关键管理人员及治理层对内部控制环境和会计准则等的态度

经与李国辉经理了解，王德厚非常重视财务规范，虽对内部控制及会计准则等不太懂，但对李国辉主管的财务部门给予比较高的信任，可以说治理层的态度是正面的

- 客户是否过分考虑会计师事务所的收费维持在尽可能低的水平

客户不一味寻求收费低的审计服务，从其约谈选定事务所的方式来看，客户更重视服务能力与收费的平衡

- 工作范围受到不适当限制的迹象

工作范围未受到限制

- 变更会计师事务所的原因

是第一次购买审计服务，客户成立时聘请的验资机构是由代理

公司选定，没有实质性的接触，不存在变更事务所的情形。

● 关键管理人员是否更换频繁

据了解，关键管理人员自客户成立至今未发生变动。

高风险点提示：财务负责人变动应引起特别警觉！从财务工作的特殊地位看，舞弊导致的错报风险会给财务负责人以极大的心理压力，财务人员往往选择“逃跑”。而业务副总或关键技术人员的变动则应引起对经营风险的关注，离职原因往往与经营思路或技术选用的分歧有关

经营风险：

信息来源：

● 国家或地区产业政策

● 互联网上查询

● 与企业接触中对企业相关情况的了解

考虑因素：

● 行业内类似企业的经营业绩

滨海市鼓励高尔夫产业的发展，在滨海市已正常营业的高尔夫球场共有9家，按照该市的产业规划，尚未达到饱和状态。因高尔夫球场每个场地均依地形地势而建，各具风格，消费者虽有一定风格偏好，但高尔夫球对新环境的挑战特性往往会抹平个人偏好，每个球场的消费出现一定的均衡性，并且高尔夫球消费价格比较透明，虽有差异但不大，因此，行业内类似企业的经营业绩比较均衡。环球公司球场属新建球场，设计理念比较新颖，吸引不少老球手前来尝鲜，收入较其他球场略高。

● 法律环境

没有特别的行业准入法律法规，法律环境比较宽松。出现因法

律环境变化导致经营发生重大变化的可能性较小。

- 监管环境

  没有特别的监管规定。

- 受国家宏观调控政策的影响程度

  受国家宏观调控政策的影响程度较小。

- 是否涉及重大法律诉讼或调查

  客户不存在重大法律诉讼或调查。

- 是否计划或有可能进行合并或处置资产

  客户尚未计划或有可能进行合并或处置资产。

- 客户是否依赖主要客户（来自该客户的收入占全部收入的大部分）或主要供应商（来自该供应商的采购占全部采购的大部分）

  没有。

- 管理层是否倾向于异常或冒不必要的风险

  没有迹象表明管理层倾向于异常或冒不必要的风险。

- 关键管理人员的薪酬是否基于客户的经营状况确定

  关键管理人员的薪酬基本上属于固定年金制。

- 管理层是否在达到财务目标或降低所得税方面承受不恰当的压力

  客户没有给管理层确定与此类似的目标。

财务状况：

信息来源：

- 近三年财务报表。

考虑因素：

- 现金流量或营运资金是否能够满足经营、债务偿付以及分发股利的需要

  现金流量基本满足经营、债务偿付的需要。

- 是否存在对发行新债务和权益的重大需求

  不存在此类需求。

- 贷款是否延期未清偿，或存在违反贷款协议条款的情况

  客户尚未向金融机构或其他非金融机构融资贷款。

- 最近几年销售、毛利率或收入是否存在恶化的趋势

  客户开张半年，尚未形成相关指标的趋势。

- 是否涉及重大关联交易

  客户未涉及重大关联交易。

- 是否存在复杂的会计处理问题

  客户目前的经济事项或交易均不属于比较复杂的交易事项，不存在复杂的会计处理问题。

- 客户融资后，其财务比率是否恰好达到发行新债务或权益的最低要求

  客户不存在此类事项。

- 是否使用衍生金融工具

  客户款使用衍生金融工具。

- 是否经常在年末或临近年末发生重大异常交易

  未发生在年末或临近年末发生重大异常交易的情形。

- 是否对持续经营能力产生怀疑

  不怀疑客户持续经营能力。

  客户的风险级别（高/中/低）：低

19. 根据本所目前的情况，考虑下列事项：

项目组的时间和资源：

考虑因素：

- 根据本所目前的人力资源情况，是否拥有足够的具有必要素质和

专业胜任能力的人员组建项目组

本所由关飞（注册会计师、注册税务师）及两名助理曹流、南宫飞燕组成审计小组，具备必要素质和专业胜任能力。

- 是否能够在提交报告的最后期限内完成业务

能。

项目组的专业胜任能力：

考虑因素：

- 初步确定的项目组关键人员是否熟悉相关行业或业务对象

关飞、曹流和南宫飞燕虽然第一次接触高尔夫球行业，但从事过餐饮和旅店业的审计工作，也对会员费收入这类带折扣和预存消费款的会计处理比较熟悉。

- 初步确定的项目组关键人员是否具有执行类似业务的经验，或是否具备有效获取必要技能和知识的能力

关飞具备注册会计师与注册税务师资格，熟悉税收政策，具备获取必要技能和知识的能力。

在需要时，是否能够得到专家的帮助

- 在需要帮助时，李福生可以提供咨询和帮助。
- 如果需要项目质量控制复核，是否具备符合标准和资格要求的项目质量控制复核人员

本所拥有具备符合标准和资格要求的项目质量控制复核人员执行项目质量控制复核。

独立性：

经济利益

考虑因素：

本所或项目组成员是否存在经济利益对独立性的损害

- 与客户存在专业服务收费以外的直接经济利益或重大的间接经济利益

不存在专业服务收费以外的直接经济利益或重大的间接经济利益。

- 过分依赖向客户收取的全部费用

本所审计年收入在600万元左右，该客户收费只有6万元，约占1%，不存在过分依赖向客户收取的全部费用的情况。

- 与客户存在密切的经营关系

不存在。

- 过分担心可能失去业务

目前本所审计客户众多，且服务优良，社会信誉较高，不担心可能失去业务。

- 可能与客户发生雇用关系

本项目组成员均不在客户公司任职，在可预见的未来也不会在客户公司任职。

- 存在与该项审计业务有关的或有收费

不存在或有收费。

自我评价

考虑因素：

本所或项目组成员是否存在自我评价对独立性的损害：

- 项目组成员曾是客户的董事、经理、其他关键管理人员或能够对本业务产生直接重大影响的员工

项目组成员不存在这种情况。

- 为客户提供直接影响财务报表的其他服务

本所及项目组成员第一次接触客户，未为客户提供过直接影响

财务报表的其他服务。

- 为客户编制用于生成财务报表的原始资料或其他记录

本所及项目组成员没有为客户编制用于生成财务报表的原始资料或其他记录。

关联关系

考虑因素：

本所或项目组成员是否存在关联关系对独立性的损害：

- 与项目组成员关系密切的家庭成员是客户的董事、经理、其他关键管理人员或能够对本业务产生直接重大影响的员工

不存在。

- 客户的董事、经理、其他关键管理人员或能够对本业务产生直接重大影响的员工是本所的前高级管理人员

不存在。

- 本所的高级管理人员或签字注册会计师与客户长期交往

不存在。

- 接受客户或其董事、经理、其他关键管理人员或能够对本业务产生直接重大影响的员工的贵重礼品或超出社会礼仪的款待

不存在。

外界压力

考虑因素：

- 本所或项目组成员是否存在外界压力对独立性的损害：
- 在重大会计、审计等问题上与客户存在意见分歧而受到解聘威胁

不存在。

- 受到有关单位或个人不恰当的干预

不存在。

- 受到客户降低收费的压力而不恰当地缩小工作范围

  不存在。

预计收取的费用及可回收比率

预计审计收费：6 万元

预计成本（计算过程）：

可回收比率：全额收回。

20. 其他方面的意见：

无其他方面的意见。

项目负责合伙人：

基于上述方面，我们 接受 （接受或不接受）此项业务。

签名： 李福生　　　　日期： 2014/3/3

风险管理负责人（必要时）：

基于以上方面，我们 接受（接受或不接受）此项业务。

签名： 石佛　　　　日期： 2014/3/3

最终结论：

经过我们初步了解业务环境和评估本所及项目组的独立性和专业胜任能力，我们认为环球公司的审计业务具备作为鉴证业务的所有特征，我们同意将其作为鉴证业务予以承接。

签名：胡立国　日期：2014/3/3

7 软件企业审计案例

大华会计师事务所（特殊普通合伙）海南分所　李恒芳

【摘要】 本案例旨在说明如何运用风险导向审计方法，在了解被审计单位及其环境的基础上，评估财务报表重大错报风险，根据风险评估结果设计应对程序，科学配置审计资源，提高审计效率与效果。

本案例仅仅是示例，为便于理解，对很多内容进行了简化处理，并不能代表注册会计师遇到的所有情形和在审计业务中需要考虑的所有事项。

一、企业的主营业务

金江股份有限公司（以下简称“金江公司”或“公司”）是1999年设立的软件企业，公司主要从事信息技术及计算机软硬件的开发销售；集成咨询、服务；测绘工程、地理信息系统开发遥感数据处理及系统开发；GPS系统集成开发。

公司专注于数字城市的空间信息平台开发和销售，在数字地名、应急管理、数字管线、实时交通信息服务等细分应用领域已经形成领先优势。

空间信息平台是指对相关对象的空间地理分布有关的信息进行采集、存储、管理、分析、显示与应用的软硬件系统。数字城市是空间信息技术重要的应用领域，是利用空间信息平台整合城市数据资源，面向政府、企业及公众的相关应用服务。空间信息平台包括平台构建、支撑环境集成、数据整合服务三项内容，三者之间的关系是相互支撑，紧密关联，均是数字城市建设的基础。其中平台开发是指针对数字城市的空间信息和应用需求进行研究、开发相关软件产品，是空间信息平台建设的核心；支撑环境集成是指针对软件平台的特点和要求，结合客户具体应用和个性化需求，配备相应的计算机、网络、安全等产品，建立运行的硬件环境，并做一定的配套二次开发，为用户提供软硬件一体化的解决方案；数据整合服务是指针对空间信息平台所需的空间信息进行的采集、更新、优化、升级等方面的服务。

软件平台作为空间信息平台的核心，包括两个层次：一是 GIS 基础平台软件，是构建空间信息平台的重要基础，为应用平台提供了二次开发基础性支撑功能，这类基础性平台包括发行人自主研发的 KingMap，也包括国外 ESRI 公司的 ArcGIS 等。二是应用平台软件，它针对不同的行业，在 GIS 基础平台软件基础上，针对行业和客户的需求，开发出具备特定功能的软件。公司的应用平台软件在数字地名、应急管理、数字管线、实时交通信息服务具有竞争优势。

平台开发转让为公司的核心业务，是公司利润的主要来源。公司平台开发转让业务主要有两种模式：第一种是应用 KingMap 平台加自主开发应用平台软件；第二种是外购 ArcGIS 加自主开发应用平台软件。

软件平台的支撑环境包括硬件、软件、通信网络、安全以及各种智能终端等系统集成，发行人根据客户的需求，应用多种计算机网络相关技术，选择具有各自功能的软硬件设备，经过集成设计、安装调试等工作使系统能够满足用户对实际工作的要求。

二、软件行业的特征

（一）行业基本特征

1. 技术链条长

空间信息平台相关技术是软件平台、支撑环境、数据三方面构成的技术体系，除了地理信息系统、全球卫星导航系统和遥感技术，还涉及通信网络、高性能计算、数据库、虚拟现实、传感器网络、智能终端、信息安全等领域的技术，涉及的技术环节多，技术链条长。

随着新技术的不断涌现，行业内企业在技术链条上的广度和深度，决定了企业能否在市场竞争中取得技术优势。

2. 应用范围广

空间信息平台可以广泛应用于数字城市建设的各个领域，形成各种应用。如数字地名、数字管线、专业应急、警用地理信息系统、交通物流信息系统等，都是专供某个政府部门或企事业单位使用的专用平台、信息共享交换平台、综合应急、城乡统筹、两化融合以及面向公众的实时交通信息服务、公众地图搜索服务、移动终端位置服务等，都是跨部门协同使用或是公共服务性质的综合服务平台。

（二）行业发展状况

1. 行业发展历程

从数字城市的发展历程来看，大致可分为三个阶段。第一阶段是“数字化”阶段，它以信息基础设施建设为基础，致力于建立数字城市的“空间基础数据”，是数字城市的起步阶段；第二阶段是“信息化”阶段，这个阶段以电子政务内部应用建设为主，是数字城市的发展期；

第三阶段也就是“共享化”阶段，2007 年后，数字城市走向新的阶段，该阶段以共建网络共享资源为特征，以知识管理、智能决策和新兴技术作为支撑，这个阶段也具备了“智能化”的特征。

2. 行业发展趋势

（1）建设速度将持续快速增长。目前，国家推进的城镇化，对数字城市的建设具有巨大的推动作用，数字城市已在我国成为星火燎原之势：一是随着城市规模越来越大，城市的综合管理越来越丰富，对于数字地名、应急管理、数字管线、实时交通信息服务等领域的信息化管理需求日益增加；二是以企业内迁、人才回流为标志的二线、三线城市城镇化步伐明显加快，二线、三线城市的数字城市建设存在极大的潜力。

《中共中央关于制定“十二五”规划的建议》指出要加强重要信息系统建设，强化地理等基础信息资源开发利用。可以预见，数字城市空间信息平台建设将迎来高速成长期。

（2）应用领域多元化发展。随着基础空间数据的不断完善和空间信息处理技术的发展，空间信息平台的应用领域日益多元化。从传统的地名、国土、规划等扩展到环保、园林、农业、港口等领域。同一领域的应用范围也不断延伸，如城市应急管理领域可服务于国民经济动员、人民防空、防汛抗旱、公共安全、维稳反恐等。

应用领域多元化大大丰富了空间信息平台在数字城市领域的应用，也有利于优势企业利用产品共性技术，实现价值上的“衍伸扩展”和业务拓展。

（3）从政府驱动向企业和公众需求驱动转化。目前，由于投资大、周期长、见效慢，我国数字城市中空间信息平台的建设仍然以政府为主导，政府部门及事业单位是最主要客户。随着空间信息技术的发展和城市信息化水平的提高，在空间信息平台上针对企业及公众的应用开发日渐增多，空间信息平台开发企业的经营模式也逐步由开发政府项目转为向政府、企业及公众提供付费服务。可以预见，随着城市空间信息数据的不断完善和不同空间信息平台应用领域的日益扩大，在未来一段时间内，将给空间信息平台开发企业带来巨大的市场空间和机遇。

三、软件行业会计核算难点

软件开发企业收入采用“销售商品模式”确认收入还是“建造合同模式”确认收入一直是个难点。一般而言，如果以销售硬件或一般不需要专门开发的通用型软件为主，可以考虑根据《企业会计准则第 14 号——收入》，按销售商品模式确认收入；如果以软件为主，且需要针对每个客户进行开发，可以考虑根据《企业会计准则第 15 号——建造合同》，采用建造合同模式确认收入。实务中应从下面几个因素考虑：

（1）合同中所约定的软件和硬件结合的紧密程度。如果软件和硬件结合紧密，集成和调试不需要重大的工作量和成本，外购的通用设备主要是为了系统配套，采用销售商品模式更符合会计准则。

（2）合同履行结果中软件、硬件两部分的互相影响程度。例如，如果硬件部分已经先行交货，并且硬件平台搭建完成，但后续软件实施过程中出现问题，是否会影响到已确认的硬件收入，对方是否可能要求退货等？如果软件、硬件两部分的互相影响程度比较高，采用建造合同方式比较合适。

（3）硬件是否主要为通用设备，软件是否需在公司现有软件产品的基础上作出大量的定制修改（二次开发）以符合客户的具体要求？如果需要软件作出大量的定制修改（二次开发）才能符合客户的具体要求，应考虑采用建造合同。

四、重要法律、法规依据

（一）主要会计准则的运用

《企业会计准则第 14 号——收入》。

（二）主要审计准则的运用

《中国注册会计师审计准则第 1121 号——对财务报表审计实施的质量控制》；

《中国注册会计师审计准则第 1141 号——财务报表审计与对舞弊相关的责任》；

《中国注册会计师审计准则第 1211 号——通过了解被审计单位及其环境识别和评估重大错报风险》；

《中国注册会计师审计准则第 1231 号——针对评估的重大错报风险采取的应对措施》；

《中国注册会计师审计准则第 1301 号——审计证据》。

（三）行业新法规

国务院《关于加快培育和发展战略性新兴产业的决定》（国发［2010］32 号）；国务院《关于印发进一步鼓励软件产业和集成电路产业发展若干政策的通知》（国发［2011］4 号）；住房和城乡建设部《关于进一步加强城市地下管线保护工作的通知》（建质［2010］126 号）；《关于进一步推进首都交通科学发展　加大力度缓解交通拥堵工作的意见》（京政发［2010］42 号）。

（四）相关税收政策

企业所得税优惠方面：根据《中华人民共和国企业所得税法》（主席令第63号），以及科技部、财政部、国家税务总局下发的《关于印发〈高新技术企业认定管理办法〉的通知》（国科发火［2008］172号）的规定，国家需要重点扶持的高新技术企业，减按15%的税率征收企业所得税。公司于2008年9月被认定为高新技术企业，已通过复审，已取得《高新技术企业证书》，国科火字［2011］123号文规定："高新技术企业资格有效期开始时间按复审公示时间算起。"根据上述规定，在高新技术企业批准证书有效期内，公司企业所得税税率为15%。

根据《中华人民共和国企业所得税法》第二十七条第四款及《中华人民共和国企业所得税法实施条例》第九十条、《国家税务总局关于技术转让所得减免企业所得税有关问题的通知》（国税函［2009］212号）的规定，一个纳税年度内居民企业转让技术所得不超过500万元的部分免征企业所得税，超过500万元的部分减半征收企业所得税。

营业税优惠方面：根据财政部和国家税务总局关于贯彻落实《中共中央国务院关于加强技术创新发展高科技实现产业化决定》（财税字［1999］273号）有关税收问题文件规定，该公司及子公司从事技术转让、技术开发业务和与之相关的技术咨询、技术开发服务业务取得的收入，免征营业税。

五、执行的风险评估程序

基于中小企业会计核算的特点，注册会计师审计的成本效益原则，中小企业审计中实施的风险评估程序，没有必要亦不可能照搬对上市公司或国有大中型企业审计中执行的复杂的风险评估程序。本案将在风险导向审计的理念下，就如何对中小企业实施风险评估程序方面做一些初步的探讨与尝试。以审计计划为主线，将风险评估要素贯穿其中。

六、金江股份有限公司2013年度年报审计计划

（一）公司基本情况

金江股份有限公司（以下简称“企业”或“被审计单位”）于1999年11月2日在江苏省东方市工商行政管理局登记注册，并取得《企业法人营业执照》。公司注册资本：人民币5 000万元

法定代表人：王云飞。

企业类型：股份有限公司。

公司住所：东方市河西区凤翔路20号。

经营范围：信息技术及计算机软硬件的开发销售；集成咨询、服务；测绘工程、地理信息系统开发遥感数据处理及系统开发；GPS系统集成开发、办公自动化系统集成开发、计算机制图及平面设计；文档资料数字化加工；批发零售计算机硬件、办公设备；经营本企业自产产品及技术的出口业务和本企业所需的机械设备、零配件、原辅材料及技术的进口业务，但国家限定公司经营或禁止进出口的商品及技术除外（以上经营范围涉及许可经营项目的，应在取得有关部门的许可后方可经营）。

（二）审计工作范围（见表1）

表1　审计工作范围

审计范围	具体内容
适用的财务报告准则或制度	财政部2006年颁布的《企业会计准则》及其应用指南及企业会计准则解释1—5号

续表

审计范围	具体内容
适用的审计准则	《中国注册会计师执业准则》(2010)
与财务报告相关的行业特别规定	软件行业法规、相关税收法规
需审计的组成部分的数量	该股份有限公司下设2家子公司
需要阅读的含有已审计财务报表的文件中的其他信息	无
制定审计计划时需考虑的其他事项	纳入审计范围的子公司均需单独出具报告
审计报告的用途	提交有关部门

(三) 项目组人员安排

审计项目组共6人，均保持独立性。

(四) 审计业务的时间安排（见表2）

表2

执行审计阶段	时间安排
计划审计阶段	2014年1月20日—2014年1月23日
审计实施阶段	2014年1月24日—2014年2月15日
审计完成阶段	2014年2月16日—2014年2月26日

(五) 审计报告的目的和用途

审计目的：对财务报表在所有重大项目方面是否按照企业会计准则的规定编制，是否公允反映了公司2013年12月31日的财务状况以及2013年度的经营成果和现金流量发表意见。审计用途：工商年检。

(六) 了解被审计单位及其环境

1. 行业状况、法律环境和监管环境及其他外部因素

（参照软件行业的特征）

2. 被审计单位的经营及财务风险

（1）基本情况。作为服务于数字城市领域的空间信息平台开发企业，发行人业务包括平台开发转让、支撑环境集成和数据整合服务三个部分，三者之间相互支撑，紧密关联，是数字城市建设的基础，其效能通过平台开发转让的方式表现出来，这三个部分构成发行人营业收入的主要部分。

（2）经营风险——依赖政府采购。公司主要为数字城市领域提供空间信息平台，目前在公司取得领先的数字城市细分领域包括数字地名、应急管理、数字管线、实时交通信息服务等，销售客户包括政府机构、事业单位、企业、总承包客户，其中事业单位作为政府职能部门的补充，总承包客户为政府选定的采购商，或政府选定的总承包商，均与政府存在一定的联系，因此可以统一纳入政府类客户。近两年公司政府类客户个数占比为 59.52% 和 78.64%；向政府类客户销售收入比例分别为 53.13% 和 51.10%；具有承担政府公共事业性质的大型国有企业也是公司的客户群。从公司的客户情况看，公司销售收入主要来源于政府采购。若受宏观经济形势等因素影响，政府和行业主管部门推迟或减少对空间信息平台的投入，将会对公司的经营产生重大影响。

（3）财务风险——业绩不均衡。该公司作为数字城市领域的空间信息平台提供商，产品的最终用户主要为各级政府及相关职能部门，这些用户通常采取预算管理和产品集中采购制度，一般下半年制订次年年度预算和投资计划，立项通常集中在次年上半年，采购招标一般安排在次年的年中或下半年，而公司费用在年度内较为均衡地发生，因此导致公司主营业务收入较为集中于下半年实现。2012 年至 2013 年，公司上半年实现的主营业务收入占当年主营业务收入的比重分别为 34.89% 和 35.94%，而下半年实现的主营业务收入达到当年主营业务收入的 65.11% 和 64.06%。其中，第四季度实现的主营业务收入占当年主营业务收入的比例分别为43.45%和39.47%。因此，公司的主营业务收入呈现较明显的季节性分布，公司主营业务收入季节性波动比较明显，故投资者不能简单地以公司某季度或中期的财务数据来推算公司全年的经营成果和财务状况。

（4）应收账款发生坏账的风险。报告期末，该公司的应收账款净额分别为2 397万元和3 283万元，占同期总资产的比例分别为14.91%和15.81%。截至2013年12月31日，公司1年以内的应收账款净额占应收账款净额比例为77.96%；1—2年的应收账款净额占应收账款净额比例为18.83%，2年以内的应收账款净额合计占应收账款净额的比例为96.79%。随着公司业务规模的扩张，应收账款余额的增长较快，虽然历年来公司的主要债务人是政府机关、事业单位和大型企业，信用状况良好，但随着公司客户的日益多元化以及数字城市市场竞争程度的加剧，若应收账款催收不利或因客户资信和经营状况恶化导致款项不能按合同及时收回，则可能给公司带来坏账的风险。

七、了解被审计单位内部控制

（一）企业的内部控制制度的建立情况（见表3）

表3　被审计单位制定了部分企业制度

主要内部控制制度	是否在执行	执行效果如何
1. 财务管理制度	是	尚可
2. 人力资源管理制度	是	较好
3. 开发项目管理制度	是	一般
总体评价：一般		

（二）企业内部控制制度的执行情况

通过与被审计单位有关人员沟通，查阅企业相关管理制度，我们认为：由于被审计单位内部控制过于简化，不存在太多能够识别的控制，实施实质性程序能够提供认定层次充分、适当的审计证据，所以我们决定不实施控制测试程序。

八、确定重要性水平（见表4）

表4　重要性水平　单位：万元

重要性水平基准	未审数	比率	数额
资产总额	20 763.86	0.5%	103.81
营业收入	15 637.95	0.5% ×0.7	54.73

从谨慎角度考虑，选择各项基准中的最小值，确定该项目计划的重要性水平为78.18万元；实际执行的重要性水平按计划的重要性水平的70%计算，确定为54.73万元。

九、风险评估结果

（一）审计风险的总体评估

通过上述对被审计单位及其环境的了解与对被审计单位基本财务状况的分析，被审计单位正处于业务发展时期，准备在两年后进军资本市场，结合审计目的，应当重点关注企业是否存在对收入和利润进行粉饰的情形，审计风险评估为“中”。

（二）确定可能存在重大错报风险的领域（见表5、表6）

表5 资产负债表主要科目分析 单位：元

项目	2013年12月31日	2012年12月31日	增长额	增长比例（%）
货币资金	64 439 170.72	67 061 697.50	-2 622 526.78	-3.91
应收账款	32 839 433.08	23 970 389.11	8 869 043.97	37.00
预付款项	17 684 659.21	18 062 366.13	-377 706.92	-2.09
其他应收款	9 446 428.88	8 987 395.16	459 033.72	5.11
存货	3 487 144.94	3 555 973.95	-68 829.01	-1.94
长期股权投资	10 000 000.00	10 000 000.00	0.00	0.00
投资性房地产	24 803 137.24	29 041 330.03	-4 238 192.79	-14.59
固定资产	8 327 225.45	6 603 812.16	1 723 413.29	26.10
递延所得税资产	1 995 016.52	1 628 444.89	366 571.63	22.51
资产总计	207 638 688.61	160 695 861.89	46 942 826.72	29.21
短期借款	3 500 000.00	4 000 000.00	-500 000.00	-12.50
应付账款	2 987 565.89	3 011 293.52	-23 727.63	-0.79
预收款项	2 230 860.96	2 921 632.87	-690 771.91	-23.64
应付职工薪酬	1 297 950.69	1 268 950.69	29 000.00	2.29
应交税费	2 750 846.87	3 464 922.63	-714 075.76	-20.61
其他应付款	2 110 182.87	1 734 679.30	375 503.57	21.65
长期借款	10 000 000.00	12 500 000.00	-2 500 000.00	-20.00
负债合计	47 507 407.28	43 063 957.32	4 443 449.96	10.32

表6 利润表主要科目分析 单位：元

项目	2013年度	2012年度	增长额	增长比例（%）
营业收入	156 379 470.76	111 723 830.26	44 655 640.50	39.97
减：营业成本	81 142 660.33	62 753 312.23	18 389 348.10	29.30
营业税金及附加	619 511.53	532 601.78	86 909.75	16.32
销售费用	4 773 676.76	4 277 246.46	496 430.30	11.61
管理费用	13 656 299.84	11 612 904.47	2 043 395.37	17.60
财务费用	1 632 386.80	1 705 052.03	-72 665.23	-4.26

确认可能存在重大错报风险的领域：应收账款和营业收入比上年增长比例超过30%，是重点审计科目。

注：货币资金、预付账款、存货、其他应收款、固定资产、应付

账款、应付职工薪酬、应交税费为会计报表的重要组成部分，同时也存在错报风险，亦为实质性程序重点审计项目，为方便本案例举例，本文不做展开。

十、拟实施的进一步审计程序

（1）对重点审计领域，以细节测试为主；对其他报表项目可采用分析程序结合细节测试的方法。

（2）拟实施的重要审计程序：

①检查；

②函证；

③现场勘查；

④盘点；

⑤重新计算。

十一、进一步实质性程序实施结果

（一）应收账款

（1）项目组获取了应收账款明细表，并与总账、明细账和报表数核对相符。2013 年末应收账款净额 3 283 万元，比 2012 年末增长 37%，主要原因是一方面公司 2013 年业务发展迅速，营业收入大幅提高，另外一方面公司在维护已有客户关系的基础上，加大了应收账款的回收力度且回收情况良好。

（2）项目组选取发生额 50 万元以上的样本，检查核对销售合同、销售发票、记账凭证，检查货款回收银行单据和记账凭证，款项来源未见异常，银行单据金额与凭证金额一致。

（3）实施应收账款函证程序：

第一，选取符合下列条件的样本，应收账款余额 20 万元以上，本期发生额 100 万元以上的客户。

符合上述条件的有 34 家，总金额 3 099 万元，覆盖率为 94%。

第二，项目组控制了函证全过程，包括独立确定函证样本，抽查提供的函证通信地址正确性（如与电话号码簿或工商企业名称核对，函证地址与增值税发票上客户的地址核对），及亲自填写信函，控制发函和收函，评价函证结果。

第三，上述 34 家函证结果为：23 家回函确认无误，回函金额 2 547 万元，占应收账款期末余额的 77%，占发函金额的 82%。

第四，对上述 34 家中没有回函的 11 家应收账款期末余额 551 万元实施替代程序，查看期后收款、相应的原始凭证原件并询问了营销部门，核对销售合同、发货记录、物流记录、销售战略等原始凭证。

第五，取得被审计单位提供的 200 万元以上及本期交易额在 200 万元以上的客户背景信息，网络查询相关客户，判断是否存在合理的商业理由，必要时，实地走访相关客户。

第六，记录公司坏账计提会计政策，向公司总经理和销售经理询问其对应收账款可回收性的评估，尤其是单项金额重大的应收账款，项目组成员复核了公司对应收账款账龄的划分，并按公司规定的提取比例重新计算坏账准备的计提。

第七，检查应收账款是否按照企业会计准则的规定恰当列报。

审计结论：通过实施以上审计程序，应收账款余额可以确认。

（二）主营业务收入

（1）了解收入确认时点和方法是否符合会计政策。

第一，平台开发转让收入的确认：

①技术转让收入的确认。发行人在软件著作权转让环节，根据合同向客户提交以下资料：编写应用程序的部分源代码；软件著作权证书；信息系统的技术方案；信息系统的测试报告；信息系统的安装手册和详细说明书等。

发行人在向客户提交以上文件后，客户拥有了该软件著作权的所有权、收益权和在该软件著作权基础上继续改进的成果所有权，同时承担其购买决策可能导致的风险，满足了销售商品收入的确认条件，因此，软件著作权的转让在将该项软件著作权交付给客户并经客户验收后确认收入。

后续的技术服务内容完全取决于客户的需求，有些客户不要求发行人提供，或者要求发行人仅提供简单的培训，有些客户则要求企业提供数据加载服务和技术指导服务。后续的技术服务不影响发行人将软件著作权上的主要风险和报酬转移给购货方；发行人对已售出的软件著作权没有继续管理权，也无法对其实施有效控制。

后续的技术服务进度不仅受发行人服务提供进度的影响，还受到与客户相关资料和数据的完备性、准确性的影响，以及客户对于培训时间的安排。客户在签订合同时已经对软件著作权的功能、模拟数据的运行效果予以明确的认可，客户在其真实数据加载完成后的验收，仅是对数据部分的完备性予以验收，因此该验收不构成软件著作权转让环节的必要组成，后续服务的提供与否并不影响软件著作权转让的实现。

后续的技术服务业务本质上是根据客户的要求提供的技术劳务，因此不能按照商品销售确认收入，只能按提供劳务确认收入。对于会计期间内完成的技术服务经对方验收合格后确认收入；跨会计期间提供的技术服务按完工进度以完工百分比法确认收入。

②技术开发收入的确认。发行人与用户签订技术开发合同，合同中一般明确双方的权利与义务，特别是应当完成的工时，通过结算的方式对工时进行认可，在资产负债表日技术开发收入和成本能够可靠地计量、与交易相关的经济利益能够流入、劳务的完成程度能够可靠确定的前提下，公司采用完工百分比法确认相关的劳务收入。公司为每一技术开发项目建立《项目工程进度控制表》，按统计的实际工时/整个项目的预算工时，确定完工进度。

第二，支撑环境集成收入的确认。当且仅当发行人业务部门将商品交付业主方并且经过其验收时，发行人根据销售合同开具发票，同时确认收入。支撑环境集成收入的确认符合收入确认准则的规定。

第三，数据整合服务收入的确认。发行人与客户方签订相关服务合同，合同中一般明确服务的期限，服务的标准，发行人根据服务合同的规定，按完工百分比法确认收入。

（2）对收入进行结构分析。

公司平台开发转让业务是对技术实力要求较高的高端业务，报告期内，该业务保持高速增长，2013 年增长 50.77%，显示了较强的市场竞争力。公司平台开发转让收入占营业收入的比例也呈现上升趋势，2013 年增长 47.40%，主要原因是公司根据自身发展战略和定位，确立平台开发转让业务在公司业务中的核心地位，始终加大开发力度，使得该项业务得以长期稳定的增长（见表 7）。

表 7　　　　收入结构分析

业务类别	2013 年度		2012 年度	
	金额（万元）	比例（%）	金额（万元）	比例（%）
平台开发转让	7 411.48	47.40	4 915.66	44.00
支撑环境集成	7 743.01	49.52	6 014.53	53.83
数据整合服务	482.80	3.09	242.18	2.17
合计	15 637.30	100.00	11 172.38	100.00

公司支撑环境集成业务收入2013年较2012年增长了28.74%，但低于平台开发转让业务收入增速。支撑环境集成业务主要是公司为满足客户的需求，在提供系统整体设计、核心软件开发的基础上，为客户采购第三方软硬件并进行安装和调试。公司的支撑环境集成业务属于为公司开发的软件提供运行环境和外围设备以实现系统目标，为公司的平台开发转让业务提供支持。

数据整合服务业务占公司收入比重较小，但报告期内增长迅速。报告期内，公司数据整合服务业务收入分别为242.18万元和482.80万元，占公司营业收入的比重较低，但该项业务收入占比逐年提高，表明公司逐步向服务型高新技术企业转变。

（3）结合应交税费科目的审计，根据增值税纳税申报表，估算全年收入，并与实际收入相比是否存在差异?

（4）公司主营业务收入确认方法是否符合会计准则的规定，是否存在特殊销售行为?

（5）从收入明细账中选取金额大于100万元，金额异常的交易，重点检查是否附有销售合同，发票，竣工决算验收单。

（6）实施对销售的截止测试。对资产负债表日前后30天，金额大于100万元的单据，与主营业务收入明细账核对，同时从主营业务收入明细账选取在资产负债日前后30天并且金额大于100万元的交易，检查其销售合同、发票、验收单据，检查是否存在跨期；复核资产负债表日前后的销售水平，检查是否出现大幅波动；结合对资产负债表日应收账款的函证程序，检查是否存在未取得对方认可的大额销售。

（7）针对评估的舞弊风险等因素增加的审计程序：重点检查大额客户收款的现金流入来源，与客户名称一致，重点分析大额客户销售与回款的对应关系；重点检查是否存在往来业务少、金额较大且季节性较强的（如年末或季末发生的）、累计没有或很少收回货款的客户，确认其业务的真实性。

审计结论：通过实施以上审计程序，主营业务收入发生额可以确认。

（三）主营业务成本

重点关注收入与成本的配比：公司主要通过项目管理来实现软件企业收入与成本配比，在项目立项时制定一个项目计划以及相应的项目预算，在执行过程中定期（按月）对项目研发阶段做情况汇报，统计当月每个人投入到该项目中的人工工时，并按实际已发生工作量以及该项目总计划做完工百分比的计算。

十二、总结分析案例提示

（一）如何评估被审计单位的重大风险点

在审计过程中如何评估重大风险点？一是要了解被审计单位的基本情况，包括外部行业环境，内部需求；二是要了解国家政策与法规，以及被审计单位的经济波动是否与国家相关行业的经济发展趋势一致。

（二）针对被审计单位应当实施的审计程序

根据风险评估结果，我们针对识别的重大风险点，采取恰当的风险应对措施，通过实施相应的实质性程序，将大部分的疑虑排除，以确保审计证据的充分性和合理性。

8 特种养殖企业审计案例

大华会计师事务所（特殊普通合伙）海南分所　苑希峰

【摘要】 注册会计师接受委托，对玖祥蟒蛇养殖股份有限公司（以下简称“玖祥公司”）2013年度财务报表出具审计报告。玖祥公司成立于2000年，主要从事蟒蛇规模化人工养殖和蟒蛇科技产品研究开发与销售。本案例旨在说明如何运用风险导向审计方法，在了解被审计单位及其环境的基础上，评估财务报表重大错报风险，根据风险评估结果设计应对程序，科学配置审计资源，提高审计效率与效果。本案例仅仅是示例，为便于理解，对很多内容进行了简化处理，并不能代表注册会计师遇到的所有情形和在审计业务中需要考虑的所有事项。

一、释义

（一）特种动物

特种动物是指具有较高的经济价值和特殊经济用途及不同生物学特性的一类动物。主要包括毛皮动物、药用动物、观赏动物、特禽与珍禽等，既有驯养的、可开发利用的，也含有受保护的濒危野生动物。

（二）特种养殖业

特种养殖业是指繁殖、饲养、保护和开发利用特种动物的产业。其主要目标是依据市场需要发展驯养特种动物，以求获得最大的经济效益。

（三）蟒蛇

蟒蛇是当今世界上较原始的蛇种之一，在其肛门两侧各有一小型爪状痕迹，为退化后肢的残余。这种后肢虽然已经不能行走，但都还能自由活动。体色黑，有云状斑纹，背面有一条黄褐斑，两侧各有一条黄色条状纹。现为国家一级重点保护的野生动物。蟒蛇还是世界上蛇类品种中最大的一种，长达5—11米，最大体重在50—160千克。属无毒蛇类。

二、特种养殖行业的特征

特种动物的种类丰富，目前我国饲养的特种动物的品种达到了200多种。特种养殖在我国发展迅速，又因该行业养殖技术要求较高、风险较大、数量较少，因此其中的利润相对于传统养殖行业而言较为丰厚。特种养殖是保证野生动物满足人类需求的适宜途径，由于各种原因导致野生动物锐减，单独依靠野生动物提供资源已不能满足人类的需要，因此特种养殖行业的前景广阔，发展空间较大。

特种养殖业门槛较高需要获取相关资格证书，获取特许经营资格。其中蟒蛇属于国家一级重点保护的野生动物，在其人工繁殖、饲养与加工利用中应遵守《中华人民共和国野生动物保护法》并获取由国家林业局核发的《野生动物驯养繁殖许可证》。

蟒蛇养殖周期一般在3—5年，对于成品蟒蛇的利用主要体现在对蟒蛇进行初加工获得的蟒皮、蟒肉、蟒油、蟒胆以及对初加工产品进行深加工在中药、美容化妆、皮革饰品方面的应用。

三、重要法律、法规依据

（一）主要会计准则的运用

《企业会计准则第1号——存货》；
《企业会计准则第5号——生物资产》；
《企业会计准则第14号——收入》。

（二）主要的审计准则运用

《中国注册会计审计准则第1121号——对财务报表审计实施的质量控制》；

《中国注册会计审计准则第1141号——财务报表审计中与舞弊的相关的责任》；

《中国注册会计审计准则第1211号——通过了解被审计单位及其环境识别和评估重大错报风险》；

《中国注册会计审计准则第1231号——针对评估的重大错报风险采取的应对措施》；

《中国注册会计审计准则第1301号——审计证据》。

（三）主要法规

《农民专业合作社条例》、《中华人民共和国农民专业合作社法》、《中华人民共和国野生动物保护法》、《中华人民共和国陆生野生动物保护实施条例》。

（四）相关税收政策

企业所得税优惠方面：

《中华人民共和国企业所得税法实施条例》第八十六条。

《企业所得税法》第二十七条第（一）项规定的企业从事农、林、牧、渔业项目的所得，可以免征、减征企业所得税，是指：

1. 企业从事下列项目的所得，免征企业所得税

（1）蔬菜、谷物、薯类、油料、豆类、棉花、麻类、糖料、水果、坚果的种植；

（2）农作物新品种的选育；

（3）中药材的种植；

（4）林木的培育和种植；

（5）牲畜、家禽的饲养；

（6）林产品的采集；

（7）灌溉、农产品初加工、兽医、农技推广、农机作业和维修等农、林、牧、渔服务业项目；

（8）远洋捕捞。

2. 企业从事下列项目的所得，减半征收企业所得税

（1）花卉、茶以及其他饮料作物和香料作物的种植；

（2）海水养殖、内陆养殖。

财政部、国家税务总局财税［2008］149号文，《享受企业所得税优惠政策的农产品初加工范围（试行）》第二条，进一步规定了内陆养殖业可享受税收优惠政策，“通过对畜禽类动物（包括各类牲畜、家禽和人工驯养、繁殖的野生动物以及其他经济动物）宰杀、去头、去蹄、去皮、去内脏、分割、切块或切片、冷藏或冷冻、分级、包装等简单

加工处理，制成的分割肉、保鲜肉、冷藏肉、冷冻肉、绞肉、肉块、肉片、肉丁”免征企业所得税。

根据上述规定，公司蟒肉、蟒皮、蟒胆、蟒油农产品初加工项目所得免征企业所得税。

增值税优惠方面：按照《中华人民共和国增值税暂行条例》第十六条“农业生产者销售自产的农业产品免征增值税”的规定，免征销售自产的蟒蛇产品的增值税。

四、执行的风险评估程序

基于中小企业会计核算的特点，注册会计师审计的成本效益原则，中小企业审计中实施的风险评估程序，没有必要亦不可能照搬对上市公司或国有大中型企业审计中执行的复杂的风险评估程序。本案将在风险导向审计的理念下，如何对中小企业实施风险评估程序方面做一些初步的探讨与尝试。同时，以审计计划为主线，将风险评估要素贯穿其中。

五、了解公司及其环境、内部控制测试、风险评估及指定审计计划

（该项目为首次接受委托，初步业务活动表略。）

（一）公司基本情况

1. 公司历史沿革

公司2000年6月28日经H省工商行政管理局核准注册，持有H省G工商行政管理局注册4600052003242号企业法人营业执照，注册资本人民币5 000.00万元，其主要股东出资额及持股比例如表1所示。

表 1　股东出资额及持股比例

股东名称	投资金额（万元）	占注册资本比例（%）
A1 股东	1 851.32	37.02
A2 股东	456.00	9.12
A3 股东	306.00	6.12
A4 股东	260.38	5.21
A5 股东	244.65	4.89
其他股东	3 731.97	37.64
合计	5 000.00	100.00

注册资本业经祥瑞会计师事务所出具《验资报告》验证。

2. 行业性质

该公司属畜牧养殖行业。

3. 经营范围

蟒蛇养殖、加工销售、综合利用、科研、蟒蛇及其产品进出口贸易，皮革、皮具、工艺产品开发销售，蟒蛇及其产品知识产权应用（凡需行政许可的项目凭许可证经营）。

4. 相关资格许可

蟒蛇是国家 I 级保护动物，经营需相关资格许可，公司具有陆生野生动物驯养繁殖许可证、林业局颁发的驯养繁殖陆生野生动物及其产品经营许可证，并取得进口蟒皮经营加工许可。

（二）审计工作范围（见表 2）

表 2　审计工作范围

审计范围	具体内容
适用的财务报告准则或制度	财政部 2006 年颁布的《企业会计准则》及其应用指南及企业会计准则解释 1—5 号
适用的审计准则	中国注册会计师执业准则（2010）

续表

审计范围	具体内容
与财务报告相关的行业特别规定	野生动物保护法、相关税收法规
需审计的组成部分的数量及所在地点	不适用
需要阅读的含有已审计财务报表的文件中的其他信息	不适用
制定审计计划时需考虑的其他事项	
审计报告的用途	提交有关部门

（三）项目组人员安排（见表3）

表3　　审计项目人员安排及工时预算与控制表

按级别	适用	姓名	预算工时（人）	小时费用	主要职责
合伙人	√	B1	20	略	总体风险评估、二级复核
项目经理	√	B2	160	略	编制审计计划，了解被审计单位及风险评估、一级复核、编制审计报告
审计员	√	B3	130	略	其他往来款、长期资产负债、权益科目的审计
高级审计员	√	B4	130	略	货币资金、采购与付款循环相关科目审计
高级审计员	√	B5	140	略	销售与收款循环相关科目审计、存货及主营业务成本科目
高级审计员	√	B6	130	略	货币资金、短期借款及期间费用科目审计
合计			710		

（四）审计业务的时间安排（见表4）

表4　审计业务时间安排

执行审计阶段	时间安排
计划审计工作阶段	2014年4月15日—2014年4月30日
审计实施阶段	2014年5月4日—2014年5月11日
审计完成阶段（A1类）	2014年5月12日—2014年5月20日

（五）了解被审计单位及其环境

1. 行业状况、法律环境和监管环境及其他外部因素

玖祥公司成立于2000年，2007年创建国内首家蟒蛇研究所，从事蟒蛇规模化人工养殖和蟒蛇科技产品研究开发。拥有一支高素质专业化团队。公司2001年获得《国家重点保护野生动物驯养繁殖许可证》，2005年获得《驯养繁殖陆生野生动物及其产品经营许可证》，2008年被认定《H省农业产业化重点龙头企业》，2006年、2009年被认定为国家高新技术企业。“蟒蛇人工养殖技术及综合利用研究”、“蟒蛇全价配合饲料研究开发”等项目均列为H省重点科技项目计划。“蟒蛇规模化养殖基地”项目被列为国家农业综合开发产业化经营项目；“蟒蛇人工繁育及规模养殖技术”为科技部农业科技成果转化资金项目；“蟒蛇野化与救护”为国家林业局珍稀濒危物种保护项目。

公司是国内惟一一家经国家林业局批准的蟒蛇繁育利用试点单位。公司投资建设的蟒蛇基地初具规模，目前已建成一个种源基地、一个示范基地和八个养殖分区，建成了以华东和华南地区为主的国内销售网络。

国内民族乐器生产企业每年对蟒蛇皮的需求量近4万张，每年至少需要存栏蟒蛇10万条才能满足市场需求。世界蟒蛇皮革市场的年需求量100多万张。美国年平均进口400万张整皮，7万张分块皮，以及300万件手工制品，总价值5.75亿美元，其中蟒蛇皮及其产品约占

20%。蟒蛇整皮的国内市场价格为 5 000—10 000 元人民币/条，美国市场价格为 1 000—2 000 美元/条。

意大利也是消费蟒蛇皮的主要市场之一，随着市场的成长，意大利市场出现了像 GondolA1、Dolmen 等知名的皮质品牌和企业，其中，由蟒蛇皮制作的产品由于其优雅高贵、尽显华贵风范和异域风情而深受客户青睐，市场对蟒蛇皮的需求也是越来越大，意大利每年仅从越南进口的蛇皮就达 10 万—12 万张。

公司所属行业系受国家管制行业，需获取相关特许经营资格证。《中华人民共和国野生动物保护法》对公司经营活动具有重要影响。

从公司所处外部环境来看，公司是国内惟一一家经国家林业局批准的蟒蛇繁育利用试点单位，且蟒蛇产品市场需求量大，因此公司竞争压力较小，市场经营风险较低。主要风险为公司的养殖风险造成的产能不足，养殖、生产跟不上销售的需求。

2. 被审计单位的基本信息

（1）企业的设立及历史沿革简要（略）。

（2）企业的股权结构与组织机构、治理结构（略）。

（3）经营情况。公司主要的收入来源包括初级蟒蛇产品的销售、委托加工蟒蛇产品的销售以及进口蟒皮的销售。2013 年度及 2012 年度各类收入对比情况如表 5。

表 5　　各类收入对比情况　　单位：万元

产品名称	2013 年发生额		2012 年发生额	
	营业收入	营业成本	营业收入	营业成本
初级蟒蛇产品	2 087.00	1 289.00	3 434.00	1 776.00
委托加工蟒蛇产品	900.00	547.00	681.00	616.00
进口蟒皮	50.00	9.00	16.00	5.00
合计	3 037.00	1 845.00	4 131.00	2 397.00

注：以上数据如有雷同纯属巧合。

2013 年营业总收入较上年减少了 26.48%，主要是因为初级蟒蛇产品销售收入的下降所致。初级蟒蛇产品主要包括饲养商品蟒出栏进行初加工获得蟒皮、蟒肉、蟒油及蟒胆等，与上年相比 2013 年初级蟒蛇产品收入下降 39.23%，波动较大，应进行重点关注，了解造成收入下滑的原因。

表 6　　公司本期销售前五名客户情况　　单位：万元

客户名称	营业收入总额	占公司全部营业收入的比例（%）
C1	213.52	7.03
C2	200.45	6.60
C3	149.48	4.92
C4	106.88	3.52
C5	90.78	2.99
合计	761.11	25.06

如表 6 列示，公司本期销售前五名客户的收入占 2013 年全部营业收入的比例为 25.06%。

（4）筹资情况。公司 2013 年度由中国银行取得保证借款 1 350 万元，贷款期限 1 年，利率 6.9000%。公司股东为该借款提供保证担保，助力担保投资有限公司为该借款提供全额担保。公司以其一处房产及一处土地为抵押物为助力担保投资有限公司提供反担保。上述事项构成公司应予以披露的重要承诺事项。

（5）投资情况。近两年无重大投资事项。

3. 被审计单位财务指标情况及评价（见表 7）

表 7　　企业三年财务报表数据分析　　单位：万元

项目	2011 年	2012 年	2013 年	2012 年比 2011 年增长		2013 年比 2012 年增长		分析差异率
	已审数	已审数	未审数	¥	%	¥	%	30% 以上项目
	①	②	③	④ = ② - ①	⑤ = ④/①	⑥ = ③ - ②	⑦ = ⑥/②	（√）
货币资金	743.20	549.22	406.36	-193.98	-26.10	-142.87	-26.01	
应收账款	1 445.24	1 282.25	948.60	-162.99	-11.28	-333.65	-26.02	

续表

项目	2011 年	2012 年	2013 年	2012 年比 2011 年增长		2013 年比 2012 年增长		分析差异率
	已审数	已审数	未审数	¥	%	¥	%	30% 以上项目
	①	②	③	④ = ② - ①	⑤ = ④/①	⑥ = ③ - ②	⑦ = ⑥/②	(√)
应收账款账面余额	1 474.91	1 308.43	974.77	-166.49	-11.29	-333.65	-25.50	
存货	9 192.20	7 605.82	9 267.06	-1 586.38	-17.26	1 661.23	21.84	
存货账面余额	9 192.20	7 605.82	9 267.06	-1 586.38	-17.26	1 661.23	21.84	
速动资产	2 243.50	2 174.94	2 149.01	-68.56	-3.06	-25.94	-1.19	
流动资产	11 435.70	9 780.76	11 416.06	-1 654.94	-14.47	1 635.30	16.72	
流动资产原值	11 467.30	9 830.31	11 465.61	-1 636.98	-14.28	1 635.30	16.64	
固定资产	962.85	576.34	385.89	-386.51	-40.14	-190.45	-33.05	√
固定资产账面原价	1 232.71	1 273.49	1 163.06	40.78	3.31	-110.44	-8.67	
生产性生物资产	1 100.18	842.36	661.65	-257.81	-23.43	-180.7	-21.45	
无形资产原值	721.86	721.86	721.86					
资产总额	16 005.06	12 740.78	13 942.15	-3 264.28	-20.40	1 201.38	9.43	
短、长期借款余额		800.00	1 350.00	800.00		550.00	68.75	√
流动负债	169.25	1391.28	1 956.90	1 222.03	722.01	565.61	40.65	√
长期负债	564.53	1 053.25	680.97	488.72	86.57	-372.28	-35.35	√
负债总额	733.78	2 444.53	2 637.86	1 710.75	233.14	193.33	7.91	
实收资本	5 000.00	5 000.00	5 000.00					
所有者权益总额	15 271.28	10 296.25	13 942.15	-4 975.03	-32.58	3 645.91	35.41	
营业收入	5 107.71	4 131.30	3 036.66	-9 764 106.27	-19.12	-1 094.64	-26.50	
营业成本	3 041.53	2 396.37	2 526.85	-645.16	-21.21	130.48	5.44	
营业毛利	2 066.18	1 734.93	509.81	-331.25	-16.03	-1 225.12	-70.61	√
销售费用	283.21	299.47	234.51	16.27	5.74	-64.96	-21.69	
管理费用	663.43	1 198.22	379.21	534.80	80.61	-819.01	-68.35	√
营业外收入	186.54	63.78	544.28	-122.76	-65.81	480.50	753.40	√
利润总额	1 266.14	256.10	1 016.92	-110.04	-79.77	760.81	297.07	
净利润	1 258.14	254.06	1 008.04	-1 004.08	-79.81	753.99	296.78	
经营活动现金净流量	-1 570.30	-862.74	-661.69	707.57	45.06	201.04	23.30	
支付的税费	59.78	41.74	14.24	-18.04	-30.18	-27.50	-65.87	√

注：以上数据如有雷同纯属巧合。

（1）固定资产账面价值本年较上年减少33.05%，经了解主要系本年新增折旧费用所致。在了解的过程中注意到公司下属一分公司已于2012年注销，相关机器设备闲置，估计出售价值不高，以及公司在2012年为一批发生减值的固定资产计提了减值准备，截至本年末尚未进行处置，可能存在减值准备计提不足以及多提折旧的风险。

（2）长、短期借款余额较上年增长了68.75%，经了解系本年公司由中国银行新增保证借款1 350.00万元所致，短期借款的增加也导致了流动负债的增长。应关注相关担保抵押信息披露的完整性以及利息支出的相关认定。

（3）长期负债较上年减少了35.35%，经了解系公司本年结转了递延收益——政府补助至营业外收入所致，该项结转也导致了营业外收入较上年的大幅增长。应关注递延收益结转时点及结转金额的准确性。

（4）营业毛利本期减少70.61%，降幅比例较大，应关注营业成本的发生认定和截止认定。

（5）管理费用本年较上年减少68.35%，经了解系因公司在2012年将部分不再使用的养殖基地进行了全额摊销，导致上年管理费用增幅较大所致。

（6）支付的税费本年较上年减少65.87%，经了解系因应税收入减少所致。应关注公司相关税费的完整性认定。

（7）公司经营活动现金净流量净额虽逐年增加但仍为负数，营运资金周转紧张。应关注企业的偿债能力及企业融资能力。

（8）存货本年较上年增加21.84%，收入本年较上年减少26.50%，收入减少而存货在增加表明本年存货出库较小，销售不畅，但根据对公司所处行业环境的了解获知，公司的蟒蛇产品市场需求量较大，与公司财务数据所反映出的销售不畅存在矛盾，存货的存在认定可能存在错报风险。

（六）了解被审计单位内部控制

1. 企业的内部控制制度的建立情况

被审计单位制定了部分企业制度，如表8所示。

表8　　企业内部控制制度执行情况

主要内部控制制度	是否在执行	执行效果如何
1. 财务管理制度	是	尚可
2. 人力资源管理制度	是	尚可
3. 生产经营类及行政管理类制度	是	一般
总体评价：一般		

2. 企业内部控制制度的执行情况

通过与被审计单位有关人员沟通，查阅企业相关管理制度，我们认为：被审计单位内部控制制度不健全，并且公司生产模式一直在不断探索、变化，但与之相关的内部控制制度并未与之协同更新，导致部分管理制度已不适应公司当前情况。而现有的管理制度内容较为简单，多为笼统性的规定，可执行性不够，执行不到位的情况较多。本次审计主要以实施实质性程序执行详细审计。

（七）确定重要性水平（见表9）

表9　　重要性水平确定　　单位：万元

确定的重要性水平	本年金额
确定基准：净资产	11 304.29
财务报表层次的重要性水平（PM＝5%×基准）	565.21
认定层次的重要性水平（TE＝50%×PM）	282.61
审计差异归集界限（SA1D＝3%×PM）	16.96

（八）风险评估结果

1. 审计风险的总体评估

通过上述对被审计单位及其环境的了解与对被审计单位基本财务状况的分析，被审计单位处于业务发展时期，生产养殖规模和模式尚未成熟，需要突破养殖生产瓶颈，同时面临开拓市场和延伸产品价值链的双重压力阶段。而企业目前营运资金短缺，资金链运转情况难以满足企业的扩容需要，企业可能存在为满足融资条件而粉饰财务报表的风险。结合审计目的，应当重点关注企业是否存在对收入进行粉饰的情形，营业成本的发生认定，存货的存在、计价与分摊认定，长期待摊费用的存在认定以及其他相关信息披露的完整性。

2. 确定可能存在重大错报风险的领域（见表10）

表10　　可能存在重大错报风险领域

序号	重大账户余额和交易	备注
1	货币资金	
2	存货（特别关注“消耗性生物资产”）	
3	预付账款	
4	应收账款	
5	固定资产	
6	长期待摊费用	
7	其他非流动负债	主要系政府补助
8	营业收入	
9	营业成本	
10	所得税费用	

（九）拟实施的进一步审计程序

（1）对重点审计领域，以细节测试为主；对其他报表项目可采用分析程序结合细节测试的方法。

（2）拟实施的重要审计程序：
①检查；
②函证；
③现场勘查；
④盘点；
⑤重新计算。

（十）其他应当考虑的事项

（1）关注期初余额；
（2）与前任注册会计师沟通，审阅上年度审计报告。

六、企业重要交易事项描述

注册会计师在实施了风险评估程序后，按照中国注册会计师审计准则对年度财务报表审计的要求，实施了进一步审计程序。根据风险评估结果确定的重点审计领域，采取相应的应对措施，配置了经验丰富的专业人员，实施了以细节测试为主的审计程序。通过实施审计工作，排除了注册会计师的大部分疑虑。但被审计单位 2013 年度财务报表列示的下列交易事项引起注册会计师特别关注。

（一）存货存在认定与计价分摊认定可能存在错报风险

公司 2013 年度账面记载的存货 70% 为生物资产，而公司的蟒蛇养殖采用委托农户饲养模式，一部分农户在公司建立的养殖基地饲养，一部分经过公司评估具备饲养环境条件的农户选择在自家饲养。因饲养农户比较分散，导致蟒蛇饲养场所不集中，对注册会计师执行存货盘点程序带来较大困难。注册会计师在执行风险评估程序时注意到公司的存货本年较上年增加 21.84%，收入本年较上年减少 26.50%，收入减少而存货在增加是由于本年存货出库较小，销售不畅所致，还是由于蟒蛇饲养经营周期较长，公司未突破养殖瓶颈，尚未达到可出栏销售，导致销售收入下降？因此，存货的存在认定可能存在重大错报风险。此外，注册会计师在库存商品盘点过程中发现部分蟒油、蟒肉产品已经过期或者即将过期，已无法对外销售，而公司账面并未对此部分产品计提跌价准备，存货的计价分摊认定可能存在错报风险。

（二）固定资产计价分摊认定可能存在错报风险

注册会计师了解到公司下属一分公司已于 2012 年注销，相关机器设备已闲置，出售价值不高。在固定资产盘点过程中，注册会计师对此部分机器设备进行了查验，与了解情况基本相符，但公司并未为该部分机器设备计提减值准备，固定资产计价分摊认定可能存在错报风险。

（三）长期待摊费用认定可能存在错报风险

注册会计师在查看长期待摊费用中核算的养殖基地时，了解到由于改变饲养模式，将蟒蛇承包到农户而致使部分养殖基地废弃，预期不能为公司带来经济利益，但账面核算并未改变其摊销年限将其提前摊销完毕，而是继续分期摊销。

（四）营业收入、营业成本的发生认定与截止性认定可能存在重大错报风险

注册会计师在审计过程中了解到公司 2013 年确认的出口销售给某客户的蟒皮收入 100 万元，因对方公司相关进口手续未办理齐全，公司无法提供出口而未发货，与产品相关的风险与报酬尚未转移，不符

合收入的确认条件。

七、注册会计实施的重要实质性程序

基于上述，注册会计师执行进一步确定的审计程序。

（一）存货

（1）获取或编制存货明细表，复核加计正确，并与报表数、总账数和明细账合计数核对相符。核对期初余额与上期审计期末余额是否相符。检查存货明细表中是否有异常或负余额（包括数量为负或金额为负）的项目。

（2）对存货按项目执行截止性测试，包括入库截止测试及出库截止测试。

入库截止测试：在存货明细账的借方发生额中选取资产负债表日前后 15 张、16 万元以上的凭证，并与入库记录（如入库单、购货发票、运输单据）或其他表明所有权转移的单据核对，以确定库存商品入库被记录在正确的会计期间。

出库截止测试：在库存商品明细账的贷方发生额中选取资产负债表日前后 5 张、16 万元以上的凭证，并与出库记录（如库存商品领用单）核对，以确定库存商品出库被记录在正确的会计期间。

（3）对存货按项目执行计价测试，检查存货发出计价是否正确。

（4）对存货进行减值测试。通过存货账龄分析，审核有无长期挂账的存货，检查分析存货是否存在减值迹象，以判断被审计单位计提存货跌价准备的合理性。经查验，公司存在部分蟒油、蟒肉产品库龄较长，已接近或超过产品的保质期限，无法对外销售，但公司未计提存货跌价准备，注册会计师根据相关情况补提了存货跌价准备，玖祥公司对此未提出异议。

（5）实施存货监盘程序。公司的2013年存货构成中70%为生物资产，由于公司蟒蛇养殖采用委托农户饲养模式，相关饲养费根据蟒蛇增重情况与农户结算，因此，要确定生物资产的存在认定，则在盘点过程中要对蟒蛇进行称量确定蟒蛇的实际增重情况，以确保饲养费的准确性。

注册会计师根据公司生物资产情况确定了如下监盘方式：获取公司生物资产的饲养地点的分布情况，结合蟒龄对分布地点进行细分，每个蟒龄段抽查70%的农户实施存货监盘程序；安排多组审计人员对所抽查农户在同一天执行监盘且事先不告知公司所抽查农户；获取公司最近一次生物资产的盘点资料，结合蟒蛇的生长习性和成长规律对此次监盘增重情况的合理性进行分析判断。

结合存货的监盘程序进行分析，注册会计师确定了公司蟒蛇的累计增重及本期实际增重情况，结合目前饲养回购价格进行分析，基本确定公司生物资产的存货存在认定不存在重大错报风险，排除了注册会计师在风险评估阶段对公司存货存在认定可能存在重大错报风险的疑虑。

（二）固定资产

（1）获取或编制固定资产、累计折旧、减值准备明细表，复核加计是否正确，并与总账数和明细账合计数、报表数核对是否相符，核对累计折旧和固定资产减值准备与报表数是否相符。

（2）实地检查重要固定资产，确定其是否存在，关注是否存在已报废但仍未核销的固定资产。

（3）检查固定资产的所有权或控制权：对外购的机器设备等固定资产，审核采购发票、采购合同等；对汽车等运输设备，检查有关运营证件等。

（4）检查本期固定资产的减少：结合固定资产清理科目，抽查固定资产账面转销额是否正确；检查出售、盘亏、转让、报废或毁损的固定资产是否经授权批准，会计处理是否正确。

（5）获取暂时闲置固定资产的相关证明文件，并观察其实际状况，检查是否已按规定计提折旧，相关的会计处理是否正确。

（6）检查累计折旧。

①获取或编制累计折旧分类汇总表，复核加计正确，并与总账数和明细账合计数核对。

②检查被审计单位制定的折旧政策和方法是否符合相关会计准则的规定，确定其所采用的折旧方法能否在固定资产预计使用寿命内合理分摊其成本。

③复核本期折旧费用的计提和分配。

④将“累计折旧”账户贷方的本期计提折旧额与相应的成本费用中的折旧费用明细账户的借方相比较，检查本期所计提折旧金额是否已全部摊入本期产品成本或费用。若存在差异，应追查原因，并考虑是否应建议做适当调整。

⑤检查累计折旧的减少是否合理，会计处理是否正确。

（7）检查是否已对可收回金额低于其账面价值的差额计提减值准备，查验确认减值的依据，并查核固定资产减值准备本期计提数是否正确。

（8）通过对固定资产执行上述审计程序，注册会计师获取了审计证据表明玖祥公司存在部分固定资产已经闲置，且出售价值不高，应当计提减值准备而公司未能足额计提减值准备。注册会计师结合实际情况进行了调整，补提了固定资产减值准备，公司对此未提出异议。

（三）长期待摊费用

（1）获取或编制长期待摊费用明细表，复核加计是否正确，并与总账数和明细账合计数核对是否相符，减去将于一年内（含一年）摊销的数额后与报表数核对是否相符。

（2）抽查长期待摊费用的原始凭证，查阅有关合同、协议等资料，确定其真实性，检查会计处理是否正确。

（3）检查摊销政策是否符合会计制度的规定，复核计算摊销额及相关的会计处理是否正确，前后期是否保持一致，是否存在随意调节利润的情况。

（4）检查被审计单位是否将预期不能为其带来经济利益的长期待摊费用项目的摊余价值予以转销。

（5）通过执行上述审计程序，注册会计师获取了充分的审计证据表明公司存在部分养殖基地已经停用退租，与之相关的长期待摊费用预期不能为公司带来经济利益，摊余价值应予以转销，注册会计师对此进行了审计调整，公司未提出异议。

（四）营业收入与营业成本

（1）获取或编制主营业务收入明细表，复核加计是否正确，并与总账数和明细账合计数核对是否相符，结合其他业务收入科目与报表数核对是否相符。

（2）将本期的主营业务收入与上期的主营业务收入进行比较，分析产品销售的结构和价格变动是否异常，并分析异常变动的原因；计算本期重要产品的毛利率，与上期比较，注意收入与成本是否配比，检查是否异常，各期之间是否存在重大波动，查明原因。

（3）查明主营业务收入的确认原则、方法，注意是否符合企业会计准则规定的收入实现条件，前后期是否一致。

（4）获取产品价格目录，检查售价是否符合定价政策；获取被审计单位的全部销售合同清单，并随机抽查部分销售合同（抽查比例为50%），检查合同内容，检查情况已记录于工作底稿，选取具有代表性的销售合同作为审计证据留存于工作底稿。

（5）抽取15张记账凭证，审查入账日期、品名、数量、单价、金额等是否与发票、发货单、销售合同等一致。

（6）对营业收入执行截止性测试。通过测试资产负债表日前后20天且金额大于16万元的发货单据，将应收账款和收入明细账进行核对，同时，从应收账款和收入明细账中选取在资产负债表日前后20天且金额大于16万元的凭证，与发货单据核对，以确定销售是否存在跨期现象。

（7）获取主营业务成本明细表。获取或编制主营业务成本明细表，复核加计是否正确，并与总账数和明细账合计数核对是否相符，结合其他业务成本科目与营业成本报表数核对是否相符。

（8）对主营业务成本进行分析：比较当年度及以前年度不同品种产品的主营业务成本和毛利率，并查明异常情况的原因；比较当年度及以前年度主要产品的单位产成品成本，并查明异常情况的原因。

（9）抽查主营业务成本结转明细清单，比较计入主营业务成本的品种、规格、数量和主营业务收入的口径是否一致，是否符合配比原则。

（10）对本期发生的主营业务成本，选取样本，检查其支持性文件，确定原始凭证是否齐全、记账凭证与原始凭证是否相符以及账务处理是否正确。

（11）通过执行上述审计程序，注册会计师获取了充分的审计证据表明：公司2013年确认出口销售给某客户的蟒皮收入100万元尚未发货、收款，与之相关的风险报酬尚未转移，不符收入确认的条件。注册会计师对此进行了审计调整，冲回了公司确认的收入及结转的成本，公司未提出异议。

八、总结分析案例提示

（一）如何评估被审计单位的重大风险点

在实施审计工作时要把握重大风险点，一是要了解被审计单位的情况，包括外部的环境、内部需求，做到知己知彼；二是需要专业知识与经验积累，充分了解被审计单位的行业动态。本案例中根据专业知识与经验，在了解被审计单位及其环境的情况下，判断出被审计单位的重大风险点。

（二）针对被审计单位具体问题，实施必要的审计程序

本案中，根据风险评估结果确定了与九个报表项目相关的认定为重大风险点，在实施审计工作后，注册会计师的大部分疑虑得以排除，最后将审计资源集中在存货、固定资产、长期待摊费用、销售收入与销售成本上。

（三）怎样获取最具说服力的审计证据

关于生物资产的存在认定，注册会计师根据被审计单位特殊情况制定有针对性的监盘计划，实施了针对性的监盘程序，经监盘、测算对被审计单位账面确认的增重情况进行了适当调整，被审计单位对此未提出异议。

关于存货跌价准备与固定资产减值准备，注册会计师对相关存货

及固定资产进行了实地查验，对其存在的状况以及市场情况做了详细调查与描述，被审计单位对此未提出异议。

关于长期待摊费用的摊销，注册会计师对相关养殖基地进行了实地查看并拍照取证，相关基地已经闲置或退租，确定不能为企业未来带来经济利益，应当予以转销，对此被审计单位无异议。

关于营业收入与营业成本的提前确认，注册会计师结合应收账款函证程序对客户进行了函证并获得回函，回函不符，并结合存货监盘程序对成本的结转进行了查验，证实商品未出库。以上证据表明与商品相关的风险与报酬尚未发生转移，不符合收入确认的原则，应当予以冲回，对此被审计单位无异议。

（四）如何撰写审计说明

审计说明是对报表项目审计工作的小结，在此基础上得出审计结论。审计说明应当简洁明了，重点突出。首先，应当说明是否实施了风险评估程序，风险评估结果与该项目某项认定的因果关系；其次，指出被审计单位在该项目的某项认定上存在背离既定标准的情形，说明注册会计师实施了哪些与风险评估结果相适应的、重要的实质性程序，获取了哪些审计证据；再次，详细说明注册会计师对企业会计报表调整事项，列示调整分录；最后，给出明确的审计结论。

9 IT企业审计案例

中审亚太会计师事务所（特殊普通合伙）海南分所　卢剑

【摘要】 本案例简要介绍了IT企业的概况和相关法规及会计核算特点。案例描述了针对此类被审计单位的风险评估过程，识别出报表层面和认定层面重大错报风险并针对这些风险提出应对措施，设计并执行审计程序、获取审计证据，确认财务报表不存在由于舞弊或错误导致的重大错报。本案例仅仅是示例，为便于理解，对很多部分进行了简化处理，并不能代表注册会计师遇到的所有情形和在审计业务中需要考虑的所有事项。

本书中其他案例已列举了对被审计单位财务报表分析的实例，本案不再赘述。

IT企业一般存在较高的行业壁垒，该行业的中小型企业一般为两类。一是从事电子元器件的研发、生产和销售的企业；二是从事包括处理服务、软件产品、专业服务和统合系统等计算机应用服务的企业。本案例以提供计算机应用服务的中小型企业作为背景。

一、行业特点

（一）行业主管部门及管理体制

计算机应用服务行业的主管部门是国家工业和信息化部（以下简称“工信部”）。行业组织是中国计算机行业协会和中国软件行业协会。

（二）行业现状

计算机（数据中心）应用主要集中于电信、金融、政府等数据中心规模较大、应用比较成熟的行业和部门。近年来，电力、交通、医疗行业以及一些大型的制造企业对于计算机（数据中心）应用开始增多。国内计算机（数据中心）的投入一直保持快速增长，随着新一代数据中心、云计算、虚拟化等热点的持续升温，互联网、物联网迅猛发展，未来几年数据中心投入仍将保持快速增长。

在计算机应用服务行业中，市场参与者众多，市场参与者充分竞争，不存在单一或者几个市场参与者占据大部分市场份额的情况。拥有全面的系统产品及解决方案，对企业在研发实力、市场拓展能力等方面的要求较高，故该类企业较少，多数企业仅聚焦在某一类或几类产品领域内。

（三）行业发展的相关因素

1. 政策的大力支持

2011 年 1 月 28 日，《国务院关于印发进一步鼓励软件产业和集成电路产业发展若干政策的通知》（国发［2011］4 号）对软件产业的各方面给予了支持政策，如财税政策、投融资政策、研究开发政策、进出口政策、人才政策、知识产权政策、市场政策等。

2. 潜在需求巨大

国内计算机（数据中心）的规模以中小型居多，这些中小型数据中心在运营管理方面水平普遍较低。国内中小型数据中心相对落后的管理水平，意味着计算机应用服务市场空间广阔。

3. 知识产权保护环境制约了行业发展

本行业对技术具有较高的要求，产品研发投入也较大。每一款产品都包含了大量的时间、资金和技术等资源，但目前我国对于知识产权保护意识相对较弱。

二、重要法律、法规依据

（一）主要会计准则的运用

1. 《企业会计准则第 6 号——无形资产》

在开发阶段，将有关支出资本化确认为无形资产，必须同时满足下列条件：

（1）完成该无形资产以使其能够使用或出售，在技术上具有可行性；

（2）具有完成该无形资产并使用或出售的意图；

（3）无形资产产生经济利益的方式，包括能够证明运用该无形资产生产的产品；

（4）有足够的技术、财务资源和其他资源支持，以完成该无形资产的开发，并有能力使用或出售该无形资产；

（5）归属于该无形资产开发阶段的支出能够可靠计量，企业对研究开发活动发生的支出应单独核算。

2.《企业会计准则第14号——收入》

3.《企业会计准则第16号——政府补助》

（二）行业政策法规

《中华人民共和国计算机信息系统安全保护条例》；
《软件企业认定标准及管理办法》；
《计算机软件保护条例》；
《计算机软件著作权登记办法》；
《软件产品管理办法》；
《高新技术企业认定管理办法》。

（三）相关税收政策

根据《财政部、国家税务总局、海关总署关于鼓励软件产业和集成电路产业发展有关税收政策问题的通知》（财税［2000］25号），新创办软件企业经认定后，自获利年度起，享受企业所得税“两免三减半”的优惠政策。《财政部、国家税务总局关于企业所得税若干优惠政策的通知》（财税［2008］1号），我国境内新办软件生产企业经认定后，自获利年度起，第一年和第二年免征企业所得税，第三年至第五年减半征收企业所得税。《财政部、国家税务总局关于进一步鼓励软件产业和集成电路产业发展企业所得税政策的通知》（财税［2012］2号），我国境内新办的集成电路设计企业和符合条件的软件企业，经认定后，在2017年12月31日前自获利年度起计算优惠期，第一年至第二年免征企业所得税，第三年至第五年按照25%的法定税率减半征收企业所得税，并享受至期满为止。符合条件的软件企业按照《财政部、国家税务总局关于软件产品增值税政策的通知》（财税［2011］100号）规定取得的即征即退增值税款，由企业专项用于软件产品研发和扩大再生产并单独进行核算，可以作为不征税收入，在计算应纳税所得额时从收入总额中减除。

《中华人民共和国企业所得税法》第二十八条规定，高新技术企业按15%的税率缴纳企业所得税。

根据《国务院关于印发鼓励软件产业和集成电路产业发展若干政策的通知》（国发［2000］18号）以及《财政部、国家税务总局、海关总署关于鼓励软件产业和集成电路产业发展有关税收政策问题的通知》（财税［2000］25号），销售自行开发生产的软件产品按17%的法定税率征收增值税，对实际税负超过3%的部分即征即退。根据《国务院关于印发进一步鼓励软件产业和集成电路产业发展若干政策的通知》（国发［2011］4号）以及财政部和国家税务总局《关于软件产品增值税政策的通知》（财税［2011］100号）的规定，继续实施该软件产品增值税优惠政策。

根据《财政部、国家税务总局关于专项用途财政性资金企业所得税处理问题的通知》（财税［2011］70号）企业从县级以上各级人民政府财政部门及其他部门取得的应计入收入总额的财政性资金，凡同时符合以下条件的，可以作为不征税收入，在计算应纳税所得额时从收入总额中减除：

（1）企业能够提供规定资金专项用途的资金拨付文件；

（2）财政部门或其他拨付资金的政府部门对该资金有专门的资金管理办法或具体管理要求；

（3）企业对该资金以及以该资金发生的支出单独进行核算。

根据实施条例第二十八条的规定，上述不征税收入用于支出所形成的费用，不得在计算应纳税所得额时扣除；用于支出所形成的资产，其计算的折旧、摊销不得在计算应纳税所得额时扣除。

企业将符合本通知第一条规定条件的财政性资金做不征税收入处

理后，在5年（60个月）内未发生支出且未缴回财政部门或其他拨付资金的政府部门的部分，应计入取得该资金第六年的应税收入总额；计入应税收入总额的财政性资金发生的支出，允许在计算应纳税所得额时扣除。

（四）会计核算的难点

1. 研发支出会计处理

IT企业为保持其技术的先进性，往往需要在研发中投入大量的人力、物力，研发支出的范围及与公司其他支出较难明确界定，同时，研发支出是取得高新技术企业和软件企业认证的重要指标，研发支出的归集成为此类企业会计核算的难点。无形资产准则规定了研发支出的后续处理，满足条件的可以资本化，对于是否满足资本化条件的判断亦成为会计处理的难点。

2. 政府补助的会计处理

IT企业受国家政策的大力支持，能够享受的政策优惠比较多，取得的政府补助亦较多。如软件企业销售自行开发生产的软件产品按17%的法定税率征收增值税，对实际税负超过3%的部分即征即退。研发某项目取得的政府补助、财政奖励款项等，对于这些政府补助是与资产相关还是与收益相关，确认收入时点的判断以及对所得税影响等均是此类企业的会计处理难点。

（五）审计方法的特点

对于此类企业研发支出的审计，首先应取得公司研发项目的立项文件，关注研发期、研究人员、费用预算及资金来源等，以判断研发支出的归集是否确实与该项目相关。根据《企业会计准则第6号——无形资产》及其应用指南和讲解对研究开发支出的资本化、费用化处理给出了五项原则性的判断标准，判断是否符合资本化的条件。在具体运用这些标准时，涉及对技术可行性、未来经济利益流入的可能性以及经济利益的大小、后续开发所需的技术、财务资源及其他资源的可获得性等多方面的估计和判断，因此主观程度相当高，是公认的高风险会计、审计领域。企业和注册会计师在对上述问题作出估计和判断时，应当遵循谨慎性原则。

对于政府补助应详查，在审计实务中，应要求被审计单位提供内部会议纪要、相关权力机构决议等审计证据，并要求被审计单位在管理层声明书中明确地确认其将满足政府补助所附的条件。同时，注册会计师还应关注是否存在表明很可能最终无法满足这些条件的相反证据。对于比较难以判断补助类别的项目，可以考虑向发放补助机构发函或访谈，以明确其真实的意图。

三、企业概况

H 省 A 有限责任公司（以下简称 A 公司）成立于2005 年，主要从事移动、电信等单位数据中心的建设、运营维护等。2011 年取得高新技术企业认证。过去财务报表审计一直由 S 会计师事务所负责，过去几年内 S 会计师事务所均出具了标准无保留意见的财务报表审计报告，在审计过程中也未发现舞弊等重大事项。

Y 会计师事务所（本所）审计人员对公司财务报表分析结果显示，公司近三年营业收入分别为 4 400 万元、3 750 万元、5 200 万元，净利润分别为 80 万元、30 万元、100 万元，公司没有借款，应收账款保持在较低的水平。从财务数据看，公司经营良好，保持微利。

审计人员进一步了解到，公司近三年管理费用中的研发支出分别为 70 万元、100 万元、400 万元，没有资本化的研发支出。取得的政府补助金额分别为100万元、150万元、280万元，公司均将其确认为了当期的营业外收入。

四、执行的风险评估程序

（一）了解行业状况、法律与监管环境以及其他外部因素

（前文已述，此处略）

（二）了解公司的性质

1. 所有权结构

A公司于2005年设立，初始投资金额500万元，由林某与其兄弟及其他亲属共6名投资者共同出资，其中林某出资350万元，占比70%；其他5人的投资占比均在10%以下。

2. 治理结构及组织结构

公司董事会5名董事，由林某任董事长兼总经理，其他董事均为投资者。公司设有商务部（负责销售和采购）、技术研发部、财务部、综合部等机构，商务部及生产研发部由林某的兄弟负责，财务部及综合部负责人为外聘。

3. 经营活动

公司采购的物资主要包括自产产品所需的原材料和项目的配套产品。自产产品所需的原材料主要为各类电子模块、集成电路、主板、芯片、电源、硬盘、内存等。项目的配套产品为其他厂商的服务器、显示器、管控设备等数据中心专用设备。该类电子产品国内供应厂商众多，供应充足，一般根据所对应项目的具体地区向供应商采购。结算方式一般为现款现货。

对于销售，公司根据客户的需求，形成具体的方案，通过投标或议标的方式获得销售合同，配置相关产品、安装调试完成后通过验收。一般约定签订合同时收取30%的预收款，设备到达现场时收取30%，安装调试完成后再收取30%，剩余10%为质保金，于质保期满后收取，质保期一般为1年。

4. 对内部控制的了解

（1）控制环境。从股权结构层面看，A公司6位股东为亲戚关系；从公司治理环境层面看，公司最重要的部门商务部、技术研发部掌握在家族成员手中，公司重大经济活动均由股东亲自商谈与决策。经向财务负责人了解，公司董事长对于费用的控制相当严格。

（2）风险评估。以上分析结论显示，A公司从股权结构、公司治理、经营管理均表现出典型的家族式管理的民营企业文化及内部控制环境。公司内部控制环境中授权审批控制、岗位之间的相互牵制等关键控制环节存在明显的缺陷，内部控制环境风险较大。

（3）控制活动。在管理制度方面，A公司制定了销售、采购、研发、报销等管理制度。但在业务流程管理方面，日常业务均按照以往的历史经验进行，管理标准未制度化，操作流程未规范化。

（4）信息与沟通。在公司的日常管理中，管理层未充分重视书面审批流程，决策过程常以口头沟通代替书面审批。关于公司的重大经营活动，管理层的决策结果也主要通过口头沟通方式与具体经办人员进行交流。销售的定价确定、采购过程的询价、比价程序、供应商的选择等均无书面审批决策过程。

（5）内部监督。公司未设置内部审计部门，也未配备专人负责内部稽核。

五、确定重大风险点

综上，我们认为A公司可能存在通过隐瞒利润达到少缴企业所得税、满足高新技术企业指标认证的财务报表舞弊动机。A公司的内部控制环境存在典型的家族式管理文化。日常管理中，虽然公司管理制度化、流程化程度不高，但公司通过将关键业务的控制权牢牢掌控于家族内部人员手中得以实施控制，容易造成管理层凌驾于内部控制之上，使舞弊成为可能。

在进行报表分析时，审计人员发现了下列异常情况：

（1）A公司2011年至2013年的毛利率分别为28%、35%以及21%；波动较大，在同行业中处于比较低的水平。

（2）A公司2011年至2013年的净利润分别为80万元、30万元、100万元；保持微利，净资产收益率处于较低的水平。

（3）A公司最近一年的收入突破5 000万元，公司最近一年的研发支出较以前年度大幅增加，且三年研发支出占三年收入的比例为4.27%。上述指标正好满足高新技术企业的认定条件。

上述情况更进一步验证了项目组的判断。

六、风险评估结果与实质性程序的对应

（一）风险评估结果

针对上述情况，项目组将该项目的风险评估为高风险，制定了以细节测试为主的具体审计计划。同时将A公司的营业收入、营业成本、管理费用（研发费用）及营业外收入（政府补助）项目评估为具有重

大错报风险的项目。

（二）主要的实质性程序

1. 营业收入、营业成本

项目组经向公司销售会计了解，公司基本上根据开具发票确认收入。根据公司销售和收款的模式，安装调试后，项目满足客户需求是通过客户验收的关键。项目组认为公司主营业务风险与报酬转移的时点应该为取得客户验单的时点。

针对近三年营业收入的变化情况，结合企业近期需要进行高新技术企业复审的情况。项目组决定将营业收入的截止测试延伸至2011年，以保证比较期间数据的准确。

项目组按照项目对营业收入、营业成本进行分析，选取毛利率异常的项目，检查其成本列支的具体内容是否合理，对其主要供应商的采购额进行函证，判断是否存在虚构成本的情形。针对家族式民营企业的管理特点，项目负责人向项目组成员强调，在成本、费用支出的过程中应重点检查审批的授权、交易的真实性，即关注所有支出是否与企业的经营活动相关。

2. 管理费用（研发支出）

根据《财政部关于企业加强研发费用财务管理的若干意见》（财企［2007］194号）的相关规定，核实公司研发支出的列支范围。对公司发生的研发支出按照研发项目进行分类，向研发部门询问项目的进展情况，判断是否满足开发支出资本化的5个条件。

3. 营业外收入（政府补助）

对政府补助项目实施详细的细节测试。取得政府补助的申请文件、政府部门批复或拨付文件、银行进账单等。对公司报告期内取得的政府补助逐项进行分析，向相关部门了解补助项目的进展情况，以判断会计处理是否符合企业会计准则的规定。

七、后续沟通与结论

（一）关于营业收入与营业成本

项目组按照上述审计思路进行审计，对 A 公司近三年的营业收入进行梳理，按照完成验收作为收入确认的时点。对研发支出的列支范围进行核实，按照政府补助准则对公司取得的政府补助进行了整理。涉及的调整事项，审计人员对此进行了审计调整。

审计项目组在对公司实施项目的毛利率进行分析时，发现部分项目的毛利为负。对于此亏损项目，公司未追究相关人员的责任。项目组在对这些项目的成本项目进行检查时，发现部分列支成本项目的附件只有发票和报销单，未付采购明细单，报销单上仅加盖了董事长的个人名章。同时审计人员了解到，A 公司所有的支出均需要通过董事长的审批后方能付款，经进一步了解，董事长名章由出纳主管保管。在家族式民营企业的管控体系中，企业实际控制人的审批是此类企业采购与支付控制的重点。一般企业均须由实际控制人或其授权人亲笔签名方可完成审批过程，这与审计人员了解到的情况相符。但在 A 公司中，部分支付审批单上无任何审核人、审批人的亲笔签名，仅凭个人名章即可完成整个支付流程。同时，个人名章由出纳主管保管，而非由有权人保管。在 A 公司现有管控模式中，出纳主管所实施的控制重点为检查付款流程是否符合公司的报销、支付等相关制度，直至符合支付条件才给与结算支付，出纳主管无法对费用的真实性及合理性进行审核。以上审批控制方式与民营企业中强调由实际控制人进行审批作为控制重点的控制方式存在明显不符。

在项目组提出对上述供应商进行函证，并要求函证采购额时，公司以采购电子产品等来源于集散市场，基本为现款现货，国内此类市场的管理极不规范等理由进行推脱。

对于上述疑问，企业始终未能给出合理的解释。最终，公司财务负责人承认，凭证中没有董事长亲笔签名，而只有个人名章的采购确实为虚假采购。项目组在与公司董事长和财务负责人进行沟通，以公司的实际盈利能力，在进行必要的规范后，能够作为新三板挂牌企业。项目组根据 A 公司的实际情况出具了管理建议书，并辅导公司逐步规范。

（二）关于研发支出与政府补助

对于公司的研发支出和政府补助，项目组根据审计计划进行了详细审计，并提出调整意见。具体如下：

1. A 项目

公司于 2012 年开始研发，在 H 省科技厅立项并以此项目申请研发补助，项目申请文件中未涉及购置固定资产的支出。2012 年实际发生研发费用（主要为人员工资）50 万元，取得政府补助 100 万元；2013 年实际发生研发费用 100 万元，取得政府补助 100 万元。公司于当年将研发支出全部费用化，将收到的政府补助全部确认为营业外收入。

根据企业会计准则的相关规定，企业只有在能够满足政府补助所附条件以及能够收到时，才能确认政府补助。公司收到的与收益相关的政府补助，如果用于补偿公司以后期间的相关费用或损失，则确认为递延收益，并在确认相关费用的期间，计入当期损益；如果用于补偿公司已发生的相关费用或损失的，直接计入当期损益。

项目组要求被审计单位提供该项目的内部会议纪要、相关权力机构决议等审计证据，并要求被审计单位在管理层声明书中明确其将满足政府补助所附的条件。在本案例中，假设 A 项目的研发进度和过程等符合取得该项政府补助的条件，项目组认为，研究此项目发生的费用小于收到的项目补助，应该以实际发生的费用为限确认为营业外收入，剩余部分应该作为递延收益。

2012 年度调整分录：

借：营业外收入——政府补助　　　　500 000

　　贷：递延收益——政府补助　　　　500 000

2013 年度调整分录：

借：递延收益——政府补助　　　　500 000

　　贷：营业外收入——政府补助　　　　500 000

2. B 项目

公司于 2013 年开始研发，在 H 省科技厅立项并以此项目申请研发补助。2013 年 5 月，公司收到省科技厅关于此项目的补助 150 万元。项目组进一步查看了公司的申请文件，公司申报的此项目总投资 600 万元，其中 300 万元用于购买研发设备。申请政府补助 300 万元，本期已经收到了 150 万元。公司将当年购置的研发设备 150 万元、研发人员工资 50 万元、支付外部第三方（某高校）委托开发费用 100 万元全部计入当期研发费用，将收到的政府补助 150 万元全部确认为当期营业外收入。

项目组认为：

（1）此项政府补助应属于“混合型政府补助”，对于混合型政府补助计入当期损益的金额，应在资产相关和收益相关之间进行区分。项目组认为可以按照项目申请文件中购置固定资产占全部研发支出的比例进行分配。

（2）研发设备属于公司的固定资产，应根据预计净残值和预计剩余使用年限计提折旧，相应的折旧费用可以计入研发费用。

（3）项目组取得公司与某高校签订的《委托开发协议》，协议内容大致如下：公司委托某高校从事S技术的开发，合同总价款200万元，合同签订时支付100万元，开发完成后支付剩余款项，开发完成后的成果归公司享有。项目组向公司研发主管了解到，S技术是B项目在开发过程中的关键技术，B项目的研发实际上可视为S技术在IT设备节能管控方面的应用。

在此委托开发协议中，S技术在开发过程中的技术风险、经济风险等均未由公司承担，公司实际上是向高校购买S技术。支付高校的100万元技术开发费用，项目组认为作为购买S技术的预付款项更为合适。

假设B项目的研发进度和过程等符合取得该项政府补助的条件。

2013年度调整分录：

借：固定资产——原值（研发设备）	1 500 000	
贷：管理费用——研发支出		1 500 000
借：管理费用——研发支出	142 500	
贷：固定资产——累计折旧（研发设备）		142 500
借：预付款项——某高校	1 000 000	
贷：管理费用——研发支出		1 000 000
借：营业外收入——政府补助	925 000	
贷：递延收益——政府补助		925 000

本期收到的政府补助150万元，按照申报材料中固定资产占全部研发支出的比例50%计算，此政府补助分为与资产相关的75万元、与收益相关的75万元。与资产相关的政府补助按照研发设备折旧年限5年平均摊销，本期应确认6个月，合计7.5万元。本期实际发生的研发费用50万元，小于本期收到的与收益相关的政府补助，故以50万元为限确认营业外收入。两项合计本期应确认的营业外收入（政府补助）57.5万元。

八、总结分析案例提示

（1）在本案例中，审计人员通过对控制环境的了解和对会计报表的分析，准确地找到了公司可能存在因为满足高新技术企业认定的条件，而进行财务粉饰的动机及机会，将截止测试延伸至报告期初。

（2）在审计过程中，首先应了解公司的业务。根据会计准则判断公司提供产品和劳务的风险报酬转移的时点，并以此作为收入确认的时点。

（3）在细节测试过程中，对于发现的报销审批单上签字（章）不一致的现象，对于此错报没有视为偶发事件，未轻信管理层对于异常事项的解释，而依据审计准则的要求，追加了审计程序、扩大了审计范围。并以此为线索，追踪发现公司成本核算存在不真实的情况。

（4）关于研发支出。对于委托企业以外的单位和个人从事技术开发，相关支出的处理比较复杂。首先需要判断该交易的经济实质相当于公司自行开发相关技术（研发劳务外包），还是实质上相当于外购技术。如果实质上相当于自行开发的，则按《企业会计准则第 6 号——无形资产》判断该支出是属于研究阶段支出还是开发阶段支出，对于开发阶段的支出，再依据《企业会计准则第 6 号——无形资产》规定的五项条件判断是否已经符合开发支出资本化条件。如果实质上相当于外购的，则按该准则关于外购无形资产的相关规定进行会计处理。判断该交易的经济实质是自行研发（研发劳务外包）还是外购技术，主要区分标准是对研发过程中相关风险和报酬的承担情况，以及研发完成后研发成果所有权上的主要风险和报酬归属。

（5）关于政府补助。政府补助是指本公司从政府无偿取得的货币性资产或非货币性资产，但不包括政府作为所有者投入的资本。政府补助分为与资产相关的政府补助和与收益相关的政府补助。对于混合型政府补助计入当期损益的金额，也应在资产相关和收益相关之间进行区分。实在难以区分的，可以按照政府补助准则的指导思想将其作为与收益相关的政府补助。

与资产相关的政府补助，在收到时确认为递延收益，并在相关资产使用寿命内平均分配，计入当期损益。但是按照名义金额计量的政府补助，直接计入当期损益。

与收益相关的政府补助，如果用于补偿本公司以后期间的相关费用或损失，则确认为递延收益，并在确认相关费用的期间，计入当期损益；如果用于补偿本公司已发生的相关费用或损失的，直接计入当期损益。

已确认的政府补助需要返还的，如果存在相关递延收益，则冲减相关递延收益账面余额，超出部分计入当期损益；不存在相关递延收益时，直接将返还的金额计入当期损益。

只有在能够满足政府补助所附条件以及能够收到时，方可确认政府补助。在审计实务中，注册会计师在判断是否能够满足政府补助所附的条件时，可以要求被审计单位提供内部会议纪要、相关权力机构决议、相关政府部门的书面承诺等审计证据，并要求被审计单位在管理层声明书中明确其将满足政府补助所附的条件。

附录

中国注册会计师鉴证业务基本准则

第一章　总　　则

第一条　为了规范注册会计师执行鉴证业务，明确鉴证业务的目标和要素，确定中国注册会计师审计准则、中国注册会计师审阅准则、中国注册会计师其他鉴证业务准则（分别简称审计准则、审阅准则和其他鉴证业务准则）适用的鉴证业务类型，根据《中华人民共和国注册会计师法》，制定本准则。

第二条　鉴证业务包括历史财务信息审计业务、历史财务信息审阅业务和其他鉴证业务。

注册会计师执行历史财务信息审计业务、历史财务信息审阅业务和其他鉴证业务时，应当遵守本准则以及依据本准则制定的审计准则、审阅准则和其他鉴证业务准则。

第三条　本准则所称注册会计师，是指取得注册会计师证书并在会计师事务所执业的人员，有时也指其所在的会计师事务所。

本准则所称鉴证业务要素，是指鉴证业务的三方关系、鉴证对象、标准、证据和鉴证报告。

第四条　注册会计师执行鉴证业务时，应当遵守中国注册会计师职业道德规范（简称职业道德规范）和会计师事务所质量控制准则。

第二章　鉴证业务的定义和目标

第五条　鉴证业务是指注册会计师对鉴证对象信息提出结论，以增强除责任方之外的预期使用者对鉴证对象信息信任程度的业务。

鉴证对象信息是按照标准对鉴证对象进行评价和计量的结果。如责任方按照会计准则和相关会计制度（标准）对其财务状况、经营成果和现金流量（鉴证对象）进行确认、计量和列报（包括披露，下同）而形成的财务报表（鉴证对象信息）。

第六条　鉴证对象信息应当恰当反映既定标准运用于鉴证对象的情况。如果没有按照既定标准恰当反映鉴证对象的情况，鉴证对象信息可能存在错报，而且可能存在重大错报。

第七条 鉴证业务分为基于责任方认定的业务和直接报告业务。

在基于责任方认定的业务中，责任方对鉴证对象进行评价或计量，鉴证对象信息以责任方认定的形式为预期使用者获取。如在财务报表审计中，被审计单位管理层（责任方）对财务状况、经营成果和现金流量（鉴证对象）进行确认、计量和列报（评价或计量）而形成的财务报表（鉴证对象信息）即为责任方的认定，该财务报表可为预期报表使用者获取，注册会计师针对财务报表出具审计报告。这种业务属于基于责任方认定的业务。

在直接报告业务中，注册会计师直接对鉴证对象进行评价或计量，或者从责任方获取对鉴证对象评价或计量的认定，而该认定无法为预期使用者获取，预期使用者只能通过阅读鉴证报告获取鉴证对象信息。如在内部控制鉴证业务中，注册会计师可能无法从管理层（责任方）获取其对内部控制有效性的评价报告（责任方认定），或虽然注册会计师能够获取该报告，但预期使用者无法获取该报告，注册会计师直接对内部控制的有效性（鉴证对象）进行评价并出具鉴证报告，预期使用者只能通过阅读该鉴证报告获得内部控制有效性的信息（鉴证对象信息）。这种业务属于直接报告业务。

第八条 鉴证业务的保证程度分为合理保证和有限保证。

合理保证的鉴证业务的目标是注册会计师将鉴证业务风险降至该业务环境下可接受的低水平，以此作为以积极方式提出结论的基础。如在历史财务信息审计中，要求注册会计师将审计风险降至可接受的低水平，对审计后的历史财务信息提供高水平保证（合理保证），在审计报告中对历史财务信息采用积极方式提出结论。这种业务属于合理保证的鉴证业务。

有限保证的鉴证业务的目标是注册会计师将鉴证业务风险降至该业务环境下可接受的水平，以此作为以消极方式提出结论的基础。如在历史财务信息审阅中，要求注册会计师将审阅风险降至该业务环境下可接受的水平（高于历史财务信息审计中可接受的低水平），对审阅后的历史财务信息提供低于高水平的保证（有限保证），在审阅报告中对历史财务信息采用消极方式提出结论。这种业务属于有限保证的鉴证业务。

第三章 业务承接

第九条 在接受委托前，注册会计师应当初步了解业务环境。

业务环境包括业务约定事项、鉴证对象特征、使用的标准、预期使用者的需求、责任方及其环境的相关特征，以及可能对鉴证业务产生重大影响的事项、交易、条件和惯例等其他事项。

第十条　在初步了解业务环境后，只有认为符合独立性和专业胜任能力等相关职业道德规范的要求，并且拟承接的业务具备下列所有特征，注册会计师才能将其作为鉴证业务予以承接：

（一）鉴证对象适当；

（二）使用的标准适当且预期使用者能够获取该标准；

（三）注册会计师能够获取充分、适当的证据以支持其结论；

（四）注册会计师的结论以书面报告形式表述，且表述形式与所提供的保证程度相适应；

（五）该业务具有合理的目的。如果鉴证业务的工作范围受到重大限制，或委托人试图将注册会计师的名字和鉴证对象不适当地联系在一起，则该业务可能不具有合理的目的。

第十一条　当拟承接的业务不具备本准则第十条规定的鉴证业务的所有特征，不能将其作为鉴证业务予以承接时，注册会计师可以提请委托人将其作为非鉴证业务（如商定程序、代编财务信息、管理咨询、税务服务等相关服务业务），以满足预期使用者的需要。

第十二条　如果某项鉴证业务采用的标准不适当，但满足下列条件之一时，注册会计师可以考虑将其作为一项新的鉴证业务：

（一）委托人能够确认鉴证对象的某个方面适用于所采用的标准，注册会计师可以针对该方面执行鉴证业务，但在鉴证报告中应当说明该报告的内容并非针对鉴证对象整体；

（二）能够选择或设计适用于鉴证对象的其他标准。

第十三条　对已承接的鉴证业务，如果没有合理理由，注册会计师不应将该项业务变更为非鉴证业务，或将合理保证的鉴证业务变更为有限保证的鉴证业务。

当业务环境变化影响到预期使用者的需求，或预期使用者对该项业务的性质存在误解时，注册会计师可以应委托人的要求，考虑同意变更该项业务。如果发生变更，注册会计师不应忽视变更前获取的证据。

第四章 鉴证业务的三方关系

第十四条 鉴证业务涉及的三方关系人包括注册会计师、责任方和预期使用者。

责任方与预期使用者可能是同一方，也可能不是同一方。

第十五条 注册会计师可以承接符合本准则第十条规定的各类鉴证业务。

如果鉴证业务涉及的特殊知识和技能超出了注册会计师的能力，注册会计师可以利用专家协助执行鉴证业务。在这种情况下，注册会计师应当确信包括专家在内的项目组整体已具备执行该项鉴证业务所需的知识和技能，并充分参与该项鉴证业务和了解专家所承担的工作。

第十六条 责任方是指下列组织或人员：

（一）在直接报告业务中，对鉴证对象负责的组织或人员；

（二）在基于责任方认定的业务中，对鉴证对象信息负责并可能同时对鉴证对象负责的组织或人员。

责任方可能是鉴证业务的委托人，也可能不是委托人。

第十七条 注册会计师通常提请责任方提供书面声明，表明责任方已按照既定标准对鉴证对象进行评价或计量，无论该声明是否能为预期使用者获取。

在直接报告业务中，当委托人与责任方不是同一方时，注册会计师可能无法获取此类书面声明。

第十八条 预期使用者是指预期使用鉴证报告的组织或人员。责任方可能是预期使用者，但不是唯一的预期使用者。

注册会计师可能无法识别使用鉴证报告的所有组织和人员，尤其在各种可能的预期使用者对鉴证对象存在不同的利益需求时。注册会计师应当根据法律法规的规定或与委托人签订的协议识别预期使用者。

在可行的情况下，鉴证报告的收件人应当明确为所有的预期使用者。

第十九条 在可行的情况下，注册会计师应当提请预期使用者或其代表，与注册会计师和责任方（如果委托人与责任方不是同一方，还包括委托人）共同确定鉴证业务约定条款。

无论其他人员是否参与，注册会计师都应当负责确定鉴证业务程序的性质、时间和范围，并对鉴证业务中发现的、可能导致对鉴证对象信息作出重大修改的问题进行跟踪。

第二十条　当鉴证业务服务于特定的使用者，或具有特定目的时，注册会计师应当考虑在鉴证报告中注明该报告的特定使用者或特定目的，对报告的用途加以限定。

第五章　鉴证对象

第二十一条　鉴证对象与鉴证对象信息具有多种形式，主要包括：

（一）当鉴证对象为财务业绩或状况时（如历史或预测的财务状况、经营成果和现金流量），鉴证对象信息是财务报表；

（二）当鉴证对象为非财务业绩或状况时（如企业的运营情况），鉴证对象信息可能是反映效率或效果的关键指标；

（三）当鉴证对象为物理特征时（如设备的生产能力），鉴证对象信息可能是有关鉴证对象物理特征的说明文件；

（四）当鉴证对象为某种系统和过程时（如企业的内部控制或信息技术系统），鉴证对象信息可能是关于其有效性的认定；

（五）当鉴证对象为一种行为时（如遵守法律法规的情况），鉴证对象信息可能是对法律法规遵守情况或执行效果的声明。

第二十二条　鉴证对象具有不同特征，可能表现为定性或定量、客观或主观、历史或预测、时点或期间。这些特征将对下列方面产生影响：

（一）按照标准对鉴证对象进行评价或计量的准确性；

（二）证据的说服力。

鉴证报告应当说明与预期使用者特别相关的鉴证对象特征。

第二十三条　适当的鉴证对象应当同时具备下列条件：

（一）鉴证对象可以识别；

（二）不同的组织或人员对鉴证对象按照既定标准进行评价或计量的结果合理一致；

（三）注册会计师能够收集与鉴证对象有关的信息，获取充分、适当的证据，以支持其提出适当的鉴证结论。

第六章　标　准

第二十四条　标准是指用于评价或计量鉴证对象的基准，当涉及列报时，还包括列报的基准。

标准可以是正式的规定，如编制财务报表所使用的会计准则和相关会计制度；也可以是某些非正式的规定，如单位内部制定的行为准则或确定的绩效水平。

第二十五条 注册会计师在运用职业判断对鉴证对象作出合理一致的评价或计量时，需要有适当的标准。

适当的标准应当具备下列所有特征：

（一）相关性：相关的标准有助于得出结论，便于预期使用者作出决策；

（二）完整性：完整的标准不应忽略业务环境中可能影响得出结论的相关因素，当涉及列报时，还包括列报的基准；

（三）可靠性：可靠的标准能够使能力相近的注册会计师在相似的业务环境中，对鉴证对象作出合理一致的评价或计量；

（四）中立性：中立的标准有助于得出无偏向的结论；

（五）可理解性：可理解的标准有助于得出清晰、易于理解、不会产生重大歧义的结论。

注册会计师基于自身的预期、判断和个人经验对鉴证对象进行的评价和计量，不构成适当的标准。

第二十六条 注册会计师应当考虑运用于具体业务的标准是否具备本准则第二十五条所述的特征，以评价该标准对此项业务的适用性。在具体鉴证业务中，注册会计师评价标准各项特征的相对重要程度，需要运用职业判断。

标准可能是由法律法规规定的，或由政府主管部门或国家认可的专业团体依照公开、适当的程序发布的，也可能是专门制定的。采用标准的类型不同，注册会计师为评价该标准对于具体鉴证业务的适用性所需执行的工作也不同。

第二十七条 标准应当能够为预期使用者获取，以使预期使用者了解鉴证对象的评价或计量过程。标准可以通过下列方式供预期使用者获取：

（一）公开发布；

（二）在陈述鉴证对象信息时以明确的方式表述；

（三）在鉴证报告中以明确的方式表述；

（四）常识理解，如计量时间的标准是小时或分钟。

如果确定的标准仅能为特定的预期使用者获取，或仅与特定目的相关，鉴证报告的使用也应限于这些特定的预期使用者或特定目的。

第七章　证　据

第一节　总体要求

第二十八条　注册会计师应当以职业怀疑态度计划和执行鉴证业务，获取有关鉴证对象信息是否不存在重大错报的充分、适当的证据。

注册会计师应当及时对制定的计划、实施的程序、获取的相关证据以及得出的结论作出记录。

第二十九条　注册会计师在计划和执行鉴证业务，尤其在确定证据收集程序的性质、时间和范围时，应当考虑重要性、鉴证业务风险以及可获取证据的数量和质量。

第二节　职业怀疑态度

第三十条　职业怀疑态度是指注册会计师以质疑的思维方式评价所获取证据的有效性，并对相互矛盾的证据，以及引起对文件记录或责任方提供的信息的可靠性产生怀疑的证据保持警觉。

第三十一条　鉴证业务通常不涉及鉴定文件记录的真伪，注册会计师也不是鉴定文件记录真伪的专家，但应当考虑用作证据的信息的可靠性，包括考虑与信息生成和维护相关的控制的有效性。

如果在执行业务过程中识别出的情况使其认为文件记录可能是伪造的或文件记录中的某些条款已发生变动，注册会计师应当作出进一步调查，包括直接向第三方询证，或考虑利用专家的工作，以评价文件记录的真伪。

第三节　证据的充分性和适当性

第三十二条　证据的充分性是对证据数量的衡量，主要与注册会计师确定的样本量有关。证据的适当性是对证据质量的衡量，即证据的相关性和可靠性。

所需证据的数量受鉴证对象信息重大错报风险的影响，即风险越大，可能需要的证据数量越多；所需证据的数量也受证据质量的影响，即证据质量越高，可能需要的证据数量越少。

尽管证据的充分性和适当性相关，但如果证据的质量存在缺陷，注册会计师仅靠获取更多的证据可能无法弥补其质量上的缺陷。

第三十三条　证据的可靠性受其来源和性质的影响，并取决于获取证据的具体环境。

注册会计师通常按照下列原则考虑证据的可靠性：

（一）从外部独立来源获取的证据比从其他来源获取的证据更可靠；

（二）内部控制有效时内部生成的证据比内部控制薄弱时内部生成的证据更可靠；

（三）直接获取的证据比间接获取或推论得出的证据更可靠；

（四）以文件记录形式（无论是纸质、电子或其他介质）存在的证据比口头形式的证据更可靠；

（五）从原件获取的证据比从传真或复印件获取的证据更可靠。

在运用本条第二款第（一）项至第（五）项所述原则评价证据的可靠性时，注册会计师应当注意可能出现的重大例外情况。

第三十四条 如果针对某项认定从不同来源获取的证据或获取的不同性质的证据能够相互印证，与该项认定相关的证据通常具有更强的说服力。

如果从不同来源获取的证据或获取的不同性质的证据不一致，可能表明某项证据不可靠，注册会计师应当追加必要的程序予以解决。

第三十五条 针对一个期间的鉴证对象信息获取充分、适当的证据，通常要比针对一个时点的鉴证对象信息获取充分、适当的证据更困难。

针对过程提出的结论通常限于鉴证业务涵盖的期间，注册会计师不应对该过程是否在未来以特定方式继续发挥作用提出结论。

第三十六条 注册会计师可以考虑获取证据的成本与所获取信息有用性之间的关系，但不应仅以获取证据的困难和成本为由减少不可替代的程序。

在评价证据的充分性和适当性以支持鉴证报告时，注册会计师应当运用职业判断，并保持职业怀疑态度。

第四节　重　要　性

第三十七条 在确定证据收集程序的性质、时间和范围，评估鉴证对象信息是否不存在错报时，注册会计师应当考虑重要性。在考虑重要性时，注册会计师应当了解并评估哪些因素可能会影响预期使用者的决策。

注册会计师应当综合数量和性质因素考虑重要性。在具体业务中评估重要性以及数量和性质因素的相对重要程度，需要注册会计师运用职业判断。

第五节　鉴证业务风险

第三十八条 鉴证业务风险是指在鉴证对象信息存在重大错报的情况下，注册会计师提出不恰当结论的可能性。

在直接报告业务中，鉴证对象信息仅体现在注册会计师的结论中，鉴证业务风险包括注册会计师不恰当地提出鉴证对象在所有重大方面遵守标准的结论的可能性。

第三十九条　在合理保证的鉴证业务中，注册会计师应当将鉴证业务风险降至具体业务环境下可接受的低水平，以获取合理保证，作为以积极方式提出结论的基础。

在有限保证的鉴证业务中，由于证据收集程序的性质、时间和范围与合理保证的鉴证业务不同，其风险水平高于合理保证的鉴证业务；但注册会计师实施的证据收集程序至少应当足以获取有意义的保证水平，作为以消极方式提出结论的基础。

当注册会计师获取的保证水平很有可能在一定程度上增强预期使用者对鉴证对象信息的信任时，这种保证水平是有意义的保证水平。

第四十条　鉴证业务风险通常体现为重大错报风险和检查风险。

重大错报风险是指鉴证对象信息在鉴证前存在重大错报的可能性。

检查风险是指某一鉴证对象信息存在错报，该错报单独或连同其他错报是重大的，但注册会计师未能发现这种错报的可能性。

注册会计师对重大错报风险和检查风险的考虑受具体业务环境的影响，特别受鉴证对象性质，以及所执行的是合理保证鉴证业务还是有限保证鉴证业务的影响。

第六节　证据收集程序的性质、时间和范围

第四十一条　证据收集程序的性质、时间和范围因业务的不同而不同。注册会计师应当清楚表达证据收集程序，并以适当的形式运用于合理保证的鉴证业务和有限保证的鉴证业务。

第四十二条　在合理保证的鉴证业务中，为了能够以积极方式提出结论，注册会计师应当通过下列不断修正的、系统化的执业过程，获取充分、适当的证据：

（一）了解鉴证对象及其他的业务环境事项，在适用的情况下包括了解内部控制；

（二）在了解鉴证对象及其他的业务环境事项的基础上，评估鉴证对象信息

可能存在的重大错报风险；

（三）应对评估的风险，包括制定总体应对措施以及确定进一步程序的性质、时间和范围；

（四）针对已识别的风险实施进一步程序，包括实施实质性程序，以及在必要时测试控制运行的有效性；

（五）评价证据的充分性和适当性。

第四十三条 合理保证提供的保证水平低于绝对保证。由于下列因素的存在，将鉴证业务风险降至零几乎不可能，也不符合成本效益原则：

（一）选择性测试方法的运用；

（二）内部控制的固有局限性；

（三）大多数证据是说服性而非结论性的；

（四）在获取和评价证据以及由此得出结论时涉及大量判断；

（五）在某些情况下鉴证对象具有特殊性。

第四十四条 合理保证的鉴证业务和有限保证的鉴证业务都需要运用鉴证技术和方法，收集充分、适当的证据。与合理保证的鉴证业务相比，有限保证的鉴证业务在证据收集程序的性质、时间、范围等方面是有意识地加以限制的。

无论是合理保证还是有限保证的鉴证业务，如果注意到某事项可能导致对鉴证对象信息是否需要作出重大修改产生疑问，注册会计师应当执行其他足够的程序，追踪这一事项，以支持鉴证结论。

第七节 可获取证据的数量和质量

第四十五条 可获取证据的数量和质量受下列因素的影响：

（一）鉴证对象和鉴证对象信息的特征；

（二）业务环境中除鉴证对象特征以外的其他事项。

第四十六条 对任何类型的鉴证业务，如果下列情形对注册会计师的工作范围构成重大限制，阻碍注册会计师获取所需要的证据，注册会计师提出无保留结论是不恰当的：

（一）客观环境阻碍注册会计师获取所需要的证据，无法将鉴证业务风险降至适当水平；

（二）责任方或委托人施加限制，阻碍注册会计师获取所需要的证据，无法将鉴证业务风险降至适当水平。

第八节　记　　录

第四十七条　注册会计师应当记录重大事项，以提供证据支持鉴证报告，并证明其已按照鉴证业务准则的规定执行业务。

第四十八条　对需要运用职业判断的所有重大事项，注册会计师应当记录推理过程和相关结论。

如果对某些事项难以进行判断，注册会计师还应当记录得出结论时已知悉的有关事实。

第四十九条　注册会计师应当将鉴证过程中考虑的所有重大事项记录于工作底稿。

在运用职业判断确定工作底稿的编制和保存范围时，注册会计师应当考虑，使未曾接触该项鉴证业务的有经验的专业人士了解实施的鉴证程序，以及作出重大决策的依据。

第八章　鉴证报告

第五十条　注册会计师应当出具含有鉴证结论的书面报告，该鉴证结论应当说明注册会计师就鉴证对象信息获取的保证。

注册会计师应当考虑其他报告责任，包括在适当时与治理层沟通。

第五十一条　在基于责任方认定的业务中，注册会计师的鉴证结论可以采用下列两种表述形式：

（一）明确提及责任方认定，如“我们认为，责任方作出的‘根据×标准，内部控制在所有重大方面是有效的’这一认定是公允的”。

（二）直接提及鉴证对象和标准，如“我们认为，根据×标准，内部控制在所有重大方面是有效的”。

在直接报告业务中，注册会计师应当明确提及鉴证对象和标准。

第五十二条　在合理保证的鉴证业务中，注册会计师应当以积极方式提出结论，如“我们认为，根据×标准，内部控制在所有重大方面是有效的”或“我们认为，责任方作出的‘根据×标准，内部控制在所有重大方面是有效的’这一认定是公允的”。

在有限保证的鉴证业务中，注册会计师应当以消极方式提出结论，如“基于本报告所述的工作，我们没有注意到任何事项使我们相信，根据×标准，×系统在任何重大方面是无效的”或“基于本报告所述的工作，我们没有注意到任何事项使我们相信，责任方作出的‘根据×标准，×系统在所有重大方面是有效的’这一认定是不公允的”。

第五十三条 当存在本准则第五十四条至第五十六条所述情况时，注册会计师应当对其影响程度作出判断。如果这些情况影响重大，注册会计师不能出具无保留结论的报告。

第五十四条 对任何类型的鉴证业务，如果注册会计师的工作范围受到限制，注册会计师应当视受到限制的重大与广泛程度，出具保留结论或无法提出结论的报告。

在某些情况下，注册会计师应当考虑解除业务约定。

第五十五条 如果存在下列情形，注册会计师应当视其影响的重大与广泛程度，出具保留结论或否定结论的报告：

（一）注册会计师的结论提及责任方的认定，且该认定未在所有重大方面作出公允表达；

（二）注册会计师的结论直接提及鉴证对象和标准，且鉴证对象信息存在重大错报。

第五十六条 在承接业务后，如果发现标准或鉴证对象不适当，可能误导预期使用者，注册会计师应当视其重大与广泛程度，出具保留结论或否定结论的报告。

如果发现标准或鉴证对象不适当，造成工作范围受到限制，注册会计师应当视受到限制的重大与广泛程度，出具保留结论或无法提出结论的报告。

在某些情况下，注册会计师应当考虑解除业务约定。

第五十七条 当注册会计师针对鉴证对象信息出具报告，或同意将其姓名与鉴证对象联系在一起时，则注册会计师与该鉴证对象发生了关联。

如果获知他人不恰当地将其姓名与鉴证对象相关联，注册会计师应当要求其停止这种行为，并考虑采取其他必要的措施，包括将不恰当使用注册会计师姓名这一情况告知所有已知的使用者或征询法律意见。

第九章　附　　则

第五十八条 注册会计师执行司法诉讼中涉及会计、审计、税务或其他事项的鉴定业务，除有特定要求者外，应当参照本准则办理。

第五十九条　某些业务可能符合本准则第五条鉴证业务的定义，使用者可能从业务报告的意见、观点或措辞中推测出某种程度的保证，但如果满足下列所有条件，注册会计师执行这些业务不必遵守本准则：

（一）注册会计师的意见、观点或措辞对整个业务而言仅是附带性的；

（二）注册会计师出具的书面报告被明确限定为仅供报告中所提及的使用者使用；

（三）与特定预期使用者达成的书面协议中，该业务未被确认为鉴证业务；

（四）在注册会计师出具的报告中，该业务未被称为鉴证业务。

第六十条　本准则自2007年1月1日起施行。

中国注册会计师审计准则第1101号
——财务报表审计的目标和一般原则

第一章　总　　则

第一条　为了规范注册会计师执行财务报表审计业务，明确财务报表审计的目标和一般原则，制定本准则。

第二条　本准则适用于注册会计师执行财务报表审计业务。

第三条　按照中国注册会计师审计准则（以下简称审计准则）的规定对财务报表发表审计意见是注册会计师的责任；在被审计单位治理层的监督下，按照适用的会计准则和相关会计制度的规定编制财务报表是被审计单位管理层的责任。

财务报表审计不能减轻被审计单位管理层和治理层的责任。

第二章　财务报表审计的目标

第四条　财务报表审计的目标是注册会计师通过执行审计工作，对财务报表的下列方面发表审计意见：

（一）财务报表是否按照适用的会计准则和相关会计制度的规定编制；

（二）财务报表是否在所有重大方面公允反映被审计单位的财务状况、经营成果和现金流量。

第五条　财务报表审计属于鉴证业务，注册会计师的审计意见旨在提高财务报表的可信赖程度。

第三章　与财务报表审计相关的职业道德要求

第六条　注册会计师应当遵守相关的职业道德规范，恪守独立、客观、公正的原则，保持专业胜任能力和应有的关注，并对执业过程中获知的信息保密。

第七条　注册会计师应当遵守会计师事务所质量控制准则。

第八条　注册会计师应当按照审计准则的规定执行审计工作。

第四章　财务报表的审计范围

第九条　财务报表的审计范围是指为实现财务报表审计目标，注册会计师根据审计准则和职业判断实施的恰当的审计程序的总和。

第十条　在确定拟实施的审计程序时，注册会计师应当遵守与财务报表审计相关的各项审计准则。

第五章　职业怀疑态度

第十一条　在计划和实施审计工作时，注册会计师应当保持职业怀疑态度，充分考虑可能存在导致财务报表发生重大错报的情形。

第十二条　职业怀疑态度是指注册会计师以质疑的思维方式评价所获取审计证据的有效性，并对相互矛盾的审计证据，以及引起对文件记录或管理层和治理层提供的信息的可靠性产生怀疑的审计证据保持警觉。

第六章　合理保证

第十三条　注册会计师按照审计准则的规定执行审计工作，能够对财务报表整体不存在重大错报获取合理保证。

第十四条　由于审计中存在的固有限制影响注册会计师发现重大错报的能力，注册会计师不能对财务报表整体不存在重大错报获取绝对保证。导致固有限制的因素主要包括：

（一）选择性测试方法的运用；

（二）内部控制的固有局限性；

（三）大多数审计证据是说服性而非结论性的；

（四）为形成审计意见而实施的审计工作涉及大量判断；

（五）某些特殊性质的交易和事项可能影响审计证据的说服力。

第十五条　审计工作不能对财务报表整体不存在重大错报提供担保。

审计意见不是对被审计单位未来生存能力或管理层经营效率、效果提供的保证。

第七章　审计风险和重要性

第十六条　被审计单位在实施战略以实现其目标的过程中可能面临各种经营风险，注册会计师应当重点关注可能影响财务报表的经营风险。

第十七条 合理保证意味着审计风险始终存在，注册会计师应当通过计划和实施审计工作，获取充分、适当的审计证据，将审计风险降至可接受的低水平。

审计风险是指财务报表存在重大错报而注册会计师发表不恰当审计意见的可能性。

第十八条 审计风险取决于重大错报风险和检查风险。注册会计师应当实施审计程序，评估重大错报风险，并根据评估结果设计和实施进一步审计程序，以控制检查风险。

重大错报风险是指财务报表在审计前存在重大错报的可能性。

检查风险是指某一认定存在错报，该错报单独或连同其他错报是重大的，但注册会计师未能发现这种错报的可能性。

第十九条 注册会计师应当关注财务报表的重大错报，但没有责任发现对财务报表整体不产生重大影响的错报。

注册会计师应当考虑已识别但未更正的单个或累计的错报是否对财务报表整体产生重大影响。

重要性与审计风险相关，注册会计师应当合理确定重要性水平。

第二十条 在设计审计程序以确定财务报表整体是否存在重大错报时，注册会计师应当从财务报表层次和各类交易、账户余额、列报（包括披露，下同）认定层次考虑重大错报风险。

财务报表层次重大错报风险通常与控制环境有关，并与财务报表整体存在广泛联系，可能影响多项认定，但难以界定于某类交易、账户余额、列报的具体认定。

第二十一条 注册会计师应当评估财务报表层次的重大错报风险，并根据评估结果确定总体应对措施，包括向项目组分派更有经验或具有特殊技能的审计人员、利用专家的工作或提供更多的督导等。

第二十二条 注册会计师应当评估认定层次的重大错报风险，并根据既定的审计风险水平和评估的认定层次重大错报风险确定可接受的检查风险水平。

在既定的审计风险水平下，可接受的检查风险水平与认定层次重大错报风险的评估结果成反向关系。评估的重大错报风险越高，可接受的检查风险越低；评估的重大错报风险越低，可接受的检查风险越高。

注册会计师应当获取认定层次充分、适当的审计证据，以便在完成审计工作时，能够以可接受的低审计风险对财务报表整体发表审计意见。

第二十三条 检查风险取决于审计程序设计的合理性和执行的有效性。

注册会计师应当合理设计审计程序的性质、时间和范围，并有效执行审计程序，以控制检查风险。

第八章 附 则

第二十四条 本准则自 2007 年 1 月 1 日起施行。

中国注册会计师审计准则第1201号
——计划审计工作

第一章　总　　则

第一条　为了规范注册会计师计划财务报表审计工作，制定本准则。

第二条　本准则适用于注册会计师执行财务报表审计业务。

第三条　注册会计师应当计划审计工作，使审计业务以有效的方式得到执行。

第四条　计划审计工作包括针对审计业务制定总体审计策略和具体审计计划，以将审计风险降至可接受的低水平。

第五条　项目负责人和项目组其他关键成员应当参与计划审计工作，利用其经验和见解，以提高计划过程的效率和效果。

第二章　初步业务活动

第六条　注册会计师应当在本期审计业务开始时开展下列初步业务活动：

（一）针对保持客户关系和具体审计业务实施相应的质量控制程序；

（二）评价遵守职业道德规范的情况，包括评价独立性；

（三）就业务约定条款与被审计单位达成一致理解。

由于在审计工作中情况会发生变化，注册会计师对本条前款第（一）项和第（二）项的考虑应当贯穿审计业务的全过程。

第七条　注册会计师开展初步业务活动有助于确保在计划审计工作时达到下列要求：

（一）注册会计师已具备执行业务所需要的独立性和专业胜任能力；

（二）不存在因管理层诚信问题而影响注册会计师保持该项业务意愿的情况；

（三）与被审计单位不存在对业务约定条款的误解。

第三章　总体审计策略

第八条　注册会计师应当为审计工作制定总体审计策略。

第九条　总体审计策略用以确定审计范围、时间和方向，并指导制定具体审计计划。

总体审计策略的制定应当包括：

（一）确定审计业务的特征，包括采用的会计准则和相关会计制度、特定行业的报告要求以及被审计单位组成部分的分布等，以界定审计范围；

（二）明确审计业务的报告目标，以计划审计的时间安排和所需沟通的性质，包括提交审计报告的时间要求，预期与管理层和治理层沟通的重要日期等；

（三）考虑影响审计业务的重要因素，以确定项目组工作方向，包括确定适当的重要性水平，初步识别可能存在较高的重大错报风险的领域，初步识别重要的组成部分和账户余额，评价是否需要针对内部控制的有效性获取审计证据，识别被审计单位、所处行业、财务报告要求及其他相关方面最近发生的重大变化等。

在制定总体审计策略时，注册会计师还应考虑初步业务活动的结果，以及为被审计单位提供其他服务时所获得的经验。

第十条　针对本准则第九条确定的事项，注册会计师应当在总体审计策略中清楚地说明下列内容：

（一）向具体审计领域调配的资源，包括向高风险领域分派有适当经验的项目组成员，就复杂的问题利用专家工作等；

（二）向具体审计领域分配资源的数量，包括安排到重要存货存放地观察存货盘点的项目组成员的数量，对其他注册会计师工作的复核范围，对高风险领域安排的审计时间预算等；

（三）何时调配这些资源，包括是在期中审计阶段还是在关键的截止日期调配资源等；

（四）如何管理、指导、监督这些资源的利用，包括预期何时召开项目组预备会和总结会，预期项目负责人和经理如何进行复核，是否需要实施项目质量控制复核等。

注册会计师应当根据实施风险评估程序的结果对上述内容予以调整。

第十一条　总体审计策略一经制定，注册会计师应当针对总体审计策略中所识别的不同事项，制定具体审计计划，并考虑通过有效利用审计资源以实现审计目标。

第十二条　总体审计策略的详略程度应当随被审计单位的规模及该项审计业

务的复杂程度的不同而变化。在小型被审计单位审计中，全部审计工作可能由一个很小的审计项目组执行，项目组成员间容易沟通和协调，总体审计策略可以相对简单。

第四章　具体审计计划

第十三条　注册会计师应当为审计工作制定具体审计计划。

第十四条　具体审计计划比总体审计策略更加详细，其内容包括为获取充分、适当的审计证据以将审计风险降至可接受的低水平，项目组成员拟实施的审计程序的性质、时间和范围。

第十五条　具体审计计划应当包括下列内容：

（一）按照《中国注册会计师审计准则第 1211 号——了解被审计单位及其环境并评估重大错报风险》的规定，为了足够识别和评估财务报表重大错报风险，注册会计师计划实施的风险评估程序的性质、时间和范围；

（二）按照《中国注册会计师审计准则第 1231 号——针对评估的重大错报风险实施的程序》的规定，针对评估的认定层次的重大错报风险，注册会计师计划实施的进一步审计程序的性质、时间和范围；

（三）根据中国注册会计师审计准则（以下简称审计准则）的规定，注册会计师针对审计业务需要实施的其他审计程序。

第五章　审计过程中对计划的更改

第十六条　计划审计工作并非审计业务的一个孤立阶段，而是一个持续的、不断修正的过程，贯穿于整个审计业务的始终。

第十七条　由于未预期事项、条件的变化或在实施审计程序中获取的审计证据等原因，注册会计师应当在审计过程中对总体审计策略和具体审计计划作出必要的更新和修改。

第六章　指导、监督与复核

第十八条　注册会计师应当就对项目组成员工作的指导、监督与复核的性质、时间和范围制定计划。

第十九条　对项目组成员工作的指导、监督与复核的性质、时间和范围主要取决于下列因素：

（一）被审计单位的规模和复杂程度；

（二）审计领域；

（三）重大错报风险；

（四）执行审计工作的项目组成员的素质和专业胜任能力。

第七章　对计划审计工作的记录

第二十条　注册会计师应当记录总体审计策略和具体审计计划，包括在审计工作过程中作出的任何重大更改。

第二十一条　注册会计师对总体审计策略的记录，应当包括为恰当计划审计工作和向项目组传达重大事项而作出的关键决策。

第二十二条　注册会计师对具体审计计划的记录，应当能够反映计划实施的风险评估程序的性质、时间和范围，以及针对评估的重大错报风险计划实施的进一步审计程序的性质、时间和范围。

注册会计师可以使用标准的审计程序表或审计工作完成核对表，但应当根据具体审计业务的情况作出适当修改。

第二十三条　注册会计师应当记录对总体审计策略和具体审计计划作出的重大更改及其理由，以及对导致此类更改的事项、条件或审计程序结果采取的应对措施。

第二十四条　注册会计师对计划审计工作记录的形式和范围，取决于被审计单位的规模和复杂程度、重要性、具体审计业务的情况以及对其他审计工作记录的范围等事项。

第八章　与治理层和管理层的沟通

第二十五条　注册会计师可以就计划审计工作的基本情况与被审计单位治理层和管理层进行沟通。

第二十六条　当就总体审计策略和具体审计计划中的内容与治理层、管理层进行沟通时，注册会计师应当保持职业谨慎，以防止由于具体审计程序易于被管理层或治理层所预见而损害审计工作的有效性。

第九章　首次接受审计委托的补充考虑

第二十七条　在首次接受审计委托前，注册会计师应当执行下列程序：

（一）针对建立客户关系和承接具体审计业务实施相应的质量控制程序；

（二）如果被审计单位变更了会计师事务所，按照职业道德规范和审计准则的规定，与前任注册会计师沟通。

第二十八条　对于首次接受审计委托，在制定总体审计策略和具体审计计划时，注册会计师还应当考虑下列事项：

（一）就与前任注册会计师沟通作出安排，包括查阅前任注册会计师的工作底稿等；

（二）与管理层讨论的有关首次接受审计委托的重大问题，就这些重大问题与治理层沟通的情况，以及这些重大问题是如何影响总体审计策略和具体审计计划的；

（三）针对期初余额获取充分、适当的审计证据而计划实施的审计程序；

（四）针对预见到的特别风险，分派具有相应素质和专业胜任能力的人员；

（五）根据会计师事务所关于首次接受审计委托的质量控制制度实施的其他程序。

第十章　附　　则

第二十九条　本准则自 2007 年 1 月 1 日起施行。

中国注册会计师审计准则第1211号
——了解被审计单位及其环境并评估重大错报风险

第一章　总　则

第一条　为了规范注册会计师了解被审计单位及其环境，识别和评估财务报表重大错报风险，制定本准则。

第二条　本准则适用于注册会计师执行财务报表审计业务。

第三条　注册会计师应当了解被审计单位及其环境，以足够识别和评估财务报表重大错报风险，设计和实施进一步审计程序。

第四条　了解被审计单位及其环境是必要程序，特别是为注册会计师在下列关键环节作出职业判断提供重要基础：

（一）确定重要性水平，并随着审计工作的进程评估对重要性水平的判断是否仍然适当；

（二）考虑会计政策的选择和运用是否恰当，以及财务报表的列报（包括披露，下同）是否适当；

（三）识别需要特别考虑的领域，包括关联方交易、管理层运用持续经营假设的合理性，或交易是否具有合理的商业目的等；

（四）确定在实施分析程序时所使用的预期值；

（五）设计和实施进一步审计程序，以将审计风险降至可接受的低水平；

（六）评价所获取审计证据的充分性和适当性。

第五条　了解被审计单位及其环境是一个连续和动态地收集、更新与分析信息的过程，贯穿于整个审计过程的始终。注册会计师应当运用职业判断确定需要了解被审计单位及其环境的程度。

第二章　风险评估程序、信息来源以及项目组内部的讨论

第一节　风险评估程序和信息来源

第六条　注册会计师应当实施下列风险评估程序以了解被审计单位及其环境：

（一）询问被审计单位管理层和内部其他相关人员；

（二）分析程序；

（三）观察和检查。

第七条 注册会计师除了询问管理层和对财务报告负有责任的人员外，还应当考虑询问内部审计人员、采购人员、生产人员、销售人员等其他人员，并考虑询问不同级别的员工，以获取对识别重大错报风险有用的信息。

第八条 注册会计师实施分析程序有助于识别异常的交易或事项，以及对财务报表和审计产生影响的金额、比率和趋势。

在实施分析程序时，注册会计师应当预期可能存在的合理关系，并与被审计单位记录的金额、依据记录金额计算的比率或趋势相比较；如果发现异常或未预期到的关系，注册会计师应当在识别重大错报风险时考虑这些比较结果。

如果使用了高度汇总的数据，实施分析程序的结果仅可能初步显示财务报表存在重大错报风险，注册会计师应当将分析结果连同识别重大错报风险时获取的其他信息一并考虑。

第九条 观察和检查程序可以印证对管理层和其他相关人员的询问结果，并可提供有关被审计单位及其环境的信息，注册会计师应当实施下列观察和检查程序：

（一）观察被审计单位的生产经营活动；

（二）检查文件、记录和内部控制手册；

（三）阅读由管理层和治理层编制的报告；

（四）实地察看被审计单位的生产经营场所和设备；

（五）追踪交易在财务报告信息系统中的处理过程（穿行测试）。

第十条 如果根据职业判断认为从被审计单位外部获取的信息有助于识别重大错报风险，注册会计师应当实施其他审计程序以获取这些信息。

第十一条 注册会计师应当考虑在承接客户或续约过程中获取的信息，以及向被审计单位提供其他服务所获得的经验是否有助于识别重大错报风险。

第十二条 对于连续审计业务，如果拟利用在以前期间获取的信息，注册会计师应当确定被审计单位及其环境是否已发生变化，以及该变化是否可能影响以前期间获取的信息在本期审计中的相关性。

第二节 项目组内部的讨论

第十三条 注册会计师应当组织项目组成员对财务报表存在重大错报的可能

性进行讨论，并运用职业判断确定讨论的目标、内容、人员、时间和方式。

第十四条　项目组通过讨论可以使成员更好地了解在各自负责的领域中，由于舞弊或错误导致财务报表重大错报的可能性，并了解各自实施审计程序的结果如何影响审计的其他方面，包括对确定进一步审计程序的性质、时间和范围的影响。

第十五条　项目组应当讨论被审计单位面临的经营风险、财务报表容易发生错报的领域以及发生错报的方式，特别是由于舞弊导致重大错报的可能性。

第十六条　项目组的关键成员应当参与讨论。如果项目组需要拥有信息技术或其他特殊技能的专家，这些专家也应参与讨论。

第十七条　项目组应当根据审计的具体情况，在整个审计过程中持续交换有关财务报表发生重大错报可能性的信息。

第十八条　项目组在讨论时应当强调在整个审计过程中保持职业怀疑态度，警惕可能发生重大错报的迹象，并对这些迹象进行严格追踪。

第三章　了解被审计单位及其环境

第一节　总 体 要 求

第十九条　注册会计师应当从下列方面了解被审计单位及其环境：

（一）行业状况、法律环境与监管环境以及其他外部因素；

（二）被审计单位的性质；

（三）被审计单位对会计政策的选择和运用；

（四）被审计单位的目标、战略以及相关经营风险；

（五）被审计单位财务业绩的衡量和评价；

（六）被审计单位的内部控制。

注册会计师应当根据本章第二节至第六节的规定了解本条前款第（一）项至第（五）项，根据本准则第四章的规定了解本条前款第（六）项。

在针对本条第一款各项确定风险评估程序的性质、时间和范围时，注册会计师应当考虑审计业务的具体情况和相关审计经验，并识别本条第一款各项与以前期间相比发生的重大变化。

第二节　行业状况、法律环境与监管环境以及其他外部因素

第二十条　注册会计师应当了解被审计单位的行业状况，主要包括：

（一）所在行业的市场供求与竞争；

（二）生产经营的季节性和周期性；

（三）产品生产技术的变化；

（四）能源供应与成本；

（五）行业的关键指标和统计数据。

第二十一条 注册会计师应当了解被审计单位所处的法律环境及监管环境，主要包括：

（一）适用的会计准则、会计制度和行业特定惯例；

（二）对经营活动产生重大影响的法律法规及监管活动；

（三）对开展业务产生重大影响的政府政策，包括货币、财政、税收和贸易等政策；

（四）与被审计单位所处行业和所从事经营活动相关的环保要求。

第二十二条 注册会计师应当了解影响被审计单位经营的其他外部因素，主要包括：

（一）宏观经济的景气度；

（二）利率和资金供求状况；

（三）通货膨胀水平及币值变动；

（四）国际经济环境和汇率变动。

第二十三条 注册会计师应当考虑被审计单位所在行业的业务性质或监管程度是否可能导致特定的重大错报风险，考虑项目组是否配备了具有相关知识和经验的成员。

第三节 被审计单位的性质

第二十四条 注册会计师应当主要从下列方面了解被审计单位的性质：

（一）所有权结构；

（二）治理结构；

（三）组织结构；

（四）经营活动；

（五）投资活动；

（六）筹资活动。

了解被审计单位的性质有助于注册会计师理解预期在财务报表中反映的各类

交易、账户余额、列报。

第二十五条　注册会计师应当了解所有权结构以及所有者与其他人员或单位之间的关系，考虑关联方关系是否已经得到识别，以及关联方交易是否得到恰当核算。

第二十六条　注册会计师应当了解被审计单位的治理结构，考虑治理层是否能够在独立于管理层的情况下对被审计单位事务（包括财务报告）做出客观判断。

第二十七条　注册会计师应当了解被审计单位的组织结构，考虑复杂组织结构可能导致的重大错报风险，包括财务报表合并、商誉摊销和减值、长期股权投资核算以及特殊目的实体核算等问题。

第二十八条　注册会计师应当了解被审计单位的经营活动，主要包括：

（一）主营业务的性质；

（二）与生产产品或提供劳务相关的市场信息；

（三）业务的开展情况；

（四）联盟、合营与外包情况；

（五）从事电子商务的情况；

（六）地区与行业分布；

（七）生产设施、仓库的地理位置及办公地点；

（八）关键客户；

（九）重要供应商；

（十）劳动用工情况；

（十一）研究与开发活动及其支出；

（十二）关联方交易。

第二十九条　注册会计师应当了解被审计单位的投资活动，主要包括：

（一）近期拟实施或已实施的并购活动与资产处置情况；

（二）证券投资、委托贷款的发生与处置；

（三）资本性投资活动，包括固定资产和无形资产投资，以及近期或计划发生的变动；

（四）不纳入合并范围的投资。

第三十条　注册会计师应当了解被审计单位的筹资活动，主要包括：

（一）债务结构和相关条款，包括担保情况及表外融资；

（二）固定资产的租赁；

（三）关联方融资；

（四）实际受益股东；

（五）衍生金融工具的运用。

第四节　被审计单位对会计政策的选择和运用

第三十一条　注册会计师应当了解被审计单位对会计政策的选择和运用，是否符合适用的会计准则和相关会计制度，是否符合被审计单位的具体情况。

第三十二条　在了解被审计单位对会计政策的选择和运用是否适当时，注册会计师应当关注下列重要事项：

（一）重要项目的会计政策和行业惯例；

（二）重大和异常交易的会计处理方法；

（三）在新领域和缺乏权威性标准或共识的领域，采用重要会计政策产生的影响；

（四）会计政策的变更；

（五）被审计单位何时采用以及如何采用新颁布的会计准则和相关会计制度。

第三十三条　如果被审计单位变更了重要的会计政策，注册会计师应当考虑变更的原因及其适当性，并考虑是否符合适用的会计准则和相关会计制度的规定。

第三十四条　注册会计师应当考虑，被审计单位是否按照适用的会计准则和相关会计制度的规定恰当地进行了列报，并披露了重要事项。

第五节　被审计单位的目标、战略以及相关经营风险

第三十五条　注册会计师应当了解被审计单位的目标和战略，以及可能导致财务报表重大错报的相关经营风险。

第三十六条　经营风险源于对被审计单位实现目标和战略产生不利影响的重大情况、事项、环境和行动，或源于不恰当的目标和战略。

注册会计师应当了解被审计单位是否存在与下列方面有关的目标和战略，并考虑相应的经营风险：

（一）行业发展，及其可能导致的被审计单位不具备足以应对行业变化的人力资源和业务专长等风险；

（二）开发新产品或提供新服务，及其可能导致的被审计单位产品责任增加等风险；

（三）业务扩张，及其可能导致的被审计单位对市场需求的估计不准确等风险；

（四）新颁布的会计法规，及其可能导致的被审计单位执行法规不当或不完整，或会计处理成本增加等风险；

（五）监管要求，及其可能导致的被审计单位法律责任增加等风险；

（六）本期及未来的融资条件，及其可能导致的被审计单位由于无法满足融资条件而失去融资机会等风险；

（七）信息技术的运用，及其可能导致的被审计单位信息系统与业务流程难以融合等风险。

第三十七条　多数经营风险最终都会产生财务后果，从而影响财务报表。注册会计师应当根据被审计单位的具体情况考虑经营风险是否可能导致财务报表发生重大错报。

第三十八条　管理层通常制定识别和应对经营风险的策略，注册会计师应当了解被审计单位的风险评估过程。

第三十九条　小型被审计单位通常没有正式的计划和程序来确定其目标、战略并管理经营风险。注册会计师应当询问管理层或观察小型被审计单位如何应对这些事项。

第六节　被审计单位财务业绩的衡量和评价

第四十条　被审计单位内部或外部对财务业绩的衡量和评价可能对管理层产生压力，促使其采取行动改善财务业绩或歪曲财务报表。

注册会计师应当了解被审计单位财务业绩的衡量和评价情况，考虑这种压力是否可能导致管理层采取行动，以至于增加财务报表发生重大错报的风险。

第四十一条　在了解被审计单位财务业绩衡量和评价情况时，注册会计师应当关注下列信息：

（一）关键业绩指标；

（二）业绩趋势；

（三）预测、预算和差异分析；

（四）管理层和员工业绩考核与激励性报酬政策；

（五）分部信息与不同层次部门的业绩报告；

（六）与竞争对手的业绩比较；

（七）外部机构提出的报告。

第四十二条 注册会计师应当关注被审计单位内部财务业绩衡量所显示的未预期到的结果或趋势、管理层的调查结果和纠正措施，以及相关信息是否显示财务报表可能存在重大错报。

第四十三条 如果拟利用被审计单位内部信息系统生成的财务业绩衡量指标，注册会计师应当考虑相关信息是否可靠，以及利用这些信息是否足以实现审计目标。

第四十四条 小型被审计单位通常没有正式的财务业绩衡量和评价程序，管理层往往依据某些关键指标，作为评价财务业绩和采取适当行动的基础，注册会计师应当了解管理层使用的关键指标。

第四章 了解被审计单位的内部控制

第一节 内部控制的内涵和要素

第四十五条 注册会计师应当了解与审计相关的内部控制以识别潜在错报的类型，考虑导致重大错报风险的因素，以及设计和实施进一步审计程序的性质、时间和范围。

第四十六条 内部控制是被审计单位为了合理保证财务报告的可靠性、经营的效率和效果以及对法律法规的遵守，由治理层、管理层和其他人员设计和执行的政策和程序。

第四十七条 内部控制包括下列要素：

（一）控制环境；

（二）风险评估过程；

（三）信息系统与沟通；

（四）控制活动；

（五）对控制的监督。

本准则所称的内部控制包括本条前款所述的五项要素；本准则所称的控制包括本条前款所述的一项或多项要素，或要素表现出的各个方面。

第四十八条 本准则对内部控制要素的分类提供了了解内部控制的框架，但无论对内部控制要素如何进行分类，注册会计师都应当重点考虑被审计单位某项控制，是否能够以及如何防止或发现并纠正各类交易、账户余额、列报存在的重大错报。

第四十九条　小型被审计单位通常采用非正式和简单的内部控制实现其目标，参与日常经营管理的业主（以下简称业主）可能承担多项职能，内部控制要素没有得到清晰区分，注册会计师应当综合考虑小型被审计单位内部控制要素能否实现其目标。

第二节　与审计相关的控制

第五十条　与审计相关的控制，包括被审计单位为实现财务报告可靠性目标设计和实施的控制。注册会计师应当运用职业判断，考虑一项控制单独或连同其他控制是否与评估重大错报风险以及针对评估的风险设计和实施进一步审计程序有关。

在运用职业判断时，注册会计师应当考虑下列因素：

（一）注册会计师确定的重要性水平；

（二）被审计单位的性质；

（三）被审计单位的规模；

（四）被审计单位经营的多样性和复杂性；

（五）法律法规和监管要求；

（六）作为内部控制组成部分的系统的性质和复杂性。

第五十一条　如果在设计和实施进一步审计程序时拟利用被审计单位内部生成的信息，注册会计师应当考虑用以保证该信息完整性和准确性的控制可能与审计相关。

第五十二条　如果用以保证经营效率、效果的控制以及对法律法规遵守的控制与实施审计程序时评价或使用的数据相关，注册会计师应当考虑这些控制可能与审计相关。

第五十三条　用以保护资产的内部控制可能包括与实现财务报告可靠性和经营效率、效果目标相关的控制。注册会计师在了解保护资产的内部控制各项要素时，可仅考虑其中与财务报告可靠性目标相关的控制。

第三节　对内部控制了解的深度

第五十四条　注册会计师在了解内部控制时，应当评价控制的设计，并确定其是否得到执行。

评价控制的设计是指考虑一项控制单独或连同其他控制是否能够有效防止或发现并纠正重大错报。

控制得到执行是指某项控制存在且被审计单位正在使用。

设计不当的控制可能表明内部控制存在重大缺陷，注册会计师在确定是否考虑控制得到执行时，应当首先考虑控制的设计。

第五十五条 注册会计师通常实施下列风险评估程序，以获取有关控制设计和执行的审计证据：

（一）询问被审计单位的人员；

（二）观察特定控制的运用；

（三）检查文件和报告；

（四）追踪交易在财务报告信息系统中的处理过程（穿行测试）。

询问本身并不足以评价控制的设计以及确定其是否得到执行，注册会计师应当将询问与其他风险评估程序结合使用。

第五十六条 除非存在某些可以使控制得到一贯运行的自动化控制，注册会计师对控制的了解并不能够代替对控制运行有效性的测试。

第四节 内部控制的人工和自动化成分

第五十七条 内部控制可能既包括人工成分又包括自动化成分，在风险评估以及设计和实施进一步审计程序时，注册会计师应当考虑内部控制的人工和自动化特征及其影响。

第五十八条 信息技术通常在下列方面提高被审计单位内部控制的效率和效果：

（一）在处理大量的交易或数据时，一贯运用事先确定的业务规则，并进行复杂运算；

（二）提高信息的及时性、可获得性及准确性；

（三）有助于对信息的深入分析；

（四）加强对被审计单位政策和程序执行情况的监督；

（五）降低控制被规避的风险；

（六）通过对操作系统、应用程序系统和数据库系统实施安全控制，提高不相容职务分离的有效性。

第五十九条　注册会计师应当从下列方面了解信息技术对内部控制产生的特定风险：

（一）系统或程序未能正确处理数据，或处理了不正确的数据，或两种情况同时并存；

（二）在未得到授权情况下访问数据，可能导致数据的毁损或对数据不恰当的修改，包括记录未经授权或不存在的交易，或不正确地记录了交易；

（三）信息技术人员可能获得超越其履行职责以外的数据访问权限，破坏了系统应有的职责分工；

（四）未经授权改变主文档的数据；

（五）未经授权改变系统或程序；

（六）未能对系统或程序作出必要的修改；

（七）不恰当的人为干预；

（八）数据丢失的风险或不能访问所需要的数据。

第六十条　内部控制的人工成分在处理下列需要主观判断或酌情处理的情形时可能更为适当：

（一）存在大额、异常或偶发的交易；

（二）存在难以定义、防范或预见的错误；

（三）为应对情况的变化，需要对现有的自动化控制进行调整；

（四）监督自动化控制的有效性。

第六十一条　注册会计师应当从下列方面了解人工控制产生的特定风险：

（一）人工控制可能更容易被规避、忽视或凌驾；

（二）人工控制可能不具有一贯性；

（三）人工控制可能更容易产生简单错误或失误。

第六十二条　注册会计师应当考虑人工控制在下列情形中可能是不适当的：

（一）存在大量或重复发生的交易；

（二）事先可预见的错误能够通过自动化控制得以防范或发现；

（三）控制活动可得到适当设计和自动化处理。

第六十三条　在了解内部控制时，注册会计师应当考虑被审计单位是否通过建立有效的控制，以恰当应对由于使用信息技术系统或人工系统而产生的风险。

第五节　内部控制的局限性

第六十四条　内部控制存在下列固有局限性，无论如何设计和执行，只能对财务报告的可靠性提供合理的保证：

（一）在决策时人为判断可能出现错误和由于人为失误而导致内部控制失效；

（二）可能由于两个或更多的人员进行串通或管理层凌驾于内部控制之上而被规避。

第六十五条 小型被审计单位拥有的员工通常较少，限制了其职责分离的程度，业主凌驾于内部控制之上的可能性较大，注册会计师应当考虑一些关键领域是否存在有效的内部控制。

第六节 控制环境

第六十六条 注册会计师应当了解控制环境。

控制环境包括治理职能和管理职能，以及治理层和管理层对内部控制及其重要性的态度、认识和措施。

第六十七条 在评价控制环境的设计和实施情况时，注册会计师应当了解管理层在治理层的监督下，是否营造并保持了诚实守信和合乎道德的文化，以及是否建立了防止或发现并纠正舞弊和错误的恰当控制。

第六十八条 在评价控制环境的设计时，注册会计师应当考虑构成控制环境的下列要素，以及这些要素如何被纳入被审计单位业务流程：

（一）对诚信和道德价值观念的沟通与落实；

（二）对胜任能力的重视；

（三）治理层的参与程度；

（四）管理层的理念和经营风格；

（五）组织结构；

（六）职权与责任的分配；

（七）人力资源政策与实务。

第六十九条 在确定构成控制环境的要素是否得到执行时，注册会计师应当考虑将询问与其他风险评估程序相结合以获取审计证据。

通过询问管理层和员工，注册会计师可能了解管理层如何就业务规程和道德价值观念与员工进行沟通。

通过观察和检查，注册会计师可能了解管理层是否建立了正式的行为守则，在日常工作中行为守则是否得到遵守，以及管理层如何处理违反行为守则的情形。

第七十条　控制环境对重大错报风险的评估具有广泛影响，注册会计师应当考虑控制环境的总体优势是否为内部控制的其他要素提供了适当的基础，并且未被控制环境中存在的缺陷所削弱。

第七十一条　控制环境本身并不能防止或发现并纠正各类交易、账户余额、列报认定层次的重大错报，注册会计师在评估重大错报风险时应当将控制环境连同其他内部控制要素产生的影响一并考虑。

第七十二条　在小型被审计单位，可能无法获取以文件形式存在的有关控制环境要素的审计证据，注册会计师应当重点了解管理层对内部控制设计的态度、认识和措施。

第七节　被审计单位的风险评估过程

第七十三条　注册会计师应当了解被审计单位的风险评估过程和结果。

风险评估过程包括识别与财务报告相关的经营风险，以及针对这些风险所采取的措施。

第七十四条　在评价被审计单位风险评估过程的设计和执行时，注册会计师应当确定管理层如何识别与财务报告相关的经营风险，如何估计该风险的重要性，如何评估风险发生的可能性，以及如何采取措施管理这些风险。

第七十五条　注册会计师应当询问管理层识别出的经营风险，并考虑这些风险是否可能导致重大错报。

在审计过程中，如果识别出管理层未能识别的重大错报风险，注册会计师应当考虑被审计单位的风险评估过程为何没有识别出这些风险，以及评估过程是否适合于具体环境。

第七十六条　在小型被审计单位，管理层可能没有正式的风险评估过程，注册会计师应当与管理层讨论其如何识别经营风险以及如何应对这些风险。

第八节　信息系统与沟通

第七十七条　与财务报告相关的信息系统，包括用以生成、记录、处理和报告交易、事项和情况，对相关资产、负债和所有者权益履行经营管理责任的程序和记录。

与财务报告相关的信息系统应当与业务流程相适应。

第七十八条　与财务报告相关的信息系统所生成信息的质量，对管理层能否作出恰当的经营管理决策以及编制可靠的财务报告具有重大影响。

与财务报告相关的信息系统通常包括下列职能：

（一）识别与记录所有的有效交易；

（二）及时、详细地描述交易，以便在财务报告中对交易作出恰当分类；

（三）恰当计量交易，以便在财务报告中对交易的金额作出准确记录；

（四）恰当确定交易生成的会计期间；

（五）在财务报表中恰当列报交易。

第七十九条 注册会计师应当从下列方面了解与财务报告相关的信息系统：

（一）在被审计单位经营过程中，对财务报表具有重大影响的各类交易；

（二）在信息技术和人工系统中，对交易生成、记录、处理和报告的程序；

（三）与交易生成、记录、处理和报告有关的会计记录、支持性信息和财务报表中的特定项目；

（四）信息系统如何获取除各类交易之外的对财务报表具有重大影响的事项和情况；

（五）被审计单位编制财务报告的过程，包括作出的重大会计估计和披露。

第八十条 在了解与财务报告相关的信息系统时，注册会计师应当特别关注由于管理层凌驾于账户记录控制之上，或规避控制行为而产生的重大错报风险，并考虑被审计单位如何纠正不正确的交易处理。

第八十一条 与财务报告相关的沟通包括使员工了解各自在与财务报告有关的内部控制方面的角色和职责，员工之间的工作联系，以及向适当级别的管理层报告例外事项的方式。

注册会计师应当了解被审计单位内部如何对财务报告的岗位职责，以及与财务报告相关的重大事项进行沟通。

注册会计师还应当了解管理层与治理层之间的沟通，以及被审计单位与外部的沟通。

第八十二条 在小型被审计单位，与财务报告相关的信息系统和沟通可能不如大型被审计单位正式和复杂，注册会计师应当考虑这种特征对评估重大错报风险的影响。

第九节 控制活动

第八十三条 注册会计师应当了解控制活动，以足够评估认定层次的重大错报风险和针对评估的风险设计进一步审计程序。

控制活动是指有助于确保管理层的指令得以执行的政策和程序，包括与授权、业绩评价、信息处理、实物控制和职责分离等相关的活动。

第八十四条　注册会计师应当了解与授权有关的控制活动，包括一般授权和特别授权。

一般授权是指管理层制定的要求组织内部遵守的普遍适用于某类交易或活动的政策。

特别授权是指管理层针对特定类别的交易或活动逐一设置的授权。

第八十五条　注册会计师应当了解与业绩评价有关的控制活动，主要包括被审计单位分析评价实际业绩与预算（或预测、前期业绩）的差异，综合分析财务数据与经营数据的内在关系，将内部数据与外部信息来源相比较，评价职能部门、分支机构或项目活动的业绩，以及对发现的异常差异或关系采取必要的调查与纠正措施。

第八十六条　注册会计师应当了解与信息处理有关的控制活动，包括信息技术一般控制和应用控制。

信息技术一般控制是指与多个应用系统有关的政策和程序，有助于保证信息系统持续恰当地运行（包括信息的完整性和数据的安全性），支持应用控制作用的有效发挥，通常包括数据中心和网络运行控制，系统软件的购置、修改及维护控制，接触或访问权限控制，应用系统的购置、开发及维护控制。

信息技术应用控制是指主要在业务流程层次运行的人工或自动化程序，与用于生成、记录、处理、报告交易或其他财务数据的程序相关，通常包括检查数据计算准确性，审核账户和试算平衡表，设置对输入数据和数字序号的自动检查，以及对例外报告进行人工干预。

第八十七条　注册会计师应当了解实物控制，主要包括了解对资产和记录采取适当的安全保护措施，对访问计算机程序和数据文件设置授权，以及定期盘点并将盘点记录与会计记录相核对。

实物控制的效果影响资产的安全，从而对财务报表的可靠性及审计产生影响。

第八十八条　注册会计师应当了解职责分离，主要包括了解被审计单位如何将交易授权、交易记录以及资产保管等职责分配给不同员工，以防范同一员工在履行多项职责时可能发生的舞弊或错误。

第八十九条 在了解控制活动时，注册会计师应当重点考虑一项控制活动单独或连同其他控制活动，是否能够以及如何防止或发现并纠正各类交易、账户余额、列报存在的重大错报。

如果多项控制活动能够实现同一目标，注册会计师不必了解与该目标相关的每项控制活动。

第九十条 在了解其他内部控制要素时，如果获取了控制活动是否存在的信息，注册会计师应当确定是否有必要进一步了解这些控制活动。

第九十一条 小型被审计单位通常难以实施适当的职责分离，注册会计师应当考虑小型被审计单位采取的控制活动能否有效实现控制目标。

第十节 对控制的监督

第九十二条 注册会计师应当了解被审计单位对与财务报告相关的内部控制的监督活动，并了解如何采取纠正措施。

对控制的监督是指被审计单位评价内部控制在一段时间内运行有效性的过程，该过程包括及时评价控制的设计和运行，以及根据情况的变化采取必要的纠正措施。

第九十三条 注册会计师应当了解被审计单位对控制的持续监督活动和专门的评价活动。

持续的监督活动通常贯穿于被审计单位的日常经营活动与常规管理工作中。

被审计单位可能使用内部审计人员或具有类似职能的人员对内部控制的设计和执行进行专门的评价。

被审计单位也可能利用与外部有关各方沟通或交流所获取的信息监督相关的控制活动。

第九十四条 注册会计师应当了解与被审计单位监督活动相关的信息来源，以及管理层认为信息具有可靠性的依据。

如果拟利用被审计单位监督活动使用的信息（包括内部审计报告），注册会计师应当考虑该信息是否具有可靠的基础，是否足以实现审计目标。

第九十五条 小型被审计单位通常没有正式的持续监督活动，且持续的监督活动与日常管理工作难以明确区分，注册会计师应当考虑业主对经营活动的密切参与能否有效实现其对控制的监督目标。

第五章　评估重大错报风险

第一节　识别和评估财务报表层次和认定层次的重大错报风险

第九十六条　注册会计师应当识别和评估财务报表层次以及各类交易、账户余额、列报认定层次的重大错报风险。

在识别和评估重大错报风险时，注册会计师应当实施下列审计程序：

（一）在了解被审计单位及其环境的整个过程中识别风险，并考虑各类交易、账户余额、列报；

（二）将识别的风险与认定层次可能发生错报的领域相联系；

（三）考虑识别的风险是否重大；

（四）考虑识别的风险导致财务报表发生重大错报的可能性。

第九十七条　注册会计师应当利用实施风险评估程序获取的信息，包括在评价控制设计和确定其是否得到执行时获取的审计证据，作为支持风险评估结果的审计证据。

注册会计师应当根据风险评估结果，确定实施进一步审计程序的性质、时间和范围。

第九十八条　注册会计师应当关注下列事项和情况可能表明被审计单位存在重大错报风险：

（一）在经济不稳定的国家或地区开展业务；

（二）在高度波动的市场开展业务；

（三）在严厉、复杂的监管环境中开展业务；

（四）持续经营和资产流动性出现问题，包括重要客户流失；

（五）融资能力受到限制；

（六）行业环境发生变化；

（七）供应链发生变化；

（八）开发新产品或提供新服务，或进入新的业务领域；

（九）开辟新的经营场所；

（十）发生重大收购、重组或其他非经常性事项；

（十一）拟出售分支机构或业务分部；

（十二）复杂的联营或合资；

（十三）运用表外融资、特殊目的实体以及其他复杂的融资协议；
（十四）重大的关联方交易；
（十五）缺乏具备胜任能力的会计人员；
（十六）关键人员变动；
（十七）内部控制薄弱；
（十八）信息技术战略与经营战略不协调；
（十九）信息技术环境发生变化；
（二十）安装新的与财务报告有关的重大信息技术系统；
（二十一）经营活动或财务报告受到监管机构的调查；
（二十二）以往存在重大错报或本期期末出现重大会计调整；
（二十三）发生重大的非常规交易；
（二十四）按照管理层特定意图记录的交易；
（二十五）应用新颁布的会计准则或相关会计制度；
（二十六）会计计量过程复杂；
（二十七）事项或交易在计量时存在重大不确定性；
（二十八）存在未决诉讼和或有负债。

第九十九条 注册会计师应当确定，识别的重大错报风险是与特定的某类交易、账户余额、列报的认定相关，还是与财务报表整体广泛相关，进而影响多项认定。

第一百条 财务报表层次的重大错报风险很可能源于薄弱的控制环境。

薄弱的控制环境带来的风险可能对财务报表产生广泛影响，难以限于某类交易、账户余额、列报，注册会计师应当采取总体应对措施。

第一百零一条 在评估重大错报风险时，注册会计师应当将所了解的控制与特定认定相联系。

控制与认定直接或间接相关；关系越间接，控制对防止或发现并纠正认定错报的效果越小。

注册会计师可能识别出有助于防止或发现并纠正特定认定发生重大错报的控制。在确定这些控制是否能够实现上述目标时，注册会计师应当将控制活动和其他要素综合考虑。

第一百零二条 如果通过对内部控制的了解发现下列情况，并对财务报表局部或整体的可审计性产生疑问，注册会计师应当考虑出具保留意见或无法表示意见的审计报告：

（一）被审计单位会计记录的状况和可靠性存在重大问题，不能获取充分、适当的审计证据以发表无保留意见；

（二）对管理层的诚信存在严重疑虑。

必要时，注册会计师应当考虑解除业务约定。

第二节　需要特别考虑的重大错报风险

第一百零三条　作为风险评估的一部分，注册会计师应当运用职业判断，确定识别的风险哪些是需要特别考虑的重大错报风险（以下简称特别风险）。

第一百零四条　在确定哪些风险是特别风险时，注册会计师应当在考虑识别出的控制对相关风险的抵消效果前，根据风险的性质、潜在错报的重要程度和发生的可能性，判断风险是否属于特别风险。

第一百零五条　在确定风险的性质时，注册会计师应当考虑下列事项：

（一）风险是否属于舞弊风险；

（二）风险是否与近期经济环境、会计处理方法和其他方面的重大变化有关；

（三）交易的复杂程度；

（四）风险是否涉及重大的关联方交易；

（五）财务信息计量的主观程度，特别是对不确定事项的计量存在较大区间；

（六）风险是否涉及异常或超出正常经营过程的重大交易。

第一百零六条　特别风险通常与重大的非常规交易和判断事项有关。

非常规交易是指由于金额或性质异常而不经常发生的交易。

判断事项通常包括作出的会计估计。

第一百零七条　由于非常规交易具有下列特征，与重大非常规交易相关的特别风险可能导致更高的重大错报风险：

（一）管理层更多地介入会计处理；

（二）数据收集和处理涉及更多的人工成分；

（三）复杂的计算或会计处理方法；

（四）非常规交易的性质可能使被审计单位难以对由此产生的特别风险实施有效控制。

第一百零八条　由于下列原因，与重大判断事项相关的特别风险可能导致更高的重大错报风险：

（一）对涉及会计估计、收入确认等方面的会计原则存在不同的理解；

（二）所要求的判断可能是主观和复杂的，或需要对未来事项作出假设。

第一百零九条 对特别风险，注册会计师应当评价相关控制的设计情况，并确定其是否已经得到执行。

与重大非常规交易或判断事项相关的风险很少受到日常控制的约束，注册会计师应当了解被审计单位是否针对该特别风险设计和实施了控制。

第一百一十条 如果管理层未能实施控制以恰当应对特别风险，注册会计师应当认为内部控制存在重大缺陷，并考虑其对风险评估的影响。

第三节 仅通过实质性程序无法应对的重大错报风险

第一百一十一条 作为风险评估的一部分，如果认为仅通过实质性程序获取的审计证据无法将认定层次的重大错报风险降至可接受的低水平，注册会计师应当评价被审计单位针对这些风险设计的控制，并确定其执行情况。

第一百一十二条 在被审计单位对日常交易采用高度自动化处理的情况下，审计证据可能仅以电子形式存在，其充分性和适当性通常取决于自动化信息系统相关控制的有效性，注册会计师应当考虑仅通过实施实质性程序不能获取充分、适当审计证据的可能性。

如果认为仅通过实施实质性程序不能获取充分、适当的审计证据，注册会计师应当考虑依赖的相关控制的有效性。

第四节 对风险评估的修正

第一百一十三条 注册会计师对认定层次重大错报风险的评估应以获取的审计证据为基础，并可能随着不断获取审计证据而作出相应的变化。

如果通过实施进一步审计程序获取的审计证据与初始评估获取的审计证据相矛盾，注册会计师应当修正风险评估结果，并相应修改原计划实施的进一步审计程序。

第六章 与治理层和管理层的沟通

第一百一十四条 注册会计师应当及时将注意到的内部控制设计或执行方面的重大缺陷告知适当层次的管理层或治理层。

第一百一十五条 如果识别出被审计单位未加控制或控制不当的重大错报风

险，或认为被审计单位的风险评估过程存在重大缺陷，注册会计师应当就此类内部控制缺陷与治理层沟通。

第七章　审计工作记录

第一百一十六条　注册会计师应当就下列内容形成审计工作记录：

（一）项目组对由于舞弊或错误导致财务报表发生重大错报的可能性进行的讨论，以及得出的重要结论；

（二）根据本准则第十九条的规定，对被审计单位及其环境各个方面的了解要点（包括对本准则第四十七条所述的内部控制各项要素的了解要点）、信息来源以及实施的风险评估程序；

（三）根据本准则第九十六条的规定，在财务报表层次和认定层次识别、评估出的重大错报风险；

（四）根据本准则第一百零九条和第一百一十一条的规定，识别出的特别风险和仅通过实质性程序无法应对的重大错报风险，以及对相关控制的评估。

第八章　附　　则

第一百一十七条　本准则自 2007 年 1 月 1 日起施行。

中国注册会计师审计准则第1121号
——历史财务信息审计的质量控制

第一章　总　　则

第一条　为了规范包括财务报表在内的历史财务信息审计的质量控制程序，明确会计师事务所人员责任，制定本准则。

第二条　本准则适用于注册会计师执行历史财务信息审计业务。

第三条　会计师事务所应当按照《会计师事务所质量控制准则第5101号——业务质量控制》的规定，制定质量控制制度，以合理保证：

（一）会计师事务所及其人员遵守法律法规、职业道德规范和中国注册会计师审计准则（以下简称审计准则）的规定；

（二）会计师事务所和项目负责人根据具体情况出具恰当的审计报告。

项目负责人是指会计师事务所中负责某项审计业务及其执行，并代表会计师事务所在审计报告上签字的主任会计师或经授权签字的注册会计师。

第四条　项目组应当实施会计师事务所质量控制制度中适用于单项审计业务的质量控制程序。

项目组是指执行某项审计业务的所有人员，包括会计师事务所为执行该项业务聘请的专家。

第二章　对审计质量承担的领导责任

第五条　项目负责人应当对会计师事务所分派的每项审计业务的总体质量负责。

第六条　项目负责人应当在审计业务的所有阶段，通过行动示范和信息传达，向项目组其他成员强调下列事项的重要性，以保证审计业务的质量：

（一）按照法律法规、职业道德规范和审计准则的规定执行审计工作；

（二）遵守适用的会计师事务所质量控制政策和程序；

（三）根据具体情况出具恰当的审计报告。

第三章　职业道德规范

第七条　项目负责人应当考虑项目组成员是否已遵守职业道德规范。

职业道德规范要求项目组成员恪守独立、客观、公正的原则，保持专业胜任能力和应有的关注，并对审计过程中获知的信息保密。

第八条　在整个审计过程中，项目负责人应当对项目组成员违反职业道德规范的迹象保持警惕。

如果发现项目组成员违反职业道德规范，项目负责人应当与会计师事务所的相关人员商讨，以便采取适当的措施。

项目负责人应当记录识别出的违反职业道德规范的问题，以及这些问题是如何得到解决的。在适当情况下，项目组其他成员也应当记录上述内容。

第九条　项目负责人应当就审计业务的独立性要求是否得到遵守形成结论。

在执行本条前款的规定时，项目负责人应当采取下列措施：

（一）从会计师事务所获取相关信息，以识别、评价对独立性造成威胁的情况和关系；

（二）评价已识别的违反会计师事务所独立性政策和程序的情况，以确定是否对审计业务的独立性造成威胁；

（三）采取适当的防护措施以消除对独立性的威胁，或将其降至可接受的水平；对未能解决的事项，项目负责人应当立即向会计师事务所报告，以便会计师事务所采取适当的行动；

（四）记录与独立性有关的结论及讨论情况。

第四章　客户关系和具体审计业务的接受与保持

第十条　项目负责人应当确信，有关客户关系和具体审计业务的接受与保持的质量控制程序已得到恰当遵守，形成的有关结论是适当的并已记录于工作底稿。

第十一条　无论有关审计业务接受与保持的决策过程是否由项目负责人发起，项目负责人都应当确定最近的决策是否适当。

第十二条　项目负责人在确定客户关系和具体审计业务的接受与保持是否适当时，应当考虑下列主要事项：

（一）被审计单位的主要股东、关键管理人员和治理层是否诚信；

（二）项目组是否具有执行审计业务的专业胜任能力以及必要的时间和资源；

（三）会计师事务所和项目组能否遵守职业道德规范。

如果认为前款第（一）项至第（三）项存在问题，项目组应当根据本准则第二十五条至第二十七条的规定进行适当的咨询，并记录问题如何得到解决。

第十三条 在决定是否保持与某一客户的关系时，项目负责人应当考虑本期或上期审计中发现的重大事项，及其对保持该客户关系的影响。

第十四条 如果项目负责人在接受审计业务后获知了某项信息，而该信息若在接受业务前获知，可能导致会计师事务所拒绝该项业务，项目负责人应当立即将该信息告知会计师事务所，以使会计师事务所和项目负责人能够采取必要的行动。

第五章 项目组的工作委派

第十五条 项目负责人应当确信项目组整体具有适当的素质、专业胜任能力以及必要的时间，能够按照法律法规、职业道德规范和审计准则的规定执行审计业务，并根据具体情况出具恰当的审计报告。

第十六条 项目组整体应当具备下列方面的素质和专业胜任能力：

（一）通过适当的培训和参与审计业务，获得执行类似性质和复杂程度审计业务的知识和实务经验；

（二）掌握法律法规、职业道德规范和审计准则的规定；

（三）具有相关技术知识，包括信息技术知识；

（四）熟悉客户所处的行业；

（五）具有职业判断能力；

（六）掌握会计师事务所质量控制政策和程序。

第六章 业务执行

第一节 指导、监督与复核

第十七条 项目负责人应当对下列事项负责：

（一）按照法律法规、职业道德规范和审计准则的规定指导、监督与执行审计业务；

（二）根据具体情况出具恰当的审计报告。

第十八条　项目负责人在指导审计业务时应当告知项目组成员下列事项：

（一）项目组成员各自的责任；

（二）被审计单位的业务性质；

（三）与风险相关的事项；

（四）可能出现的问题；

（五）执行审计业务的方案。

第十九条　项目负责人对审计业务的监督应当包括：

（一）追踪审计业务的进程；

（二）考虑项目组各成员的素质和专业胜任能力，以及是否有足够的时间执行审计工作，是否理解工作指令，是否按照计划的方案执行审计工作；

（三）解决在审计过程中发现的重大问题，考虑其重要程度并适当修改原计划的方案；

（四）识别在审计过程中需要咨询的事项，或需要由经验较丰富的项目组成员考虑的事项。

第二十条　在复核已实施的审计工作时，复核人员应当考虑：

（一）审计工作是否已按照法律法规、职业道德规范和审计准则的规定执行；

（二）重大事项是否已提请进一步考虑；

（三）相关事项是否已进行适当咨询，由此形成的结论是否得到记录和执行；

（四）是否需要修改已执行审计工作的性质、时间和范围；

（五）已执行的审计工作是否支持形成的结论，并已得到适当记录；

（六）获取的审计证据是否充分、适当；

（七）审计程序的目标是否实现。

确定复核人员的原则是，由项目组内经验较多的人员复核经验较少的人员执行的工作。

第二十一条　在出具审计报告前，项目负责人应当通过复核审计工作底稿和与项目组讨论，确信获取的审计证据已经充分、适当，足以支持形成的结论和拟出具的审计报告。

第二十二条　项目负责人应当在审计过程的适当阶段及时实施复核，以使重大事项在出具审计报告前能够得到满意解决。

项目负责人复核的内容包括对关键领域所作的判断，尤其是执行业务过程中识别出的疑难问题或争议事项、特别风险以及项目负责人认为重要的其他领域。

项目负责人应当对复核的范围和时间予以适当记录。

第二十三条 如果在审计过程中更换项目负责人，新任项目负责人应当对截至变更日已完成的工作实施足够的复核程序，以确信此前计划和实施的工作符合法律法规、职业道德规范和审计准则的规定。

第二十四条 如果会计师事务所多位高级管理人员参与某项审计业务，各高级管理人员的职责应当予以明确界定，并使项目组成员能够了解。

第二节 咨 询

第二十五条 项目负责人应当对咨询承担下列责任：

（一）对项目组就疑难问题或争议事项进行适当咨询负责；

（二）确信项目组成员在审计过程中就相关事项进行了适当咨询，咨询的对象可能是项目组成员，或本所内部或外部的其他适当人员；

（三）确信这些咨询的性质、范围以及形成的结论已得到记录，并经被咨询者认可；

（四）确定咨询形成的结论已得到执行。

第二十六条 项目组在向会计师事务所内部或外部其他专业人士咨询时，应当提供所有相关事实，以使其能够对咨询的技术、职业道德或其他问题提出有见地的意见。

第二十七条 项目组就疑难问题或争议事项向其他专业人士咨询所形成的记录，应当经被咨询者认可。

咨询形成的记录应当完整详细，并包括下列事项：

（一）寻求咨询的事项；

（二）咨询的结果，包括作出的决策、决策依据以及决策的执行情况。

第三节 意见分歧

第二十八条 如果项目组内部、项目组与被咨询者之间、项目负责人与项目质量控制复核人员之间出现意见分歧，项目组应当遵守会计师事务所处理及解决意见分歧的政策和程序。

第四节 项目质量控制复核

第二十九条 项目质量控制复核是指在出具审计报告前，对项目组作出的重大判断和在准备审计报告时得出的结论进行客观评价的过程。

对上市公司财务报表审计，项目负责人应当采取下列措施：

（一）确定会计师事务所已委派项目质量控制复核人员；

（二）与项目质量控制复核人员讨论在审计过程中遇到的重大事项，包括项目质量控制复核中识别的重大事项；

（三）在项目质量控制复核完成后，才能出具审计报告。

对上市公司财务报表审计以外的其他审计业务，如果实施项目质量控制复核，项目负责人应当遵守本条第二款的规定。

第三十条 如果在业务开始时认为没有必要实施项目质量控制复核，项目负责人应当关注可能因情况变化而需要这种复核。

第三十一条 项目质量控制复核应当包括客观评价下列事项：

（一）项目组作出的重大判断；

（二）项目组在准备审计报告时得出的结论。

项目质量控制复核的范围取决于审计业务的复杂程度和审计风险。

项目质量控制复核并不减轻项目负责人的责任。

第三十二条 在对上市公司财务报表审计实施项目质量控制复核时，复核人员应当考虑：

（一）项目组就具体审计业务对会计师事务所独立性作出的评价；

（二）项目组在审计过程中识别的特别风险以及采取的应对措施，包括项目组对舞弊风险的评估及采取的应对措施；

（三）作出的判断，尤其是关于重要性和特别风险的判断；

（四）项目组是否已就存在的意见分歧、其他疑难问题或争议事项进行适当咨询，以及咨询得出的结论；

（五）项目组在审计中识别的已更正和未更正的错报的重要程度及处理情况；

（六）项目组拟与管理层、治理层以及其他方面沟通的事项；

（七）所复核的审计工作底稿是否反映了项目组针对重大判断执行的工作，是否支持得出的结论；

（八）项目组拟出具的审计报告的适当性。

在对上市公司财务报表审计以外的其他审计业务实施项目质量控制复核时，项目质量控制复核人员可根据情况考虑本条前款部分或全部事项。

第七章 监　　控

第三十三条 监控是指对会计师事务所质量控制制度持续考虑和评价的过程，包括定期选取已完成的审计业务进行检查，以使会计师事务所能够合理保证其质量控制制度正在有效运行。

会计师事务所应当按照《会计师事务所质量控制准则第 5101 号——业务质量控制》的规定，建立监控政策和程序，以合理保证质量控制制度是相关和充分的，并正在有效运行。

第三十四条 项目负责人应当根据会计师事务所通报的最新监控信息考虑下列事项：

（一）该监控信息提及的缺陷是否会对项目负责人负责的审计业务产生影响；

（二）会计师事务所的整改措施对该审计业务是否足够。

第八章 附　　则

第三十五条 本准则自 2007 年 1 月 1 日起施行。

中国注册会计师审计准则第1131号——审计工作底稿

第一章　总　则

第一条　为了规范审计工作底稿的格式、内容和范围，以及审计工作底稿的归档，制定本准则。

第二条　本准则适用于注册会计师执行财务报表审计业务。

第三条　本准则所称审计工作底稿，是指注册会计师对制定的审计计划、实施的审计程序、获取的相关审计证据，以及得出的审计结论作出的记录。

第四条　注册会计师应当及时编制审计工作底稿，以实现下列目的：

（一）提供充分、适当的记录，作为审计报告的基础；

（二）提供证据，证明其按照中国注册会计师审计准则（以下简称审计准则）的规定执行了审计工作。

第五条　编制审计工作底稿的文字应当使用中文。少数民族自治地区可以同时使用少数民族文字。中国境内的中外合作会计师事务所、国际会计公司成员所和联系所可以同时使用某种外国文字。会计师事务所执行涉外业务时可以同时使用某种外国文字。

第六条　会计师事务所应当按照《会计师事务所质量控制准则第5101号——业务质量控制》的规定，对审计工作底稿实施适当的控制程序，以满足下列要求：

（一）安全保管审计工作底稿并对审计工作底稿保密；

（二）保证审计工作底稿的完整性；

（三）便于对审计工作底稿的使用和检索；

（四）按照规定的期限保存审计工作底稿。

第二章　审计工作底稿的性质

第七条　审计工作底稿可以以纸质、电子或其他介质形式存在。

审计工作底稿通常包括总体审计策略、具体审计计划、分析表、问题备忘录、重大事项概要、询证函回函、管理层声明书、核对表、有关重大事项的往来信件（包括电子邮件），以及对被审计单位文件记录的摘要或复印件等。

审计工作底稿通常不包括已被取代的审计工作底稿的草稿或财务报表的草稿、对不全面或初步思考的记录、存在印刷错误或其他错误而作废的文本，以及重复的文件记录等。

第八条 对每项具体审计业务，注册会计师应当将审计工作底稿归整为审计档案。

第三章 审计工作底稿的格式、内容和范围

第一节 总体要求

第九条 注册会计师编制的审计工作底稿，应当使得未曾接触该项审计工作的有经验的专业人士清楚了解：

（一）按照审计准则的规定实施的审计程序的性质、时间和范围；

（二）实施审计程序的结果和获取的审计证据；

（三）就重大事项得出的结论。

有经验的专业人士，是指对下列方面有合理了解的人士：

（一）审计过程；

（二）相关法律法规和审计准则的规定；

（三）被审计单位所处的经营环境；

（四）与被审计单位所处行业相关的会计和审计问题。

第十条 在确定审计工作底稿的格式、内容和范围时，注册会计师应当考虑下列因素：

（一）实施审计程序的性质；

（二）已识别的重大错报风险；

（三）在执行审计工作和评价审计结果时需要作出判断的范围；

（四）已获取审计证据的重要程度；

（五）已识别的例外事项的性质和范围；

（六）当从已执行审计工作或获取审计证据的记录中不易确定结论或结论的基础时，记录结论或结论的基础的必要性；

（七）使用的审计方法和工具。

第二节　记录测试的特定项目或事项的识别特征

第十一条　在记录实施审计程序的性质、时间和范围时，注册会计师应当记录测试的特定项目或事项的识别特征。

第十二条　识别特征是指被测试的项目或事项表现出的征象或标志。如在对被审计单位生成的订购单进行细节测试时，注册会计师可能以订购单的日期或编号作为测试订购单的识别特征。

识别特征因审计程序的性质和所测试的项目或事项的不同而不同。

第三节　重 大 事 项

第十三条　注册会计师应当根据具体情况判断某一事项是否属于重大事项。

重大事项通常包括：

（一）引起特别风险的事项；

（二）实施审计程序的结果，该结果表明财务信息可能存在重大错报，或需要修正以前对重大错报风险的评估和针对这些风险拟采取的应对措施；

（三）导致注册会计师难以实施必要审计程序的情形；

（四）导致出具非标准审计报告的事项。

第十四条　注册会计师应当考虑编制重大事项概要，将其作为审计工作底稿的组成部分，以有效地复核和检查审计工作底稿，并评价重大事项的影响。

重大事项概要包括审计过程中识别的重大事项及其如何得到解决，或对其他支持性审计工作底稿的交叉索引。

第十五条　注册会计师应当及时记录与管理层、治理层和其他人员对重大事项的讨论，包括讨论的内容、时间、地点和参加人员。

第十六条　如果识别出的信息与针对某重大事项得出的最终结论相矛盾或不一致，注册会计师应当记录形成最终结论时如何处理该矛盾或不一致的情况。

第四节　编制人员和复核人员

第十七条　在记录实施审计程序的性质、时间和范围时，注册会计师应当记录：

（一）审计工作的执行人员及完成该项审计工作的日期；

（二）审计工作的复核人员及复核的日期和范围。

第四章　审计工作底稿的归档

第十八条　注册会计师应当按照会计师事务所质量控制政策和程序的规定，

及时将审计工作底稿归整为最终审计档案。

审计工作底稿的归档期限为审计报告日后六十天内。

如果注册会计师未能完成审计业务，审计工作底稿的归档期限为审计业务中止后的六十天内。

第十九条 在审计报告日后将审计工作底稿归整为最终审计档案是一项事务性的工作，不涉及实施新的审计程序或得出新的结论。

如果在归档期间对审计工作底稿作出的变动属于事务性的，注册会计师可以作出变动，主要包括：

（一）删除或废弃被取代的审计工作底稿；

（二）对审计工作底稿进行分类、整理和交叉索引；

（三）对审计档案归整工作的完成核对表签字认可；

（四）记录在审计报告日前获取的、与审计项目组相关成员进行讨论并取得一致意见的审计证据。

第二十条 在完成最终审计档案的归整工作后，如果发现有必要修改现有审计工作底稿或增加新的审计工作底稿，无论修改或增加的性质如何，注册会计师均应当记录下列事项：

（一）修改或增加审计工作底稿的时间和人员，以及复核的时间和人员；

（二）修改或增加审计工作底稿的具体理由；

（三）修改或增加审计工作底稿对审计结论产生的影响。

第二十一条 在完成最终审计档案的归整工作后，注册会计师不得在规定的保存期届满前删除或废弃审计工作底稿。

第二十二条 会计师事务所应当自审计报告日起，对审计工作底稿至少保存十年。

如果注册会计师未能完成审计业务，会计师事务所应当自审计业务中止日起，对审计工作底稿至少保存十年。

第五章　审计报告日后对审计工作底稿的变动

第二十三条 在审计报告日后，如果发现例外情况要求注册会计师实施新的或追加的审计程序，或导致注册会计师得出新的结论，注册会计师应当记录：

（一）遇到的例外情况；

（二）实施的新的或追加的审计程序，获取的审计证据以及得出的结论；

（三）对审计工作底稿作出变动及其复核的时间和人员。

例外情况主要是指审计报告日后发现与已审计财务信息相关，且在审计报告日已经存在的事实，该事实如果被注册会计师在审计报告日前获知，可能影响审计报告。

第六章　附　　则

第二十四条　本准则自 2007 年 1 月 1 日起施行。